클린 미트

인간과 동물 모두를 구할 대담한 식량 혁명

폴 샤피로 지음

이진구 옮김

클린 미트

CLEAN MEAT

흐름출판

결코 간단하지 않은 문제에 눈을 돌리고,

이를 해결하기 위해 끊임없이 노력하고,

넬슨 만델라의 격언을 믿는 모든 이들에게 이 책을 바칩니다.

"해내기 전까지는 불가능해 보이는 법입니다."

일러두기

원서명 클린 미트(Clean Meat)는 한국 독자의 이해를 돕기 위해 본문 내에서는 청정고기로 번역해두었음을 밝힙니다. – 옮긴이

두 개의 미래,
우리는 어떤 것을 선택할 것인가

오늘날 지구상에 있는 대형 동물은 대부분 공장식 축사에 살고 있다. 사람들은 지구상의 수많은 사자, 코끼리, 펭귄들이 초원과 바다를 자유롭게 누비는 이미지를 떠올린다. 내셔널지오그래픽 채널, 디즈니 만화영화, 아동용 동화라면 가능한 이야기지만 TV 밖 현실세계는 이와는 거리가 멀다. 지구에 사자가 4만 마리 있다면 가축용 돼지는 10억 마리, 코끼리는 50만 마리, 가축용 소는 15억 마리, 펭귄은 5,000만 마리, 닭은 500억 마리가 있다. 2009년 통계에 따르면 유럽에는 모든 종을 통틀어 16억 마리의 야생 조류가 있었다. 같은 해 유럽의 육가공 산업과 달걀 산업이 길러낸 닭은 70억 마리에 달한다. 지구에 사는 척추동물의 상당수가 자유로운 삶을 영위하지 못한 채 호모사피엔스라는 한 동물에게 지배받고 있다.

수십억 마리의 동물이 고통과 괴로움을 느끼는 생물이 아닌 공장식 축사에서 고기나 우유, 달걀을 생산하는 기계 취급을 받는다.

이들은 공장 같은 시설에서 대량생산되며 체형까지도 해당 산업의 수요에 맞추어져 있다. 이 동물들은 거대한 생산 라인에서 죽을 때까지 하나의 상품으로 살아가고, 이들의 수명과 삶의 질은 축산 업체의 손익에 좌우된다. 가축이 받는 고통을 생각한다면 동물의 공장식 사육은 단언컨대 역사상 손꼽히는 범죄행위다.

과학 연구와 기술 발전은 가축의 삶을 악화시키는 방향으로 흘러왔다. 고대 이집트, 로마제국, 중세 중국 등 전통 사회에서는 생화학, 유전학, 동물학, 역학 분야의 지식이 극히 제한적이었다. 결과적으로 인간의 주도권도 제한적이었다. 중세 마을에서는 닭이 집 주변을 자유롭게 돌아다니며 퇴비에서 씨앗과 벌레를 쪼아 먹고 헛간에 둥지를 틀었다. 만약 욕심 많은 농민 하나가 닭 1,000마리를 좁아터진 닭장에 가두어버린다면 치명적인 조류독감이 발생해 마을 사람 중에 사망자가 생기는 것은 물론이고 모든 닭이 몰살당할 것이다. 목사든 무당이든 주술사든 어느 누구도 이 사태를 막을 수 없다.

현대 과학이 조류와 바이러스 그리고 항생제의 비밀을 벗겨내면서 인간은 동물을 극한 환경에 몰아넣기 시작했다. 백신, 치료제, 호르몬제, 구충제, 중앙 공조 시스템, 자동 급여기 등 수많은 최신 문물을 활용하여 닭이나 다른 동물을 수만 마리씩 좁은 우리에 몰아넣고는 전례 없는 고통을 안겨주며 고기와 달걀을 생산해내고 있다.

21세기 과학과 기술은 인간이 다른 생명체에게 더 큰 영향력을 끼칠 힘을 부여할 것이다. 40억 년 동안 지구상에 어떤 생물이 살지는 자연선택에 따라 결정됐다. 이제 인간의 지적 설계로 결정될 날이 머지않았다. 하지만 기술에는 결정론적인 요소가 없다. 우리는 동일한 기술적 돌파구로 완전히 다른 사회와 상황을 만들어낼 수 있다. 20세기를 예로 들면, 산업혁명의 산물인 기차와 전기, 라디오와 전화가 공산당 독재, 파시스트 정권, 자유민주주의를 탄생시켰다.

마찬가지로 21세기 생명공학은 여러 형태로 활용될 수 있다. 인간은 소나 돼지 또는 닭의 고통을 외면한 채 더 빨리 자라고 더 많은 고기를 생산하는 가축을 설계할 수 있다. 그리고 다른 한편으로는 생명공학을 활용하여 청정고기를 만들어낼 수도 있다. 청정고기는 동물세포로 생산한 진짜 고기로, 동물 전체를 키우거나 도축할 필요가 없다. 이 길을 선택한다면 생명공학은 가축의 파괴자가 아닌 구원자로 거듭나게 된다. 고기만 생산하는 것이 동물을 키워서 다시 고기로 만드는 것보다 훨씬 효율적이므로, 지구가 큰 대가를 치르지 않고도 수많은 사람들이 원하는 고기를 먹을 수 있다.

청정고기는 공상과학소설에 나오는 이야기가 아니다. 본문에도 나오지만 2013년에 이미 세계 최초로 소 줄기세포를 배양해 햄버거용 패티를 만들었다. 생산 비용인 33만 달러는 구글의 공동창업자 세르게이 브린Sergey Brin이 지원했다. 33만 달러는 큰돈이 아니냐고 반문하겠지만, 첫 인간 게놈 프로젝트에 수십억 달러가 들었다는 사실을 잊지 말자. 현재는 겨우 수백 달러로 유전자 검사가 가능하다. 최초의 소 줄기세포 배양 햄버거를 만들었던 연구팀은 제조 공정을 더욱 다듬어 겨우 4년이 지난 2017년에는 최초 비용과 비교할 수 없을 정도로 단가를 낮추게 된다. 경쟁이 불붙은 가운데 2016년 어느 미국 업체는 비교적 저렴한 가격인 1,200달러로 세계 최초의 배양 미트볼을 생산해냈다. 이 회사는 2017년 더 낮은 가격으로 최초의 청정 닭고기 샌드위치와 비가라드소스를 끼얹은 프랑스식 오리 요리를 만들어 가까운 미래에 시장 출시를 노리고 있다. 적절한 연구와 투자가 이루어진다면 10~20년 안에 소나 닭을 키우는 비용보다 저렴하게 대규모로 청정고기를 생산할 수 있을 것이다. 스테이크를 먹고 싶다면 소를 키워서 도축할 것이 아니라 간단하게 스테이크만 키우면 된다.

이 기술이 가져올 변화는 가늠하기 힘들 정도다. 일단 청정고기의 가격이 내려가면 윤리적으로나 경제·환경적 측면에서 기존 고기는 청정고기로 대체될 가능성이 아주 높다. 축산업의 온실가스 배출량은 교통 산업 전체가 배출하는 양과 맞먹는다고 UN에서 지목할 만큼 지구온난화를 일으키는 주요 원인이다. 또한 축산업은 항생제와 독성 물질의 주요 사용처로, 대기·육지·해양오염의 주범으로 꼽히고 있다. 우리는 석유나 석탄 기업이 지구에 문제를 일으킨다면서 쉽게 비난하고 손가락질하지만 기존 육류 산업도 이에 못지않은 오염원이다. 화석연료를 대체하기 위해 청정에너지가 필요하듯이 공장식 사육을 대체하기 위해 청정고기가 필요하다. 청정고기로의 전환은 재앙에 가까운 기후변화와 생태계 파괴로부터 지구를 구하기 위해 필수불가결하다.

폴 샤피로Paul Shapiro는 이 책을 통해 세포농업cellular agriculture이라는 새로운 기술이 식품과 의복 생산을 책임지는 멋지고 희망적인 미래를 강조한다. 이 방법이라면 인간은 수십억 마리에 달하는 가축의 사육과 도축을 빠른 시일 내에 멈출 수 있다. 머지않아 우리는 산업동물을 사육했던 과거를 돌아보며, 인류 역사의 어두운 단면인 노예제도처럼 끔찍하다고 느끼게 될지 모른다.

21세기에 기술은 창조와 파괴라는 신성한 능력을 인간에게 안겨줄 것이다. 하지만 기술은 우리가 무엇을 해야 할지 알려주지 않는다. 우리가 사는 멋진 신세계를 디자인할 때는 호모사피엔스뿐만 아니라 지각이 있는 모든 생명체의 복지를 고려해야 한다. 생명공학이라는 기적은 낙원과 지옥, 어느 쪽이든 만들어낼 수 있다. 어떤 선택을 할지는 전적으로 우리에게 달려 있다.

유발 하라리

차 례

1장

제2차 가축화

안개 자욱한 2014년 8월의 어느 날, 나는 뉴욕의 가장 '힙'한 동네에서 제2차 세계대전 당시에는 기차역이었지만 현재는 스타트업의 근거지로 변모한 브루클린 아미 터미널 내부를 헤매고 있었다. 할아버지 세대의 열차들은 대부분 공실 상태인 최신 사무 공간에 둘러싸인 채 선로 위에 우두커니 서 있었다. 시대의 흔적을 간직한 이곳은 현대의 식품 시스템을 송두리째 뒤집어놓을 기술을 개척 중인 생명공학 업체들의 총본산이다. 하지만 현대의 식품 시스템을 뒤집어놓겠다는 그들의 장담은 실현될 수 있을까?

미국 동물보호협회Humane Society of the United States(1954년에 설립된 미국 최대 규모의 비영리 동물보호 단체 – 옮긴이)에 몸담고 지속 가능한 농업 시스템을 만들기 위해 노력했던 사람들이 그랬듯이, 나도 많은 식품 스타트업들을 방문했다. 그들의 제품은 증가 일로에 있는 세계 인구를 먹여 살리면서도 지구를 구하고 인간을 괴롭히는 질병들을 예방할 수 있다고 한다. 그런데 이 업체들은 하나같이 실리콘밸리의 자금줄과 가까운 베이에어리어에 자리 잡고 있다. 내가 보기에 생명공학의 낙원은 '힙'한 느낌과는 거리가 멀다. 그렇지만 나를 초대해준 안드라스 포르각스Andras Forgacs의 새 회사 모던미도Modern Meadow는 바로 이곳에 자리를 잡았다.

주변을 둘러봐도 현대modern나 목초지meadow라는 단어가 와 닿지 않았다. 과거 군사 보급 기지였던 이곳은 1980년대 초 뉴욕시에 인수된 후 사무 공간으로 변모하여 지금까지 사용되고 있다. 이곳에 자리 잡은 수십 개의 기업들은 대부분 스타트업이다. 그중 하나인 모던미도는 세계 곳곳에서 화제가 되고 있었다.

터미널에서 15분 동안 여러 바이오 스타트업 사이를 헤맨 끝에 연구소 입구를 발견했다. 30대 후반인 포르각스는 따뜻하게 미소 지으며, 단출하지만 깔끔하게 꾸민 공간으로 나를 안내했다. 내가 방문했을 때는 12명 정도의 직원들이 일하고 있었다. 나는 역사적인 작업 과정을 실제로 볼 수 있을지 궁금했다. 포르각스와 나는 실내로 들어가 모던미도가 소세포를 배양하여 소 없이도 고기와 가죽을 만드는 공정에 관해 이야기했다. 즉 소를 죽이지 않고도 진짜 가죽을 얻을 수 있다는 의미다. 이 업체는 실험실에서 고기와 가죽을 만들어내는 최초의 상업 벤처 기업으로 2011년에 설립되었다. 포르각스가 이론적으로는 작은 세포 하나를 전 세계의 소고기 공급량만큼 불릴 수 있다고 말한 기사를 나도 읽은 적이 있다. 이 기술이 그 정도로 완벽하게 실현된다면 파급력은 그야말로 엄청날 것이다. 어쩌면 기존 농업 시스템이 야기하는 고통과 낭비, 그리고 엄청난 환경 파괴 없이도 지속적으로 동물 생산물을 먹고 입을 수 있을 것이다.

이런 제품들을 상업화하기 위해 설립된 회사는 모던미도가 최초지만 포르각스 혼자 고군분투한 것은 아니다. 앞으로 언급하겠지만 동물 생산물 배양을 목적으로 하는 다른 회사들도 여럿 세워졌다.

나지막한 소리를 내며 돌아가는 배양기를 둘러본 후 포르각스가 던진 한마디가 나를 충격에 빠뜨렸다.

"시식 한번 해보시겠어요?"

볼 줄은 알았지만 먹을 줄은 몰랐다. 무엇보다 나는 20년 넘게 채식을 해왔다. 소고기를 먹는다니! 썩 내키지 않았다.

한편으로는 그 당시 우주에 다녀온 사람보다 실험실에서 만든 고기를 먹은 사람이 적다는 사실이 떠올랐다. 모던미도가 등장하기 전까지 실험실에서 실제로 고기를 배양한 과학자는 손에 꼽힐 것이고, 이를 먹어본 사람은 어쩌면 전 세계에 20~30명도 되지 않을 것이다.

"상당히 오랫동안 고기를 먹지 않아서 제대로 평가할 자신이 없군요."

나는 그 상황에서 벗어나길 바라며 반 농담조로 중얼거렸다. 음식의 비용도 염두에 둔 대답이었다. 이 정도 소고기를 만드는 데 얼마나 많은 비용이 드는지 뉴스를 통해 알고 있었다.

"얼마 전 유럽에서 발표됐던 햄버거 패티를 만드는 데 33만 달러가 들지 않았나요?"

지금은 유명해진 구글의 공동창업자 세르게이 브린의 투자로 사상 최초로 실험실에서 만든 바로 그 햄버거 패티 말이다. 런던 기자 회견장에서 직접 조리하고 시식한 것이 겨우 1년 전이었다.

"걱정 마세요."

포르각스가 나를 안심시켰다.

"당신은 손님입니다. 그리고 겨우 스테이크 칩 한 조각인데요. 생산 비용은 100달러밖에 안 듭니다. 그마저도 더 내려갈 거고요."

과거에 많이 먹었던 스테이크지만 스테이크 칩 한 조각이라도 싫기는 매한가지였다. 포르각스는 햄버거 패티처럼 우리가 즐겨 먹는 음식을 단순 배양하는 데에서 그치지 않고 완전히 새로운 섭취 수단을 발명하고자 했다. 스테이크 칩은 덩어리 형태보다는 감자 칩처럼 얇은 모양으로 고기를 배양하면 비용이 훨씬 저렴해진다는 점에 착안한 제품이다.

"고단백, 저지방, 편의성을 노렸습니다."

포르각스가 활짝 웃으며 권했다.

나는 잠깐 망설였다. 하지만 수많은 화제와 논란을 낳을 음식을 누구보다 먼저 맛볼 기회라는 생각에 그의 제안을 받아들이기로 했다.

포르각스가 스테이크 칩을 보관함에서 꺼냈다. 미소를 지으며 받아든 나는 20여 년 만에 처음 맛보는 고기에 몸이 어떻게 반응할지 궁금해졌다. 고기를 먹는다는 사실에 윤리적인 고민은 없었지만, 동물의 고기를, 그것도 완전히 새로운 형태로 먹어야 하는 상황을 마주하자 묘한 느낌이 들었다.

애초에 고기가 싫어서 평생 고기를 멀리하기로 결심한 것이 아니었다. 어린 시절 늘 고기를 즐겼고, 지금도 식물성 고기를 좋아한다. 내가 10대였던 1993년에 채식주의자로 변모한 것은 고기 중심의 식단이 어떤 결과를 가져오는지를 깨달았기 때문이다. 인간의 건강을 위해 다른 동물을 먹을 필요가 없고, 육류 산업은 동물복지와 지구환경에 많은 문제를 야기한다. 그래서 나는 내 식단에서 고기를 멀리함으로써 해악들을 줄이는 나름의 노력을 하려 했다. 하위 먹이사슬에 속하는 것들을 먹으면 식량 절약 효과도 크다. 가축 사육은 곡물이나 물 같은 자원을 엄청나게 소모하기 때문이다. 세계 인구가 폭발적으로 증가함에 따라 생산 효율성이 과거보다 더욱 중요해졌다.

동물을 사랑했던 나는 결국 동물보호를 위한 입법 운동과 기업 캠페인에 앞장서면서 농장 동물을 보호함과 동시에 식용으로 길러져 도축되는 개체수를 근본적으로 줄이기 위해 사람들이 채식 위주의 식사를 즐기도록 돕는 일을 하고 있다. 최근 몇 년 동안 실험실에서 고기를 키운다는 개념에 관해 글을 읽고 이야기를 나눌 때마다 우리가 처한 골치 아픈 문제를 해결해줄 방안이라는 생각이 들었다. 하지만 나 자신이나 고기에 심취한 사람들이 먹을 수 있는 제품이 이론적으로 가능하리라는 생각은 해본 적이 없다.

단 하루일지 모르지만, 이 자리에서만은 도축하지 않은 진짜 동물의 고기가 다시 내 입에 들어온다. 스테이크 칩은 얇은 육포 조각처럼 생겼다. 작은 말린 소고기 조각을 바라보며 나는 기술적으로 그리고 상징적으로 이것이 얼마나 놀라운 사건인지 사색에 빠졌다. 이 고기 조각은 우리를 먹여 살리는 동시에 지구와 인류를 위험에 빠뜨리는 축산 업계의 수많은 문제들에 대해 해답을 제시할지도 모른다. 나는 고기를 손으로 집어 들어 올린 후 한번 숨을 쉬고 혀 위에 올려놓았다.

오랫동안 채식을 했던 사람이 몇 년 만에 처음 고기를 맛본 후에 느꼈던 다채로운 감각에 대한 글을 읽은 적이 있다. 터져 나오는 엔도르핀과 희열로 시작된 감각은 메스꺼움, 위 통증, 구토로 이어졌다고 한다. 하지만 내게는 아무 일도 일어나지 않았다. 스테이크 칩을 씹으니 맛이 좋았고 바비큐 생각이 났다.

마음속에는 의문이 꼬리를 이었다. 혹시 아프진 않을까? 나는 아직도 채식주의자일까? 그게 중요하긴 했던가?

도축하지 않은 고기를 채식주의자들이 먹을지의 여부는 그리 중요하지 않다. 타깃층은 그들이 아니니까. 모던미도 사무실에서 뇌리를 떠나지 않았고 이제는 이 책의 주제이기도 한, 진정한 의문점은 우리 식단에서 큰 비중을 차지하는 소고기, 닭고기, 돼지고기 등 수많은 동물 생산물을 새로운 방식으로 만들면 기존에 고기를 먹던 사람들이 과연 받아들일 것인가 하는 점이다. 우리 사회는 모던미도의 실험관 가죽을 입고 실험실에서 키운 동물 생산물에 익숙해지는 과정을 받아들이기나 할까? (다른 업체들이 고기와 씨름하는 동안 모던미도는 가죽을 키우는 일에 역량을 집중하고 있다.) 그리고 우리가 그런 음식과 의복을 받아들인다고 해서 모던미도 등의 업체들이 더 늦기 전에 제품을 시장에 출시하여 축산업의 해악을 바로잡을 수 있을까? 한마디로, 평범하지만 비싼 이 스테이크 칩이 미래 식량의 예고편이 될 수 있을까?

2050년, 인구 100억의 시대

인간은 위기에 직면해 있다. 지금도 천연자원의 고갈에 허덕이는 우리 지구는 앞으로 늘어날 수십억의 인구를 무슨 수로 감당할 수 있을까? 1960년 이후 인구가 2배 늘어날 동안 동물 생산물의 소비는 5배 증가했다. UN은 지속적인 인구의 증가세를 예상하고 있다. 더 복잡한 문제는 중국과 인도처럼 빈곤했던 국가(이자 세계에서 인구가 가장 많은 국가)들이 더 부유해지면서 과거 식물 위주의 식단으로 연명하던 많은 시민들이 고기, 달걀, 유제품이 풍족한 미국식 식사를 원한다는 점이다. 과거에는 부유층만 미국식 식단을 향유했다면, 이제는 수많은 사람들이 경제력을 갖추게 되었다. 많은 전문가들에 따르면 식량의 관점에서 동물 사육은 식물 경작에 비해 훨씬 비효율적이므로 지구는 동물 생산물의 수요 증가를 감당할 수 없다. 극심한 기후변화를 초래하고, 심각한 삼림 파괴와 수자원이 낭비될 것이다. 동물학대는 상상을 초월할 정도로 끔찍해질 것이다.

예측에 따르면 2050년에는 90억~100억 명의 인구가 지구상에 발을 딛고 살게 된다. 그중 대다수가 서양인, 특히 미국인처럼 호사스럽게 먹을 여유가 생긴다면 그 수요를 충족시키기 위해 얼마나 막대한 양의 땅과 다른 자원이 필요할지 가늠조차 되지 않는다. 미국만 하더라도 매년 90억 마리 이상의 동물을 키우고 도축한다. 마리가 아닌 무게로 계산하는 생선 같은 수생동물은 포함되지도 않은 수치다. 달리 말하면 미국에서 식용으로 쓰이는 동물의 숫자가 지구상의 인구보다 많다. 그리고 이 동물들은 거의 평생 동안 농장이 아닌 수용소나 다름없는 공장 안에 갇혀 산다.

곡물 생산량을 엄청나게 증가시킨 녹색혁명 덕분에 인류는 적은 자원으로 더 많은 식량을 생산하는 능력을 극적으로 키워왔다. 하지만 농업 생산성의 증가로 시간을 끌기에는 역부족이며, 새로운 농업 위기에서 벗어날 혁신적인 방법을 찾아야 한다.

동네 슈퍼마켓의 가금육 진열대 사이를 걸어간다고 상상해보자. 눈앞에 보이는 닭 한 마리가 알에서 시작해 진열대에 오르기까지 1갤런(약 3.78리터)짜리 물통 1,000개 분량의 물이 필요하다. 즉 저녁 식탁에서 닭 한 마리를 줄이면 6개월 동안 샤워를 하지 않는 것보다 더 많은 물을 절약할 수 있다.

캘리포니아주처럼 가뭄이 심한 지역이라면 당장 잔디 재배를 규제하거나 샤워 시간을 줄이자고 해도 사람들이 받아들일지도 모른다. 하지만 전체 물 수요가 급격하게 증가하는 와중에 개인의 소비만 줄인다고 축산업 시스템 유지에 필요한 양을 충당할 수는 없다. 축산 분야의 유지가 아니라 성장을 논한다면 더 말할 필요도 없다.

어디 닭만 그럴까.

달걀 하나당 물 50갤런이 필요하다는 사실은 그냥 넘어갈 일이 아니다. 50갤런이면 욕조 하나를 채울 수 있는 양이다. 1갤런을 생산하기 위해 물 900갤런이 필요한 우유는 또 어떤가. 이 정도면 목욕탕도 채울 수 있다. 즉 당신이 우유 대신 두유 1갤런을 산다면 850갤런의 물을 절약하는 셈이다.

동물 생산물의 포장지에 '지역 생산품', '유기농', '유전자변형식품GMO을 사용하지 않은 제품' 등 어떤 미사여구가 들어가도 극악의 비효율성은 달라지지 않는다. 이 점은 인구가 증가함에 따라 점점 확연히 드러난다. 지금처럼 고기, 우유, 달걀을 지속적으로 소비하고 싶다면 현재 수준과는 비교도 안 될 효율성을 확보해야 한다.

오늘날 많은 과학자와 기업가의 목표가 여기에 있다. 바로 동물을 키우지 않고도 소고기, 돼지고기, 닭고기, 생선을 먹을 수 있도록 진짜 고기를 만들어 내는 것. 이런 스타트업이 성공한다면 환경 파괴나 동물학대는 물론 식중독과 심장병 등 우리에게 수많은 문제들을 안겨준 허점투성이 식품 시스템을 효과적으로 갈아엎을 수 있다. 젊은 스타트업들은 환경이나 동물복지, 공중보건상의 대가를 치르지 않고도 고기와 다른 동물 생산물을 풍족하게 누릴 수 있는 세상을 만들기 위해 전력질주하고 있다.

동물 없는 축산업

동물 자체가 아닌 동물 생산물을 키우는 방법을 떠올린 사람은 모던미도의 포르가스만이 아니다. 여러 공상과학소설가들(소설 『인간 종말 리포트』의 작가 마거릿 애트우드Margaret Atwood가 대표적이며 〈스타트렉〉 시리즈에도 일찌감치 등장했다)뿐만 아니라 시대를 앞서간 수많은 사람들(과학이나 과학소설과 무관한 이들도 있었다)이 이런 변화가 필연적으로 찾아오리라 예측했다. 서양사에서 가장 중요한 인물 중 하나도 같은 생각을 했다.

윈스턴 처칠Winston Churchill은 1931년 「50년 뒤의 세계Fifty Years Hence」라는 글에서 다음과 같이 이야기했다.

"우리는 가슴이나 날개를 먹기 위해 닭을 통째로 키우는 모순에서 벗어나 적절한 배양액 내에서 부위별로 닭을 키우게 될 것이다."

원스턴 처칠

처칠이 예측한 시점에서 수십 년 빗나가기는 했지만 모던미도와 스테이크 칩을 존재하게 하는 기술을 본질적으로 예측했다는 점에서 그의 선견지명이 사뭇 놀랍다. 그는 다음과 같이 덧붙인다.

"새로운 먹거리는 자연에서 만들어진 것과 사실상 구분되지 않으며, 이러한 변화는 눈에 보이지 않을 정도로 점진적일 것이다."

처칠은 인간이 수천 년 동안 단백질을 획득했던 방법에 큰 혼란이 찾아올 것임을 예견하고 있었다. 자동차가 마차 여행을 역사책에나 나올 이야기로 밀어내버린 것과 마찬가지로, 그는 기술의 진보가 인간과 여타 동물의 관계를 송두리째 뒤바꿔버릴 것이라 예상했다. 그런데 이렇게 예측한 사람이 처칠이 처음은 아니었다. 일찍이 1894년 프랑스 화학자 피에르 외젠 마르셀랭 베르틀로Pierre Eugène-Marcellin Berthelot는 서기 2000년이면 인간이 동물을 도축하는 대신 실험실에서 기른 고기를 먹게 될 것이라 주장했다. 그런 고기가 실현 가능할지를 묻는 사람에게 그는 이렇게 대답했다.

"같은 물건을 더 싸고 우수하게 만든다면 안 될 이유가 있나요?"

처칠처럼 베르틀로의 예측도 시기는 빗나갔지만 그 오차는 처칠에 비해 적었다.

인간은 늘 먹거리를 발전시키는 방법을 찾아냈다. 호모사피엔스가 존재했던 시기를 통틀어도 수렵과 채집으로 연명했던 시기가 대부분이었다. 그리고 그중 일부는 지금으로부터 1만 년 전 사냥 대신 씨를 뿌리기 시작하여 마침내 동물까지 기르는 진정한 농업혁명을 이루어냈다. 인간은 곧이어 최초의 생명공학 식품인 맥주나 요구르트를 필두로 배양을 시작했다. 그리고 지난 세기에는 식품 공급의 산업화가 식품제조법에 다시금 혁명을 불러일으켜 폭발적인 인구 증가를 뒷받침하고 조장할 정도로 식량 생산량이 어마어마하게 증가했다.

오늘날 우리는 차세대 식량 혁명인 세포농업의 태동을 목격하고 있는지도 모른다. 세포농업은 진짜 동물의 고기나 기타 동물 생산물 등을 실험실에서 키우는 공정으로 동물이 다치지 않을뿐더러 드넓은 농경지를 자연 서식지로 되돌려놓을 수 있다. 연구용이나 의료용으로 처음 발전했던 기술이 여러 스타트업 기업들에 의해 상용화되면서 눈곱만 한 동물의 근육세포로부터 더 많은 근육을 배양해낼 수 있게 되었다. 일부 기업에서는 동물세포도 없이 분자 단위에서 진짜 우유, 달걀, 가죽, 젤라틴을 생산하고 있다. 살아 있는 동물은 전혀 건드리지 않고도 모든 성분이 기존 제품과 똑같은 제품을 생산하게 된 것이다.

이 책에 등장하는 스타트업들은 이 기술을 새롭게 적용하여 처칠의 비전을 실생활에 구현하기 위해 힘쓰고 있다. 책을 집필하는 지금도 기업들은 우리가 알던 식량과 패션 산업에 혁명을 가져올 진짜 동물 생산물들을 만들고 있다. 동물세포뿐만 아니라 효모, 세균, 조류로부터 말이다. 또한 이 기업들은 인구 증가로 야기된 막대한 환경문제와 경제문제를 해결하겠다고 약속한다. 물론 약속을 지키려면 업체들이 해당 제품을 전 세계 시장에 출시할 수 있도록 지원금, 규제 완화, 소비자들의 인식 변화가 있어야겠지만 말이다.

식물성 단백질 혁명으로 등장한 토푸키Tofurky(두부tofu와 칠면조turkey를 합친 단어로 미국의 터틀아일랜드푸드에서 만든 대표적인 비건 제품 – 옮긴이), 실크Silk(두유, 아몬드유 등 우유 대체품을 생산하는 미국 기업 – 옮긴이)의 두유, 비욘드미트Beyond Meat(식물성 재료로 만든 닭고기, 소고기, 소시지 등을 만드는 미국 기업 – 옮긴이) 등과는 달리 실험실에서 생산된 제품은 고기, 우유, 달걀의 대체품이 아니라 진짜 동물 생산물이다. 완전히 새로운 기술처럼 보일 수도 있지만 오늘날 많은 사람들이 먹는 경성치즈를 떠올리면 이해하기 쉽다. 과거에는 레닛(우유를 응고시키기 위해 거의 필수적으로 첨가하는 효소 복합체)을 소의 장내에서 추출했다면 현재는 여기 소개하는 업체들이 사용하는 공정과 거의 동일한 방법으로 합성 제조한다. 당뇨병 환자들이 정기적으로 주사맞는 인슐린도 대부분 이와 유사한 생명공학 공정으로 생산된다.

한편 실험실에서는 몇 년간 비슷한 방법을 사용하여 실험용··이식용으로 쓸 진짜 사람 조직을 만들어내고 있다. 가령 어떤 실험실은 환자의 피부세포를 채취하여 환자의 피부와 동일한 피부를 새롭게 배양한다. 신체 밖에서 자랐다는 점을 제외하면 차이점이 없으니 몸에서도 거부반응이 없다.

과거 주로 의료용이었던 기술을 축산물에 적용하면서 '2차 가축화'가 진행 중이다. 2차 가축화라는 말은 세포농업 스타트업인 멤피스미트Memphis Meats의 CEO 우마 발레티Uma Valeti 박사의 표현이다.

수천 년 전에 '1차 가축화'가 일어났을 때 인간은 가축과 종자를 선택적으로 교배하면서 어디에서, 어떻게, 어떤 품질로 식량을 생산할지 더 능동적으로 조절할 수 있게 되었다. 오늘날 조절 대상은 세포 수준까지 내려갔다. 발레티는 다음과 같이 설명한다.

"최고의 근육세포만 사용하여 최고의 고기를 만들어낼 수 있습니다."

멤피스미트의 투자자 세스 배넌Seth Bannon도 이 비유를 좋아한다. 그는 처칠을 기리는 의미에서 '피프티 이어즈(50년)'라는 이름을 붙인 벤처캐피털 펀드로 발레티를 비롯한 스타트업 설립자들에게 힘을 실어준다. 배넌은 멤피스미트의 성과를 이렇게 설명한다.

"과거에는 우리가 섭취할 동물세포를 얻기 위해 가축을 키웠다면 현재는 세포 자체를 키우기 시작했습니다."

이 책에 등장하는 과학자와 기업가들은 수많은 병폐의 중심에 있는 농축산업을 올바른 방향으로 돌릴 방법을 찾고 있다. 각자 다른 장소에서 다른 가치를 품고 시작했지만 이들의 목표는 같다. 고기와 다른 동물 생산물을 닭이나 칠면조, 돼지, 물고기, 소를 죽여서 얻는 것이 아니라, 생명과 감정을 가진 동물들을 완전히 배제한 배양 공정을 통해 만들어내는 비전을 실현하는 것이다.

나와 만나고 1년 후에 포르각스는 모던미도 본사에서 기자들에게 이렇게 말했다.

"맥주나 요구르트를 만들 때는 효모나 유산균이 탱크 속에서 비명을 지르지 않아요. 동물 생산물에도 이런 기준을 적용하는 것이 우리의 목표입니다. 감정을 느끼는 동물들을 산업용으로 써야 할 이유가 없습니다."

이런 기업들이 성공한다면 지구와 동물 그리고 우리 건강에 미칠 잠재적 이점은 자명하다. 스타트업이 일대 지각변동을 불러올 때 수천만 달러를 들이부은 투자자들에게 더 큰 부가 돌아갈 것은 물론이다. 빌 게이츠Bill Gates는 2016년 12월 CNBC방송과의 인터뷰에서 제프 베조스Jeff Bezos와 리처드 브랜슨Richard Branson 등 억만장자 동료들과 손잡고 새롭게 만들어낸 브레이크스루에너지벤처Breakthrough Energy Ventures 펀드를 언급하며, 이런 스타트업 기업들의 미래를 다음과 같이 내다보았다.

"앞으로도 우리와 같은 가치를 추구하는 기업들을 지원할 것입니다. 농업 분야의 인공 고기도 그중 하나이며 이미 연구를 시작한 사람들이 있습니다. 고기는 온실가스의 주범이기도 하죠. 고기를 다른 방식으로 만들어낼 수만 있다면 동물학대 등 수많은 문제를 피해갈 수 있으며 더 적은 비용으로 제품을 생산할 수 있습니다."

몇 년간 식물성 고기 개발을 지원해왔던 빌 게이츠는 2017년 8월에 브랜슨, 잭 웰치Jack Welch(전 제너럴일렉트릭 CEO) 등 업계 거물들과 함께 청정고기 분야에도 투자를 시작했다. 브랜슨은 자신과 동료들이 어느 스타트업에 지원한 사실을 신나게 떠들며 다음과 같이 예언했다.

"우리는 30년 안에 더 이상 어떤 동물도 죽이지 않고 모두 동일한 맛의 청정고기나 식물성 고기를 먹게 되리라 믿습니다. 언젠가 우리는 할아버지 세대가 고기를 먹기 위해 동물을 죽이던 모습을 돌아보며 옛날에는 그런 시절도 있었다고 이야기할 것입니다."

식품안전 측면에서도 이 제품들은 판도를 바꿀 수 있다. 도축장에서는 분변오염이 일어날 위험이 매우 높다. 동물에 묻은 분변이나(동물들은 도축장이라는 낯설고 주눅 드는 환경에서 변을 지리는 경우가 많다), 장내에 있던 분변이 도살과 해체 과정에서 고기를 오염시킬 수있다. 이런 과정에서 고기는 가장 위험한 식중독 병원체인 장내 대장균과 살모넬라균에 오염된다. 당연하게도 동물의 몸 밖에서 배양된 고기는 완전한 무균 환경에서 생산되므로 분변오염을 걱정할 필요가 없다. 세포농업 제품을 홍보하는 '좋은 식품 연구소Good Food Institute, GFI'(식물성 고기 제품과 세포에서 만든 청정고기를 홍보하는 미국 비영리 단체 – 옮긴이)는 이 점에 착안하여 '청정고기'라는 용어를 널리 퍼뜨렸다.

식품안전을 바라는 일부 사람들이 청정고기를 응원하는 이유도 여기에 있다. 공익과학센터Center for Science in the Public Interest를 설립한 의사 마이클 제이콥슨Michael Jacobson도 그중 한 명이다. 트랜스 지방과 올레스트라olestra(칼로리가 없어 과자류에 주로 쓰이는 지방 대체품으로 부작용 문제가 꾸준히 제기되고 있다 – 옮긴이) 등 식품첨가물의 위험성을 알려온 그는 세포농업에 긍정적이다.

"이것은 동물 생산물을 더 안전하게 섭취하고 지속적으로 생산할 수 있는 좋은 방법입니다. 저는 기꺼이 먹을 의향이 있습니다."

동물 대신 고기를 키운다면 공중보건 전문가들의 밤잠을 설치게 하는 판데믹pandemic(전염병의 세계적 대유행) 리스크도 극적으로 낮출 수 있다. 아시아에서는 특히 조류독감이 자주 발생하여 매년 수백만 마리의 조류가 죽는다. 이때 조류독감이 종을 뛰어넘어 인간에게로 감염될지가 관건이다. 실제로 1918년에는 인류의 3분의 1이 스페인독감에 감염되고 5,000만 명 이상이 사망했다. 당시 세계 인구는 12억에 불과했지만 100년 후인 현재는 75억이라는 숫자가 지구에 발을 딛고 살고 있다. 그리고 인구 증가와 함께 인구 이동도 급증하여 매일 수백만 명이 세계를 여행하고 있다. 판데믹이 1918년 규모로 발병한다면 더욱더 파괴적인 결과를 가져올지도 모른다.

2007년 미국공중보건협회American Public Health Association 협회지는 편집장의 글을 빌어 공장식 닭 농장이 야기하는 판데믹의 위협을 다음과 같이 내다보았다.

인간이 근본적으로 육식을 멈추거나 잡아먹히는 개체수를 극단적으로 줄이는 것이 확실한 예방책이지만, 가까운 시일 내에 동물을 대하던 방법이 바뀔 가능성은 거의 없다. 이런 변화를 충분히 받아들이거나 도입한다면 지금이라도 무시무시한 인플루엔자 판데믹의 발생 가능성을 줄일 수 있다. 또한 변화를 받아들이지 않은 채 동물을 밀집 사육하고 식품용으로 도축했을 경우 발생 가능한 미지의 질병을 미연에 방지할 수 있다. 하지만 인류는 이런 변화를 받아들일 의향이 없다.

이후 10년이 지났지만 인류는 미국공중보건협회의 제안처럼 축산업의 규모를 대폭 줄여서 판데믹의 발생 리스크를 낮출 생각이 없어 보인다. 하지만 판데믹의 발생 가능성이 낮다고 해도 가까운 시일 내에 동물 사육을 줄여야 할 더욱 급박한 이유가 있다.

대형 판데믹이 수년 내에 발생할 여지는 적다. 하지만 공장식 동물 사육이 야기하는 다른 위험 요소들이 이미 그 모습을 드러내고 있다. 대표적으로 인간은 항생제의 내성 위기에 직면해 있으며, 많은 의학·공중보건 전문가들이 축산업을 그 원인으로 지목하고 있다. 미국 전체 항생제의 80퍼센트가량이 농장 동물에게 질병 치료의 목적이 아닌 체중 증가와 밀집 사육 시에 일어날 수도 있는 질병을 예방하기 위해 투여되고 있다. 미국의학협회American Medical Association는 생명 구조와 직결되는 항생제를 앞으로도 지속적으로 사용할 수 있을지에 대해 우려하며, 항생제가 농장 동물의 성장 촉진용으로 사용되는 것을 금지하라고 연방정부에 요청하고 있다. 하지만 농업계와 약품 업계의 로비를 받는 연방정부는 이 요구에 귀를 막고 있는 실정이다(동물에 과다 사용한 항생제는 고기 등 축산물에 잔류하여 인간이 섭취하게 된다. 잔류 항생제는 항생제 내성균이 출현하는 주요 원인으로 지목된다 – 옮긴이).

개발도상국이 빈곤에서 벗어날수록 고기 수요는 증가할 수밖에 없다. 지구의 자원은 유한하므로 미국인과 유럽인이 누렸던 고기 중심의 식단을 다른 국가 사람들까지 누릴 수는 없다. 역사적으로 부유한 나라들은 육류 위주의 식단을 유지해온 반면 빈곤한 나라들은 주로 곡물, 콩, 채소로 연명하며 고기는 어쩌다 먹는 것으로 인식했다.

최근 미국인의 고기 섭취가 다소 줄기는 했지만 인도, 중국 등에서 가계 수입이 증가함에 따라 고기의 수요도 함께 늘고 있다. 무서운 일례를 들자면 중국인의 1인당 고기 소비량은 최근 30년 동안 5배 급증했다. '갑부들이나 먹는 고기'로 여겨졌던 소고기는 현재 14억 중국인들이 일상적으로 즐기는 반찬이 되었다.

1971년 프랜시스 무어 라페Frances Moore Lappé는 저서 『작은 별에서 먹는 법Diet for a Small Planet』에서 전 세계 인구가 미국인처럼 고기를 먹는다면 지구가 버틸 수 없음을 확실한 예시와 함께 설명한다.

"방 안에 대략 45~50명이 빈 밥그릇을 들고 있다고 칩시다. 당신에게 8온스(약 227그램 - 옮긴이)짜리 스테이크를 먹이려면 나머지 사람들은 조리된 곡물 한 컵만 받아먹어야 합니다."

미국에서 동물 생산물의 생산 비용이 공개된 덕분에 가격은 낮아졌지만 아직도 고기를 먹기 위한 비용은 너무 크다. 라페의 연구가 등장하기 훨씬 전에도 해리 트루먼 대통령은 전후 유럽 재건에 들어갈 자원을 확보하기 위해 화요일과 목요일에는 고기(가금육 포함)와 달걀 섭취를 줄이자고 미국인들에게 촉구했다.

현대에도 이 메시지는 유효하다. 지구의 미래를 걱정하는 단체인 옥스팜Oxfam은 이렇게 말한다.

"현실적으로 고기 생산에 땅, 물, 비료, 기름 등 막대한 자원이 들어갑니다. 영양가 있고 맛있는 다른 음식을 재배할 때보다 훨씬 더 많은 에너지를 소비하죠."

고기를 먹기 위해 동물을 키우는 경우 가장 큰 비용이 들어가는 부분은 사료다. 콩 하면 두부나 두유부터 떠올리겠지만 사실 전 세계에서 생산된 콩은 동물용 사료로 소비되는 비중이 가장 크며 이를 위해 엄청난 넓이의 경작지가 필요하다. 안타깝게도 동물용 사료는 열대우림을 파괴하는 주범으로 사실상 지구의 허파를 죽이는 것이나 마찬가지다. 세계자연기금World Wildlife Fund은 이 점을 지적하며 다음과 같이 내다보았다.

"세계의 고기 수요가 증가함에 따라 콩 재배 면적도 증가하고 있다. 이는 라틴아메리카의 삼림 등 소중한 생태계를 파괴하는 주범이다."

'열대우림을 살리자'는 슬로건을 '고기를 줄이자'로 바꾸면 더 사람들의 마음에 와 닿을까.

생물다양성센터Center for Biological Diversity는 우리의 식탁에 올라오는 음식과 다른 종들의 생존이 어떤 연관 관계를 갖는지를 사람들에게 일깨워준다. 이 비영리 환경 단체는 '식탁에서 멸종을 막읍시다'라는 캠페인을 시작하여 환경을 생각하는 소비자들이 식탁에 앉을 때마다 야생동물의 멸종 예방에 동참하게 했다. 멸종 예방 캠페인은 '지구와 야생동물은 우리가 고기 소비를 줄이기를 원한다'는 단 하나의 기치를 내걸고 있다.

기후변화를 생각해보면 고기 소비가 지구에 어떤 악영향을 주는지 더욱 명백하게 드러난다. 유럽에서 가장 권위 있는 싱크탱크인 영국 왕립국제문제연구소Royal Institute of International Affairs는 다음과 같이 경고한다.

"대재앙을 불러올 온난화를 예방하려면 고기와 유제품 소비를 극적으로 줄여야 하지만 전 세계적인 대처는 아직 미미한 실정이다."

채텀하우스Chatham House라고 불리는 이 연구소는 축산업이 온실가스 배출의 주원인임을 지적하며 이렇게 말한다.

"전 세계의 고기 및 유제품 소비량이 변하지 않는 한, 지구의 온도 상승을 섭씨 2도 이내로 막을 수 없다."

결국 단지 고기를 먹고 싶다는 이유만으로, 자원을 투입하여 곡물을 재배하고 농장 동물을 먹이는 행위는 비효율적이라는 것이다. 그리고 미국에서는 대부분의 농장 동물을 곡물로 사육한다는 점에서 우리는 고기 소비를 선택한 대가로 엄청난 양의 식량을 내다 버리는 것이나 매한가지다.

생산 효율성이 가장 크다는 닭고기조차 식물성 단백질과 비교할 수준이 못 된다. 닭의 곡물 요구량은 엄청나서 9칼로리를 투자하면 고기 1칼로리로 되돌려받는다. 다시 말하지만 가장 효율성이 높은 고기가 이 정도다. 투자한 칼로리의 상당량이 부리를 만들고 숨을 쉬고 모이를 소화하는 등 사육 의도와 무관한 생물학적 대사에 소비된다. 우리가 원하는 고기를 만드는 과정에서 식량 낭비가 불가피한 것이다. 좋은 식품 연구소 대표인 브루스 프리드리히Bruce Friedrich에 따르면 닭고기를 얻는 과정은 파스타 9인분을 만들어서 한 접시만 먹고 나머지 8인분은 쓰레기통에 버리는 행위와 같다고 한다.

고기 생산이 비효율적이라는 온갖 증거에도 불구하고 육식을 즐기는 사람들이 자발적으로 동물 대신 식물을 선택하기란 쉽지 않다. 채식주의자 행사에 참가한 일반 손님들은 식물성 고기로 만든 요리를 가장 좋아하고 후무스(병아리콩을 으깨 만든 중동 지방 음식 - 옮긴이)와 채소에는 대체로 손을 대지 않는다.

채식주의자들과 동물보호 단체가 처음 운동을 시작한 지 30년이 지났지만, 미국인 중 채식주의자 비율은 줄곧 2~5퍼센트에 머물러 있는 실정이다. 1인당 소고기, 돼지고기, 가금육 소비량은 2007년 99.8킬로그램에서 2016년 97.1킬로그램으로 약간 감소하기는 했지만 미국인은 지구상에서 가장 고기를 많이 먹는 사람들 가운데 하나로 당당히 이름을 올리고 있다.

식물로 고기를 만들어내는 임파서블푸드Impossible Foods의 CEO 팻 브라운Pat Brown 등 식물성 단백질의 선구자들은 사람들이 각자의 입맛과 타협하지 않고도 고기를 줄일 방법을 구상하고 있다. 임파서블푸드는 제품을 출시하기도 전에 구글벤처스Google Ventures, 빌 게이츠 등으로부터 1억 8,200만 달러를 투자받았다. 스탠퍼드대학교 생물학과 교수인 브라운은 다른 문제들은 차치하고 기후변화만 획기적으로 되돌리려고 해도 동물 생산물의 소비를 확실하게 줄여야 한다고 주장한다.

"자동차, 버스, 트럭, 기차, 배, 비행기, 로켓을 모두 합쳐보세요. 그래도 축산업보다는 적은 온실가스를 배출합니다."

또 다른 프랑켄-푸드의 탄생

하지만 오늘날 대두되는 심각한 환경문제나 윤리적인 사안을 고민하지 않고도 고기와 가죽 같은 실제 동물 생산물을 먹고 사용할 수 있다면 어떨까?

안드라스 포르각스와 그의 동료들은 이제 막 싹트기 시작한 동물 생산물 배양 산업에 종사하면서 이런 가능성을 현실로 만들기 위해 노력하고 있다. 이런 동물 생산물이 환경에 가져다줄 이점은 명확하다. 옥스퍼드대학교 연구원인 한나 투미스토Hanna Tumisto가 2011년 《환경과학과 기술Environmental Science & Technology》에 발표한 연구만 봐도 배양 고기는 기존 고기에 비해 에너지는 45퍼센트, 토지는 99퍼센트, 물은 96퍼센트를 덜 필요로 한다. 물론 어떤 기술이 세포농업 제품을 상업적으로 성공시킬지 미지수인 초기 단계에는 제품주기분석life cycle analysis(제품 생산의 단계별로 환경 친화적인지를 분석하는 기법－옮긴이)에 분명히 한계가 존재한다. 하지만 동물을 키우는 것보다 동물 생산물을 키우는 것이 자원 효율성 면에서 훨씬 낫다는 점은 분명하다. 2015년 《통합농업Journal of Integrative》에 발표된 한 연구는 배양 고기가 중국의 환경에 미칠 영향을 비교 평가하면서 '고기를 배양 고기로 대체할 경우 온실가스 배출과 경작지 수요가 현저하게 감소할 것'이라고 결론 내렸다.

중국 정부도 관심을 보이고 있다. 2017년 9월 국영신문인 《과기일보科技日報》는 청정고기를 인민공화국으로 들여오려는 어느 미국 기업을 소개하면서 독자들에게 두 가지 세계를 도발적으로 제시한다.

"당신 손에는 두 가지의 동일한 제품이 있습니다. 하나는 소를 도축해야 얻을 수 있습니다. 다른 하나는 온실가스를 배출하지 않고, 소를 도축할 필요도 없는 데다 가격도 저렴합니다. 어느 것을 선택하겠습니까?"

스타트업을 이끄는 사람들의 소망은 이런 선택지를 사람들에게 제시하는 것이다. 모던미도, 햄턴크릭Hampton Creek, 멤피스미트, 모사미트Mosa Meat, 핀레스푸드Finless Foods, 슈퍼미트SuperMeat, 퓨처미트테크놀로지Future Meat Technologies, 퍼펙트데이Perfect Day, 클라라푸드Clara Foods, 볼트스레드Bolt Threads, 비트로랩스VitroLabs, 스파이버Spiber, 젤토Geltor 외 여러 기업들은 거대 자본의 힘에 기대고 있는 식품 및 패션 산업을 무너뜨리고 궁극적인 혁명을 일으킬 방법을 모색 중이다. 모건스탠리의 전 부회장이자 《포브스Forbes》 기고가인 마이클 롤런드Michael Rowland는 내게 이렇게 말했다.

"배양 고기 기술이 완성되기만 하면 전 세계의 고기 생산은 송두리째 바뀔 것입니다. 앞으로 고기는 동물이 아니라 과학으로 만듭니다."

환경과 동물복지를 우선시하는 수많은 사람들이 관련 기업들을 응원하는 이유도 바로 여기에 있다. 이들은 세포농업이 청정에너지 운동과 유사하다고 생각한다. 뉴하비스트New Harvest의 CEO 이샤 다타Isha Datar는 다음과 같이 설명한다.

"공장식 사육은 석탄 채굴과 비슷합니다. 지구를 오염시키고 피해를 주면서 자기 목적을 달성하죠. 세포농업은 태생부터 재생에너지와 같습니다. 같은 역할을 하면서도 수많은 끔찍한 부작용이 없습니다."

세포농업 분야에 종사하는 사람들은 자신들이 개발해낼 새로운 기술의 파괴력을 알기에 무한 긍정에 가까운 태도를 지니고 있다. 그리고 흥미롭게도 그들은 대부분 상대방을 라이벌이 아니라 좋은 협력자로 여긴다. 그들은 고기와 다른 동물 생산물을 배양 공정으로 생산하여 언젠가 인류가 닭, 칠면조, 돼지, 물고기, 소에 덜 의지하게 한다는 공동의 목표를 향해 달려가는 중이다.

이들 업체들은 각자의 아이디어를 어떻게 시장에서 상용화할지를 고민한다. 그러려면 소비자들의 인식부터 바꿔야 한다. 기존 소고기가 다른 어떤 고기보다 환경에 미치는 폐해가 크다는 점부터 알려야 할까? 아니면 가장 많이 도축되는 닭(아니면 물고기)에서부터 시작해야 할까? 가장 배양하기 쉬운 우유부터 시작해야 할까? 아니면 배양 고기는 잠시 미뤄두고 대중이 '소화'하기 더 쉽도록 실험실에서 만든 가죽에 집중해야 할까?

업체들의 꿈이 현실로 이루어지기 전에 넘어야 할 과정이 있다. 당장은 청정 동물 생산물이 제한된 형태로 시장에 나올 것이고 상품으로서 가격 경쟁력이 있는 청정고기가 나오기까지는 아직 몇 년을 기다려야 한다. 배양 고기 운동의 선구자인 제이슨 매시니Jason Matheny는 배양 고기가 슈퍼마켓에 나오려면 몇 년이 걸릴 것 같으냐는 질문을 받으면 한결같이 "5년 정도 봅니다"라고 농담처럼 대답했다고 한다. 하지만 이 책에 소개된 연구들 덕분에 그날이 빨리 올지 모르겠다.

그날이 오기까지 이 책에 소개된 기업가들은 몇 가지 중요한 난관들을 극복해야 한다. 우선 비용을 아주 많이 낮춰야 한다. 이쪽 업계에서는 다들 비용 절감이 가능하다고 믿고 있다(아니라면 애초에 이 일을 시작하지 않았겠지만). 하지만 이 믿음조차 지금은 안 되지만 언젠가 기술적으로 돌파구를 마련할 수 있다는 전제가 깔려 있다.

또한 그들은 사람들이 그런 난관들을 이해해주기를 원한다. 소비자들에게 자신들이 만든 버거를 권하기도 전에 우선 대량생산할 방법부터 찾아야 한다. 애초에 상당수의 기술들은 식품용이 아닌 의학용으로 발명되었기에 생산 가능한 규모와 비용 면에서 제약이 크다. 일례로 고기를 기존 고정틀(근육이 자라는 '뼈'의 역할을 함)에서 배양한다면 비용이 많이 들 뿐만 아니라 다진 고기 외에는 만들어내지 못한다(미트볼이나 햄버거 패티는 만들 수 있지만 닭 가슴살이나 스테이크는 만들지 못한다). 따라서 더욱 개량된 고정틀을 찾아야 한다. 또한 산업용 바이오리액터(발효조)를 만들어 근육을 대량생산할 수 있어야 한다. 현재는 의료용 리액터밖에 없는 실정이다.

규모와 비용 면에서 경쟁력을 갖추더라도 정부 규제와 기타 행정 문제가 난관으로 작용하여 시장 출시가 늦춰질 수 있다. 현대의 바이오테크놀로지를 식품에 적용한 지 수십 년이 지난 지금 시점에도 낯설기 그지없는 이 신종 기법에 규제 기관이 회의적이라면 승인 과정이 지연될 것이다. 마지막으로 가장 중요한 의문으로 아무리 품질이 좋고 가격이 싸더라도 소비자들이 이런 식품을 선택할 것인가 하는 점이다. 가공이 최소화된 식품, 더 나아가 '자연산'을 찾는 소비자들이 늘어남에 따라 과거 GMO식품이 프랑켄-푸드(프랑켄슈타인과 푸드를 합친 단어)라고 불린 것처럼 배양된 동물 생산물에 대한 반발도 커지지 않을까?

하지만 최근 수십 년 동안 몬산토Monsanto(세계 종자 시장의 4분의 1, GMO 종자 특허의 90퍼센트 이상을 차지하는 다국적 농업 기업-옮긴이)나 다우아그로사이언스Dow Agrosciences(농업용 화학약품, 종자, 생명공학 솔루션을 주력으로 하며 종합화학 업체 다우케미컬의 자회사-옮긴이) 같은 거대 농업 기업들이 GMO를 시장에 조용히 출시했던 것과 달리 세포농업 제품을 생산하는, 상대적으로 작은 스타트업들은 자신의 제품이 어떤 식으로 만들어지는지 대중에게 노출되기를 원한다. 이에 따라 자신들이 무슨 일을 어떻게 하는지 수시로 홍보하는 등 '철저한 투명성'을 앞세우고 있다. 이 기업들은 청정고기가 현재 일상적으로 사용되는 일부 식의약 분야의 발명품과 다를 것이 없다는 점이 널리 알려진다면 소비자들이 청정고기를 단순히 받아들이는 것에 그치지 않고 열렬히 원할 것이라 굳게 믿고 있다.

한편에서는 생명공학과 식품 시스템의 만남을 반대하는 무리들이 실험실에서 키워낸 동물 생산물에 심각한 우려를 표하고 있다. 그들의 주장은 나중에 소개하겠다. 흥미롭게도 지속 가능한 식품 분야에서 영향력 있는 목소리를 내는 『잡식동물의 딜레마』와 『마이클 폴란의 행복한 밥상』의 저자 마이클 폴란Michael Pollan은 스타트업의 연구를 지지한다.

"저는 고기의 대체재를 찾는 모든 노력이 의미 있는 행동이라고 생각합니다. 환경적, 도덕적, 윤리적 이유로 우리는 어떤 형태로든 소비를 줄여야 할 테니까요."

폴란은 배양 고기에 대한 견해를 묻는 나의 질문에 이렇게 대답했다.

"어떤 결과물이 고기를 대체할지 아직은 알 수 없지만 우리가 직면한 문제의 심각성을 고려할 때 모든 가능성을 찾아 연구하는 자세는 매우 바람직하다고 봅니다."

일부 집단과 개인은 GMO 반대 캠페인을 주도했던 폴란이 세포 농업을 열린 마음으로 대하는 모습에 거부감을 느낀다. 많은 사람들이 과거 일부 기술이 지속 가능하지 않은 식품 시스템에 쓰인 전례를 들며 이유 있는 우려를 표한다. 하지만 기술은 칼과 같아서 친구에게 멋진 요리를 만들어줄 수도, 살인에 쓰일 수도 있다. 즉 기술은 어떻게 적용하느냐에 따라 결과가 달라진다. 한 가지 확실한 점은 청정고기가 성공하면 GMO의 숫자를 줄일 수도 있다는 것이다. 현재 미국에서 재배 중인 GMO작물의 90퍼센트가 농장 동물의 사료용이다. 산업형 농업을 날카롭게 비판하는 맥케이 젠킨스McKay Jenkins는 2017년 『식품 투쟁: GMO와 미국식 식단의 미래Food Fight: GMOs and the Future of the American Diet』에서 다음과 같이 주장했다.

실제 가축이 아닌 세포 배양으로 고기를 얻는다면 산업형 농업 전반에 큰 변화를 가져올 수 있다. 이제 우리는 농약 범벅인 유전자 변형 옥수수나 대규모 도축장 또는 휘발유가 불필요하다. 왜냐하면 더는 동물을 사육·도축·운송할 필요가 없기 때문이다. 또한 우리는 산더미 같은 (혹은 호수처럼 퇴적된) 가축 분뇨가 물을 오염시키거나 메탄가스 구름이 기후변화를 야기한다고 걱정할 필요가 없다. 그리고 단백질에 대한 끝없는 욕구를 만족시키기 위해 수십억 마리의 동물을 죽일 필요도 없다.

생명공학 및 식품과 관련해서 어떤 논쟁이 오가든 대부분의 기업들은 자신들이 장차 생산할 제품이 자연에 가까우면서도 오늘날 우리가 매일 섭취하는 식품과 별반 다르지 않기를 원한다. 하지만 일부 기업에서는 새롭고 생소한 요소를 자사 제품에 수용하고 있다. 리얼비건치즈Real Vegan Cheese라는 회사는 자신들을 우유와 치즈의 제조사로 한정하지 않는다. 이 회사는 일각고래의 젖을 합성하여 치즈를 생산함으로써 '바다 건강에 경각심을 불러일으키는' 동시에 '어떤 포유류의 유전자든 합성해도 제조가 가능하다'는 점을 보여주고자 한다. 7장에 등장하는 또 다른 회사는 이미 마스토돈(코끼리를 닮은 신생대의 대형 동물) 젤라틴으로 젤리를 생산 중이다(말 그대로 수천 년 전 북미에서 멸종된 거대 생물의 젤라틴을 실험실에서 배양했다).

부엌에서 고기를 기르다

세계 최초로 동물의 생산물을 배양·출시하려는 경쟁은 이미 시작되었다. 스타트업들은 이름만 대면 알 만한 벤처캐피털로부터 수백만 달러를 지원받고 있다. 이들은 하나같이 인류가 수천 년 동안 먹거리와 옷을 해결했던 방식, 특히 지난 반세기 동안 수많은 외부 효과에도 불구하고 동물 생산물의 규모를 키워왔던 공장식 사육을 뒤집어엎고 싶어 한다. 부차적으로 쏠쏠한 수익을 노리고 있음은 물론이다.

오늘날 지역 양조장이 자체 수제 맥주에 특화되듯이 조만간 고기 양조장이 생길 수도 있을까? 모던미도의 포르각스는 가능하다고 믿는다.

"양조장은 바이오리액터입니다. 세포 배양이 일어나는 장소죠. 맥주 대신 가죽이나 고기를 양조하게 될 것입니다. 구현하기 어렵지 않아요."

어쩌면 양조장만이 아니라 가정에서도 고기를 배양할 수 있을지 모른다. 오늘날 가정에 빵이나 아이스크림 제조기가 널리 보급된 것처럼 언젠가는 고기 제조기가 부엌에 놓여 있을지 모른다. 실제로 화학자 하뉴 유키羽生雄毅가 창업한 일본 청정고기 스타트업 인테그리컬쳐Integriculture에서 쇼진미트라는 프로젝트를 진행한 적이 있다. 이 프로젝트에 참가한 도쿄의 학생들에게는 동물의 근육 세포를 집에서 편하게 키울 수 있는 키트가 주어졌다. 최종 생산물은 기존 고기와 다소 차이가 있었지만 전자레인지 크기의 청정고기 제조기가 처음 만들어졌다는 점에서 앞으로 펼쳐질 미래를 엿보게 한다.

이 분야의 또 다른 과학자 마크 포스트Mark Post 박사는 다음과 같이 미래를 내다본다.

"참치, 호랑이, 소, 돼지 등 어떤 동물이든 줄기세포를 티백 형태로 판매하여 부엌에서 편안하게 나만의 고기를 키울 수 있습니다."

누구든 배양된 소고기, 가금육, 물고기, 유제품, 심지어 푸아그라를 맛보는 미래. 나는 내 손에 놓인 배양된 가죽을 보면서 이 떠오르는 산업의 미래를 짚어보자는 생각을 갖게 되었고 결국 이 책을 집필했다. 과거 동물복지를 위한 일에 몸담았던 나는 육류 산업과 동물 그리고 환경보호론자 사이에서 영원히 끝나지 않을 것처럼 보였던 전투의 최전선에 서 있다. 어쩌면 양쪽 모두 승리하는 결말이 가능할지도 모르겠다. 사람들은 계속 고기를 먹지만 그 과정에서 우리 지구나 동물들은 거의 피해를 입지 않을 것이다. 이 책에 등장하는 제품들이 상용화된다면 조만간 동물보호 단체는 '동물 대신 고기를 먹읍시다'라는 슬로건을 외칠지도 모른다.

이 세계는 해를 거듭할수록 인구가 늘어나고 자원 집약적인 동물 생산물로 인해 굶주리고 있다. 식물 중심의 식단으로 바뀐다면 이 위험에서 벗어나는 데 상당한 도움이 되므로 식물성 단백질 분야가 지속적으로 성장할 필요가 있다. 하지만 인간이라는 종은 이런 거대한 문제를 해결하기 위해 한 가지 방법에만 기대서는 안 된다. 재생에너지 분야와 마찬가지로 우리는 여러 대안을 준비해야 한다.

세포농업 회사들이 성공한다면 약 1만 년 전에 일어났던 농업 혁명 이후 식품 생산에 대격변이 찾아올 것이다. 그리고 21세기를 거치며 인류가 당면한 중대한 문제들에 대한 해답을 제시해줄 것이다.

2장

과학 구조대

더는 고기를 동물로부터 얻지 않는 세상을 떠올리기란 쉽지 않다. 몇몇 새로운 식물성 단백질을 제외하면 동물은 약 20만~30만 년 전에 호모사피엔스가 출현한 이후 고기를 원하는 인간의 욕망을 충실히 채워주는 존재였다. 하지만 우리가 의복, 도구, 보금자리, 이동 수단 등 얼마나 많은 것들을 동물에 의존했는지 생각해보면 최근 몇 세기 만에 새로운 기술들이 동물에 대한 인간의 의존도를 극적으로 감소시켰음을 알 수 있다.

일례로 20세기 이전만 해도 우리는 주로 고래 기름이라는 흔한 연료로 불을 붙였다. 이렇게 형성된 거대한 고래 산업은 산업혁명기에 공장의 기계에 쓰일 윤활유 수요를 감당하기 위해 더욱 커졌다. 그중 미국은 포경에 가장 매달린(어쩌면 성공적인) 나라였다.

매사추세츠주 뉴베드포드는 일명 '세계를 밝히는 도시'로서 뉴잉글랜드의 포경 선단이 험난한 바다를 헤치며 잡아온 고래로 엄청난 재화를 창출하고 있었다. 미국 독립전쟁 당시의 영국군과 남북전쟁 당시의 남부연합군이 미국의 포경 선단을 공격할 만큼 포경은 미국 경제에서 중요한 위치를 차지했다. 뿐만 아니라 포경 산업은 국가의 정치와 경제에 거대한 영향력을 자랑하고 있었다. 석유 산업이 출현하기 훨씬 전부터 고래 기름 산업은 식민지 시기와 초기 공화정 시기의 사회를 주름잡고 있었다. 에릭 제이 돌린Eric Jay Dolin 은 자신의 포경역사서 『리바이어던Leviathan』에 다음과 같이 썼다.

"기름과 뼈를 항구로 가져오는 포경은 19세기 중반에 이르러 신발, 면화에 이어 매사추세츠에서 세 번째로 큰 산업이 되었으며, 한 경제 분석가에 따르면 미국에서 다섯 번째로 큰 산업이다."(오늘날 GDP에서 차지하는 비중을 기준으로 미국에서 다섯 번째로 큰 산업은 내구재 제조업이다. 내구재 제조업은 소매업, 건축업, 심지어 연방정부 예산보다도 크다.)

오늘날 미국 뉴베드포드 등지에는 여전히 수많은 포경선이 남아 있지만 고래잡이는 기념사진용이며 작살은 박물관에서나 찾아볼 수 있다. 21세기 들어 미국은 고래 사냥이 아닌 고래 관찰을 주도하고 있다.

그렇다면 과거 그토록 강력한 영향력과 로비력을 자랑하던 산업이 어떻게 정상에서 밑바닥으로 내려오게 되었을까?

위대한 인물들이 동물학대와 지속 가능성에 대한 고민 끝에 고래를 대신하여 고래 산업이라는 골리앗과 맞서 싸움으로써 선한 투쟁에서 승리한 스토리를 만들어내기란 쉬운 일이었다. 물론 일찍이 포경윤리에 문제를 제기한 사람들이 있었고 대부분은 포경선이 무자비하게 고래를 학살하는 비효율성을 비판했었다. 고래를 둘러싼 전쟁은 바다에서 고래를 완전히 고갈시킬 것이라는 경고가 나오게 하기도 했다.

실제로 1850년 《호놀룰루 프렌드Honolulu Friend》의 편집자 앞으로 고래를 학대하지 말아달라는 편지가 북극고래 명의로 배달되기도 했다. 편지를 쓴 고래는 얼마나 많은 동족이 냉혈한의 손에 살해되었는지 애도하며, 최근에 열린 고래 회의에서 '동족의 안전을 지키고 전 세계의 고래 가족 앞에 놓인 절망을 피할 방법'을 논의했다고 했다. 고래는 아래와 같이 말을 이었다.

"나는 도살당하고 죽어간 동지들을 대신하여 이 글을 씁니다. 고래 가족의 친구들에게 호소합니다. 우리는 모두 죽임을 당하게 될까요? 우리 종은 멸종하게 될까요? 이 부조리를 되갚아줄 친구나 우리 편은 없는 것일까요?"

고래들의 소원은 곧 이루어졌지만, 딱히 이 편지가 모두에게 감동을 자아내서가 아니었다. 고래 산업은 정점에 오른 지 겨우 수십 년 만에 존재감이 거의 사라질 정도로 몰락의 길을 걸었다.

1861년 《베니티 페어Vanity Fair》 4월호에 실린 삽화에 이 상황이 생생히 묘사되어 있다. 연회장을 가득 메운 고래들이 검은색 넥타이를 매고 잔을 들거나 서로에게 건배하며 흥겹게 축하하는 장면이었다. 연회장 여기저기에 걸린 현수막에는 '기름 때문에 더 이상 고통받지 않을 것이다' 등의 문구가 적혀 있다.

고래들이 해방을 자축하는 이유는 단순하다. 고래는 혁신적인 기업가인 캐나다의 지질학자 에이브러햄 게스너Abraham Gesner 덕분

GRAND BALL GIVEN BY THE WHALES IN HONOR OF THE DISCOVERY OF THE OIL WELLS IN PENNSYLVANIA.

《베니티 페어》, 1861년 4월호에 실린 삽화

에 목숨을 구했다.

요즘 실리콘밸리 투자자들은 '파괴적'이라는 수식어만 봐도 흥분을 감추지 못한다. 벤처캐피털리스트는 등유 특허를 가진 게스너 같은 사람이 있다면 전 재산을 털어서라도 그의 신제품에 투자했을 것이다.

등유는 석유에서 추출한 것으로 고래 기름보다 훨씬 효율적이고 저렴한 대체재였다. 1854년 게스너가 등유를 상용화했을 당시 미국 포경 선단은 전 세계의 바다를 돌며 매년 8,000마리 이상의 고래를 잡아 죽이고 있었다. 하지만 이듬해 점점 더 많은 미국인들이 고래 기름 대신 등유로 집 안을 밝히면서 19세기 전반 동안 매년 증가하던 미국 고래 선단의 숫자가 급속도로 쪼그라들기 시작했다.

1846년 최대 735척을 기록했던 미국 고래 선단은 30년이 지나자 겨우 39척으로 줄어 있었다(고래뼈가 필요한 여성 코르셋 시장 때문에 그나마 유지되던 포경은 20세기 초 스프링강의 발명으로 점차 사라지게 된다).

그렇다. 단 30년 만에 고래 산업의 95퍼센트가 줄어들면서 박살난 이유는 더 값싸고 우수한 대체재가 출현했기 때문이다. 게스너의 발명과 이후 석유의 발견으로 수많은 고래가 비참한 죽음을 면하고 멸종 위기에서 되살아났다. 돌린은 다음과 같이 기술한다.

"지구가 뿜어내는 끈적한 검은 기름은 풍족하고 쓰임새가 많으며 저렴했기 때문에 순식간에 고래 기름을 대체했고 이는 피할 수 없는 흐름이었다."

그리고 시장경제의 창조적인 파괴 정신에 따라 등유램프 산업은 후일 토머스 에디슨의 전구로 대체되면서 자취를 감추었다.

마찬가지로, 더우나 추우나, 비가 오나 눈이 오나 사람과 물건을 실어 나르던 불쌍한 말들에게 채찍을 휘두르고 고함을 치던 소리가 도시의 거리를 가득 채웠던 시절이 있었다.

미국의 동물복지 운동은 주로 1860년대 말 헨리 버그Henry Bergh 와 같은 선구자들에 의해 시작되었다. 그는 매일같이 공공연하고 노골적으로 자행되던 말 학대를 개탄하던 끝에 1866년 미국동물학대방지협회American Society for the Prevention of Cruelty to Animals, ASPCA를 설립하게 되었다. 버그 등 동물복지 운동가들은 말에게 마실 물을 공급하는 정거장, 의무 휴식 시간, 안식 휴일 등 전 방위적으로 혁신을 요구하는 캠페인을 벌였다.

제프 스티벨Jeff Stibel의 저서 『브레이크포인트Breakpoint』를 보면

1866년의 뉴욕 거리

뉴욕시에 어찌나 말이 많았는지 1880년 미국 정부가 전문위원회를 소집하여 1980년에 도시가 어떤 모습이 될지 예측하게 한다. 전문가들은 만장일치로 뉴욕시가 100년 안에 말똥에 파묻혀서 사라질 것이라 예측했다. 이들에 따르면 도시 인구가 감당할 수 없을 정도로 증가할 때 작업용 말의 숫자를 100년 내에 20만 두에서 600만 두로 늘려야 한다는 계산이 나왔다. 이미 뉴욕시는 말 한 마리가 매일 똥 11.8킬로그램, 오줌 3.9리터 이상을 거리에 쏟아내는 상황에 골머리를 앓고 있었다. 말이 30배 늘어난다면 사람이 살 수 없는 도시로 바뀔 것이다.

하지만 결국 거리의 말들을 노동에서 해방시키고 뉴욕시를 말똥으로부터 구원한 것은 인도적인 감정이나 환경을 걱정하는 마음과 무관했다. 등유가 고래를 살렸듯이 내연기관이 주요 교통수단으로 말을 대체했다. 말을 구한 것은 사회운동이 촉발한 도덕적 논증이 아닌 어느 발명가의 상상력이었다. 심지어 당시 대중은 차를 원하지도 않았다. 헨리 포드의 유명한 말이 있다.

"사람들에게 무엇을 원하는지 물어보면 더 빠른 말을 원한다고 했을 겁니다."

지금도 우리는 자동차의 힘을 표현하는 용어로 '마력馬力'을 사용한다. 다행히 사람들이 혁신적인 기술을 순식간에 받아들인 덕분에 말들은 일찌감치 해방될 수 있었다. 미국 동물보호협회의 전 CEO인 웨인 파셀Wayne Pacelle은 자신의 책 『인간적인 경제The Humane Economy』에서 다음과 같이 말한다.

"19세기와 20세기 초 말들의 잔혹사를 극적으로 끝낸 주인공은 ASPCA의 설립자 헨리 버그가 아니라 헨리 포드입니다."

새롭게 등장한 자동차 산업은 많은 일자리를 만들어냈지만 그만큼 다른 분야의 일자리 감소는 피할 수 없었다. 말이 끄는 마차가 종말을 맞이하며 관련 하위 산업도 함께 몰락했다. 겨우 20~30년 만에 말채찍 생산자부터 건초 재배업자까지 기나긴 역사를 자랑했던 산업들이 껍데기만 남게 되었다.

이런 역사적인 사례들은 현대의 사회 변혁가들 사이에서 화두로 떠올랐다. 현재의 사회문제를 해결하기 위해 과거처럼 비영리적인 사업, 정책, 정치 활동에 매진해야 할까. 그렇지 않으면 영리성을 가지는 기술, 공학, 기업을 통해 강력한 영향력을 발휘해야 할까? 전자의 중요성은 의심의 여지가 없지만, 현실적으로는 사람들이 진짜 고기를 원하는 한, 시장은 고기를 공급할 것이다. 실제로 전 세계의 고기 수요는 증가일로에 있다.

언젠가 공장식 사육이 포경선처럼, 도축장이 마차처럼 구시대의 유물로 여겨질 날이 올까? 이것은 세포농업 종사자들이 바라는 모습인 동시에 어느 젊은 이상주의자가 고기 생산은 지속 가능하지 않은 행위라는 마음의 짐을 안고 운동을 시작한 이유이기도 하다.

우주비행사를 위한 고기 배양

2002년 존스홉킨스대학원 공중보건학 대학원생이던 27세의 제이슨 매시니가 아바한Avahan 프로젝트에 참여했다. 빌앤드멜린다 게이츠 재단(빌 게이츠와 아내 멜린다가 세운 재단으로 전 세계의 빈곤과 질병 퇴치에 앞장서고 있다 – 옮긴이)이 인도의 에이즈 퇴치를 위해 지원하는 프로젝트였다. 그의 역할은 더욱 효과적인 에이즈 억제 프로그램을 만들어 고통받는 사람을 줄이고 생명을 살리는 것이었다.

매시니는 최소한의 소지품만 챙긴 후 그가 6개월 동안 일할 세계에서 가장 빈곤한 지역으로 들어갔다. 아바한 프로젝트가 진행되는 동안 그는 주로 젊은 과학자의 분석 능력이 빛을 발하는 데이터 수집과 수치 분석에 매달렸다. 하지만 그는 '차마 눈뜨고 볼 수 없는 인간의 고통' 외에도 너무나 많은 인도 동물들의 '비참한 고통'을 목격했다. 피부병 투성이인 유기견이나 주인 없는 굶주린 소가 거리를 배회하다가 비닐 봉투를 삼키고 장 폐색으로 죽는 광경은 일상이었다.

그나마 다행인 건 인도의 동물학대는 떠돌이 동물에 국한되었다는 것이다. '수십억 마리의 농장 동물에게 무의미한 삶을 강요하는 미국식 축산 시스템'과는 규모 면에서 비교할 바가 아니었다. 불편한 광경이지만 적어도 인도에서는 체계적으로 동물을 괴롭히지는 않았다.

처음에는 그도 그렇게 생각했다.

몇 달 후에 매시니는 뉴델리 교외의 어느 마을을 방문했다. 그는 내리쬐는 태양을 피해 작은 판잣집 안에 앉아 에이즈로 남편을 잃은 여인을 인터뷰했다.

"더위가 강렬했고 땀 때문에 펜을 잡은 손아귀에는 힘이 들어가지 않았습니다. 여인의 이야기에 너무 심란해진 나머지 내 글씨는 점점 알아보기 힘들어졌습니다. 순간적으로 바람을 쐬야겠다는 생각이 들었어요."

바로 그 순간, 매시니의 마음에 자연이 응답한 것처럼 판잣집의 열린 문틈으로 한 줄기 바람이 불어 들어와 불안해하는 매시니에게 잠깐 안도감을 주었다. 하지만 안도감은 오래가지 못했다. 그는 바람에 섞여 들어온 강한 악취를 맡았던 것이다. 불편해하는 기색을 알아차린 여인이 그의 손을 잡고 말했다.

"죄송합니다. 그냥 닭 냄새예요."

"정말입니까?"

매시니는 갑자기 호기심이 생겼다.

"이게 닭 냄새라고요?"

여인은 눈을 내리깔았다.

"그게… 닭똥이 많아서요."

매시니는 닭을 보여달라고 부탁했고, 여인은 그를 밖으로 데리고 나와 300미터가량 떨어진 곳에 있는 창문 없는 긴 창고를 가리켰다. 그 동네에 어울릴 법한 작은 규모였다.

구조는 미국의 공장식 축사와 동일했다. 건물 끝에서 맹렬하게 돌아가는 거대한 선풍기가 한쪽 방향으로 바람을 순환시키며 유독 가스를 밀어내고 있었다. 여인이 그를 창고 가까이로 이끌자 악취가 점점 심해졌다. 잠시 후 냄새의 근원에 이르자 여인은 문을 열었고, 매시니는 눈앞의 광경에 온몸이 굳어버렸다.

흰 닭 수천 마리가 바닥과 양쪽 벽을 메우다시피 깔려 있었다. 닭들 사이에는 거의 공간이 없어서 깔개와 분변으로 덮인 갈색 바닥은 보이지도 않았다. 천장에 달린 희미한 전구 덕분에 눈앞에 새떼가 있다는 것만 알 수 있을 뿐, 한 마리 한 마리를 알아보기는 힘들었다.

매시니의 눈에는 하나의 동물 덩어리로 보였다. 분변에서 나온, 공기 중의 암모니아로 두 눈은 타들어가는 듯했다. 닭을 짓밟지 않고는 발을 디딜 공간도 없어 보였지만, 여인은 재빨리 창고 안으로 들어가 아무렇지도 않은 듯이 매시니에게 손짓했다.

닭들이 흩어지며 서로를 밟고 올라가 방문객에게 길을 터주었다. 닭들은 너무 뚱뚱해서 황급히 몇 발을 이동하다가 힘겹게 주저앉았다. 어떤 닭은 자신에게 달려오는 다른 닭들에게 밟히고는 심장마비라도 일어난 것처럼 부들부들 떨고 있었다.

매시니가 창고에 들어간 시간은 몇 분에 불과했지만 마음속에는 잊을 수 없는 흔적이 남았다.

"저는 기업식 축산이 선진국에만 있다고 생각했는데 이 닭들은 제 생각이 틀렸다고 여실히 말해주고 있었습니다."

그날 밤 델리의 깔끔한 아파트로 돌아온 매시니는 전기가 안정적으로 공급되는 저녁 시간을 이용하여 UN식량농업기구Food and Agriculture Organization 홈페이지를 살펴보았다. 채식주의자인 매시니는 인도의 유구한 채식의 역사를 알고 있었지만 인도가 개발도상국에서 벗어나는 과정에서 고기, 특히 닭고기 소비가 급증하고 있음을 발견하고 깜짝 놀랐다. 역사상 비교적 고기 소비가 적었던 중국 등 인구가 많은 다른 나라도 사정은 마찬가지였다.

매시니는 당시 감정을 이렇게 표현한다.

"마치 먼 바다에서 지진을 감지해 곧 쓰나미가 육지를 덮칠 것이라는 사실을 알게 된 느낌이었습니다. 우리가 미국과 유럽의 고기 수요를 낮춘다고 해도 사실상 향후 수십 년간 인구가 증가할 개발도상국의 고기 수요를 막지 못한다면 엄청난 규모의 질병과 환경오염, 동물학대가 찾아올 것이라는 사실을 깨달았습니다. 이 일을 계기로 우리가 맞이할 난국을 타개할 기술이 없을까 고민을 시작하게 되었습니다."

몇 달 후 미국으로 돌아온 매시니는 지속 가능하지 않은 이 위기로부터 지구를 보호할 방법을 끊임없이 고민했다. 기술의 힘이 사회를 발전시킨다고 진심으로 믿었던 그는 최신의 그리고 최고의 기술을 소개하는 웹사이트를 주기적으로 훑었다. 그리고 그해 말 '시험관 환경에서의 식용 근육 단백질 생산 시스템An In Vitro Edible Muscle Protein Production System, MPPS'이라는 한 줄의 제목이 그의 눈

길을 끌었다.

이 논문에 따르면 1999년과 2002년 사이 미국항공우주국NASA의 지원을 받은 뉴욕의 어느 연구팀이 처칠의 예언 이후 소수 미래학자의 판타지로만 여겨졌던 실험실 고기를 75년 앞당겨 실현시켰다고 한다. 뉴욕 투로대학교 소속 모리스 벤저민슨Morris Benjaminson이 이끄는 연구팀은 금붕어 골격근을 채취하여 근육을 성장시키는 다양한 영양소가 포함된 용액에 집어넣었고, 실제로 기대한 결과가 나타났다. 연구팀은 그들이 배양한 생선살이 어떻게 요리되고 어떤 냄새가 나는지 확인하기 위해 실제로 구워보았지만(기존 물고기와 비슷했다고 한다), 미국 식약청FDA의 승인이 없어 실험 결과물을 먹은 사람은 없었다고 한다. 매시니는 이렇게 회상한다.

"연구팀의 과제는 우주비행사들이 우주에서 고기를 배양할 수 있게 하는 것이었습니다. 하지만 논문을 읽는 내내 저는 생각했죠. 우주에서? 지구에서는 안 될까?"

매시니는 과학 기사를 검색하며 고기를 키우는 실험에 관해 다른 논문이 있는지 찾았다. 다른 검색결과가 없자 매시니는 NASA의 논문 저자와 다른 조직공학자에게 메일을 보내 왜 아무도 '시험관 고기'의 대량생산에 관한 논문을 쓰지 않는지 물어보았다. 과학자들은 대부분 답장을 해주었고 반응도 비슷했다.

"그럴 필요가 있나요? 고기의 대체재를 원한다면 콩고기 버거를 먹으면 되잖아요."

매시니 자신도 콩 제품을 애용하는 사람으로서 다른 이들이 콩 제품이나 기타 식물성 대체재로 갈아타기를 원했다. 하지만 전 세계적인 고기 수요의 증가라는 중대한 문제를 한 가지 방법으로 해결하기란 힘들다는 점을 느끼고 있었다. 화석연료를 대체할 재생에너지가 여럿 존재하듯이(태양광, 풍력, 지열발전 등) 공장식 축산도 하나 이상의 대체재가 존재하지 않을까? 채식주의자용 음식이 가격과 영양 면에서 부족함이 없을지라도 빈곤에서 벗어나는 인구가 늘어날수록 다양한 이유로 동물을 먹는 사람들도 더욱더 늘어날 것이다.

매시니는 다음과 같이 말한다.

"인간은 정말 고기를 좋아해요. 많은 사람들이 고기를 끊을 수 없을 겁니다. 고기를 대체할 식물성 제품의 홍보와 개선에 이미 많은 지원이 이루어지고 있지만, 진짜 동물의 고기를 키운다는 발상에 투자함으로써 공장식 사육의 대체재를 만들어낼 생각은 아무도 해본 적이 없습니다."

또한 매시니는 공장식 사육의 폐해를 인지하는 사람들이 늘어나는 가운데에도 미국 내 고기 소비량이 감소는커녕 증가세에 있다고 덧붙였다. 전체를 보면 소비량이 일부 감소한 것이 맞지만 미국은 아직 고기 천국이다. 한마디로 이 문제는 과거나 지금이나 매우 급박하고 심각하여 우리 식단이 식물 중심으로 급변하기를 기다릴 여유가 없다.

매시니는 이 상황을 다음과 같이 비유한다.

"사람들에게 불을 끄고 다니라고 계속 잔소리하는 방법이 있는가 하면, 계속 켜두어도 소비 전력이 적은 전구를 개발하는 방법도 있습니다."

게스너가 고래 기름을, 포드가 말과 마차를 역사의 뒤안길로 보낸 것처럼, 매시니는 고기를 원하는 소비자를 만족시킬 대체재를 개발하여 기존 고기를 구시대의 유물로 만들고자 했다.

고기가 충분하십니까

제2차 세계대전 중에 미국인들은 참전 군인들을 위해 고기를 배급받아 먹었다. 독일과 일본에 승리한 미국은 전쟁 후 승승장구했지만 고기 수급 문제는 해결되지 않았다.

전시에 정부가 고기 가격의 상한선을 정해놓는 바람에 많은 농부들이 손실을 우려해 고기 생산을 꺼렸지만 미국인들은 추축국을 물리치겠다는 일념 하나로 식탁에서 고기가 줄어들어도 참을 수 있었다. 하지만 전쟁이 끝나고 가격 상한이 사라지자 고기 가격은 당연히 급등했다. 트루먼 대통령은 1946년 중간 선거에서 민주당을 지원하기 위해 가격 상한제를 다시 도입하려 했다. 그는 애국심에 기대지도 않은 채 터무니없이 낮은 가격에 고기를 공급하라고 생산업자들을 설득했다. 이에 분노한 육류 업계 로비스트들은 도축장에 동물을 출하하지 않는 방식으로 맞대응했다.

이멜린 루드Emelyn Rude가 2016년 《타임Time》에 기고한 글에 이 상황이 다음과 같이 묘사되어 있다.

"광부들은 고기를 더 주지 않으면 일할 수 없다면서 파업을 시작했다. 병원들은 환자들이 말고기밖에 먹을 것이 없다며 논란에 불을 지폈다. 정육점 밖에서는 줄을 선 손님끼리 밀고 당기는 풍경이 연출되었다."

나라 전체가 어수선했다. 《타임》은 사설을 통해 "온 나라를 고기 기근으로 만든 장본인"은 바로 트루먼 대통령이라고 비판했다(이후 1인당 고기 소비량이 매년 증가했음을 감안하면 1940년대 고기가 풍부한 미국의 식단은 오늘날의 고기를 줄인 식단과 비슷했을 것이다).

민주당 의원들은 대통령에게 고기 파동에 대한 대책을 촉구하는 한편 유권자들에게 이 문제가 최우선 해결 과제라고 선언했다. 공화당 측은 고기 공급을 요구하는 메시지로 선거 캠페인을 벌이면서 유권자들에게 진짜 고기를 던지는 퍼포먼스를 펼쳤다. 오하이오주 공화당 하원의원 존 보리스John Vorys가 선거 유세 중에 외쳤던 "고기가 충분하십니까?"라는 말은 순식간에 퍼져나가 선거 구호가 되었다. 하원의원 샘 레이번Sam Rayburn은 1946년 중간 선거를 '비프 스테이크 선거'라고 불렀다.

트루먼 대통령은 당시 육류 업계를 사태의 원인으로 지목하며 "과거 루스벨트에 무조건 반대하는 세력이자 이기심으로 똘똘 뭉친 무책임한 집단"이라고 혹평했다. 하지만 육류 업계는 자신들의 전략을 고수하면서 동물 출하를 막았다. 고기 부족 사태가 이어지자 대통령은 한 발 물러나 고기 가격 상한제를 철회할 수밖에 없었다. 하지만 때는 이미 늦었다. 고기 부족 사태를 계기로 민주당은 상하원 양쪽에서 주도권을 상실했다.

오늘날 먹고 싶은 음식을 마음껏 먹는 많은 미국인들에게는 호들갑스러운 사건인지도 모르지만, 이 이야기는 고기를 원하는 인간의 욕망이 얼마나 강한지 그리고 사람들이 매일 고기를 먹는 습관을 들이면 자발적으로 고기 소비를 줄이기가 얼마나 어려운지 단적으로 보여준다. 그리고 이 이야기는 비단 미국에 국한되지 않는다. 풍부한 고기 섭취에 맛들인 문화권은 예외 없이 고기를 매우 좋아한다. 제이슨 매시니가 인도에서 경험했듯이 역사적으로 너무 빈곤해서 고기를 많이 먹을 수 없었던 사회가 부유해지기 시작하면 가장 먼저 밥상에 고기를 올린다.

심지어 현대사회가 선진국에 가져다준 각종 이점(풍부한 고기를 포함해서)을 전혀 누린 적이 없는 부족들도 평소 고기를 먹는 횟수로 자신들의 생활수준을 가늠하는 경우가 많다. 《내셔널지오그래픽 National Geographic》의 기사에 따르면 볼리비아 아마존에 사는 치마네 인디언들 사이에서는 고기가 웰빙의 척도라고 한다. 한 어머니가 통역사를 통해 기자에게 이렇게 말했다.

"고기가 없으면 아이들이 슬퍼해요."

세계 인구가 증가 일로에 있는 만큼 많은 인구가 몰려 있는 개발도상국의 고기 수요가 빠르게 늘고 있다. 어떻게 '고기 기근'을 피할 것인가 하는 질문은 1946년 미국 정치에 영향을 미쳤듯이 현 세대를 압박하고 있다.

앞서 언급했듯이 인구는 2050년까지 90억~100억 명으로 늘어날 것이다. 문제는 인구가 증가해도 다른 행성에서 자원을 조달할 방법이 없다는 점이다. 우리는 천문학자 칼 세이건Carl Sagan이 태양계의 '창백한 푸른 점'이라고 묘사한 지구가 보내는 긴박한 경고음을 들으면서도 바닷속 물고기를 고갈시키고, 사실상 축산업에 쓰기 위해 숲을 밀어내 농경지와 초지를 조성하며 지구를 착취하고 있다.

UN식량농업기구에 따르면 이미 지구의 얼어붙지 않은 땅 중 4분의 1 이상이 가축 방목에 사용되고 있고, 경작지 중 3분의 1이 농장 동물을 먹이는 용도로 활용되고 있다. 2017년 《뉴사이언티스트New Scientist》의 기사에 따르면 "우리 모두 합심하여 동물성 단백질을 거부한다면 대부분의 농경지가 생산에서 해방되어 엄청난 면적이 야생의 품으로 되돌아갈 것"이라고 한다. 지구상에 새로 태어날 수십억 인구가 오늘날 부유층이 먹는 만큼 고기를 소비한다고 가정한다면 도대체 어디에서 그 많은 고기를 생산할 것인가?

녹색혁명은 전 세계에 기근이 오지 않고도 인구 팽창을 가능하게 했다. 하지만 녹색혁명의 주역인 노먼 볼로그Norman Borlaug조차도 자신이 개발한 다수확 품종 밀이 언젠가는 인구 팽창을 감당할 수 없을 거라고 경고했다. 수십억 명을 기아로부터 구한 그는 1970년 노벨 평화상 수락 연설에서 암울하지만 희망적인 메시지로 마무리했다.

녹색혁명으로 인간은 기아와 결핍과의 전쟁에서 잠정 승리했습니다. 덕분에 인간은 잠시 숨을 돌렸습니다. 녹색혁명이 완전히 자리 잡는다면 추후 30년 동안 충분한 식량을 공급할 수 있을 것입니다. 하지만 인간의 가공할 만한 번식력을 억누르지 않는다면 녹색혁명의 성공은 일시적인 현상에 지나지 않을 것입니다. 지금도 대부분의 사람들은 '인구 괴물'이 얼마나 강력하고 위협적인지 이해하지 못하고 있습니다. 하지만 인간은 이성을 품고 있는 존재입니다. 저는 인류가 되돌릴 수 없는 인구 증가로 자기 파괴적인 길을 가고 있음을 20년 내에 인지하고, 전 인류가 편안한 삶을 누릴 수 있는 수준으로 인구 증가율을 조정할 것이라 확신합니다.

볼로그가 인류의 이성에 대해 보여준 자신감은 지금까지의 상황을 볼 때 섣부른 판단으로 보인다. 볼로그의 연설 이후 인구는 50년 가까이 지속적으로 증가했고 향후 수십 년 내에도 줄어들 기미가 보이지 않는다. 이 추세를 늦추거나 되돌릴 역량이 없는 지금이야말로 미래에 어떻게 먹고살 것인지 심각하게 고민해야 할 시점이다. 좋은 식품 연구소의 브루스 프리드리히는 2016년 《와이어드Wired》에 다음과 같은 글을 기고했다.

"비효율적이기 그지없고 심각한 오염을 일으키는 식량 생산 시스템에 전 세계가 계속 의존한다면 식량 부족과 기후 재앙을 피할 수 없을 것이다. 개인의 변화도 중요하지만 제도의 변화가 훨씬 중요하다."

하나의 세포로 전 인류를 먹이다

매시니가 추구했던 제도의 변화도 이와 일치한다. 2002년 최초로 시험관에서 고기를 만드는 연구를 접했던 그는 이후 해당 연구에 참여했던 과학자들과 지속적으로 연락했다. 매시니와 몇몇 과학자들은 조직공학과 관련된 글을 읽으면 읽을수록 농장 동물의 체외에서 진짜 고기를 만들어낼 수 있다는 확신을 가지게 되었다.

한편 2003년 호주 예술가 오론 캐츠Oron Catts는 친구인 조직공학자 아이오낫 주르Ionat Zurr 박사와 함께 시험관에서 기른 개구리 다리를 전시예술의 일환으로 프랑스 관객들에게 선보였다. 시식자들은 역겨움에 고기를 뱉어냈고 전시회는 논란을 일으키며 캐츠의 의도대로 여러 매체의 주목을 받았다. 매시니는 이 프로젝트 소식을 듣고 더욱 가슴이 뛰었다.

"개인적으로 개구리 다리가 맛있어 보이지는 않지만 웬만한 동물은 배양이 가능하다는 점을 확실하게 증명한 셈입니다."

매시니는 예전에 자신이 견학했던 맥주 양조장처럼 고기 양조장에서 깨끗하고 안전한 고기를 대량생산하는 꿈을 꾸기 시작했다. 대신 동물들은 공장식 축사에서 해방되어 급속도로 증가하는 인류의 고기 수요가 초래할 경제적·환경적 재앙으로부터 지구를 구하게 될 것이다.

그러려면 사람들의 관심을 충분히 불러일으켜서 올바른 연구에 자금이 투입되게 해야 한다. 이를 목표로 매시니는 2004년 동물 없이 진짜 고기를 키우는 연구를 지원하는 단체를 최초로 설립했다. 자신처럼 지속 가능성과 동물복지를 고민하는 친구들을 모아서 포커스 그룹focus group(소규모로 특정 주제를 놓고 의견을 교환하는 연구 기법 – 옮긴이)을 수행한 결과 이 단체의 명칭은 뉴하비스트로 결정되었다.

"그야말로 제가 이루려는 목표를 담고 있는 이름입니다. 인류를 위한 새로운 타입의 풍성한 수확물을 의미하죠. 이 기술은 지구를 파괴하지 않고도 안전하고 영양가 있는 식품을 생산함으로써 우리를 먹여 살릴 것입니다."

뉴하비스트의 첫 번째 목표는 정부와 여러 투자자가 실험실에서 키운 고기에 관심을 가지도록 하는 것이다. 하지만 미국 농무부의 관심을 얻으려는 노력은 별로 성과가 없었다. 아마도 농무부가 미국 농장 동물의 생산을 주도한 장본인인 데다가 실험실 고기를 생산하는 업체가 전무하여 해당 연구로 관심을 끌기에는 역부족이었는지도 모른다. 어떤 이유에서든 매시니는 세간의 이목을 끌지 못했다.

그래서 그는 다른 국가의 지원책을 찾아보기 시작했다. 그간 유럽연합EU은 유전자변형농산물과 같은 새로운 식품공학 기술의 적용에 매우 회의적인 입장이었지만 미국보다 축산물 분야를 더욱 규제하고자 하는 의지가 엿보였다. 여러 해 동안 환경과 동물을 위한 변화에 노력을 기울였던 유럽연합이라면 환경 친화적인 단백질 생산 방법에 열린 자세를 취할지 모를 일이었다. 매시니의 조사에 따르면 네덜란드에서는 열성적인 환경주의자들이 공직에 종사하며 힘을 실어준 덕분에 최근 몇 년간 동물이 아닌 식물을 원료로 하는 대체 단백질이 연구되고 있었다. 네덜란드 정부는 '단백질 식품, 환경, 기술 그리고 사회Protein foods, Environment, Technology, and Society, PROFETAS'라는 프로젝트를 가동하여 재배가 용이한 콩으로 생산한 단백질을 효율적인 미래 단백질로 밀고 있었다.

매시니는 PROFETAS에 '시험관 고기'는 고려 대상이 아닌지 문의했다. PROFETAS 관계자들은 매시니의 제안에 관심을 보였는데, 이는 빌럼 판 에일런Willem van Eelen의 연구로 해당 주제가 낯설지 않았다는 이유가 크게 작용한 듯하다. 네덜란드의 괴짜 과학자인 에일런은 수년간 고기를 배양하려 했지만 성과는 미미했다. 매시니도 에일런의 연구를 이미 알고 있었고, 여러 차례 연락도 해보았지만 답장을 받지는 못했다.

판 에일런은 인도네시아에서 네덜란드인 부모 사이에서 태어났다. 그는 제2차 세계대전에 참전했다가 일본군에 포로로 잡혔다. 포로수용소에서 지내는 동안 에일런은 적은 양으로 최대한의 음식을 만들어낼 방법에 골몰했다. 갈비뼈가 다 드러나도록 굶주린 포로들에게 음식찌꺼기를 구걸하는 개를 보면서 판 에일런은 무에서 고기를 만들어내 누구도 배를 곯지 않는 환상을 품었다.

종전 후, 암스테르담에서 의대에 다니던 판 에일런은 수업 중에 실제 근육이 체외에서 불어나는 모습을 보았다. 그는 고기가 근육과 마찬가지라면 같은 방식으로 만들어낼 수 있지 않을까 생각했다. 그는 수십 년간 병원에서 진료하는 틈틈이 시험관에서 근육을 키우는 방법을 이것저것 시도해 보았다.

급기야 판 에일런은 1999년 기본적인 배양 고기 생성 기법에 대한 유럽연합 특허를 받았다. 그중에는 동물 조직을 통째로 채취한 다음 가장자리를 자라게 하는 기술이 있었다. 세포분열의 한계로 근육을 계속 자라게 할 수는 없었지만 근육을 키우는 데는 성공했다. (특허는 서술된 내용보다 더욱 포괄적이다. 이 특허는 청정고기 분야의 새로운 주자 햄턴크릭이 2017년에 구입할 정도로 유용했다. 판 에일런의 딸 아이라 판 에일런Ira van Eelen은 아버지의 꿈이 현실로 이루어질 것이라는 기대를 품고 있다.)

판 에일런은 연구 지원을 받기 위해 네덜란드 정부를 설득했지만 실패했다. 하지만 매시니는 2004년 바헤닝언에서 개최된

PROFETAS 회의에 발표자로 초대받는다면 성과를 낼 수 있으리라 생각했다. 회의 기간에 매시니는 네덜란드 농림부 장관과 단독 만남을 이끌어냈고 배양 고기 연구에 대한 정부 지원안이 발표됐다. 매시니는 네덜란드 정부가 지구를 지키고 싶다면 식물성 단백질이라는 한 가지 대책에만 모든 희망을 쏟아붓지 말아야 한다고 주장했다. 그러기에는 너무 사안이 중대했다. 이는 마치 화석연료를 버리고 태양광 같은 다른 청정에너지원은 무시한 채 모든 연구 역량을 풍력에만 집중하는 것과 같다. 세상은 실험실 고기를 필요로 하고 있었다.

미국으로 돌아온 지 몇 달이 지나지 않아 매시니의 노력이 결실을 맺었다. 네덜란드 대학 세 곳에서 200만 유로를 들여 조만간 실험을 진행할 것이라는 놀랍고도 기쁜 소식이 들려왔던 것이다.

지원금을 대겠다는 네덜란드 정부의 약속은 뉴하비스트의 큰 성과였다. 매시니는 해당 분야의 참고 논문이 턱없이 부족한 상황부터 바꾸기로 했다. 매시니는 그동안 의료 분야의 조직공학 연구를 검색하면서 알게 된 몇몇 과학자들에게 배양고기의 대량생산이 실제로 이루어질 수 있도록 청사진을 그리는 작업에 참여해달라고 요청했다. 그 결과 배양고기 생산법을 개괄하는 최초의 과학 논문이 탄생했다.

「시험관 환경에서 배양 생산하는 고기In Vitro-Cultured Meat Production」는 2005년 《티슈엔지니어링Tissue Engineering》에 실렸다. 이 논문에서 조직공학자인 피터 에덜먼Peter Edelman, 더그 맥팔랜드 Doug McFarland, 블라디미르 미로노프Vladimir Mironov는 제이슨 매시니와 함께 이 새로운 기술의 잠재력을 잘 정리했다. 과학자들은 의료계에서 활용되는 조직공학 기술들이 배양 고기 생산에는 더욱 쉽게 적용될 수 있다고 설명했다. 의료 분야의 가장 큰 장벽은 이식용 조직이 살아 있어야 하고 기능적으로 완벽해야 한다는 점이다. 하지만 식품용이라면 근육이 자라기만 하면 된다. 가령 다른 사람에게 이식할 신장을 키울 때는 형태나 기능이 완전하여 원래 신장과 거의 동일하게 만들 수 있을지가 큰 기술적 장벽이다. 하지만 근육을 키울 때는 골격근(우리가 평소 먹는 고기)에서 채취한 세포를 서로 분리한 다음 동물의 몸속에서 증식하듯이 적절히 고정시키기만 하면 된다. 콜라겐 망이나 마이크로캐리어 비드microcarrier beads(미세한 구에 세포를 부착시켜 배양하는 기법으로 소규모 배양에서도 세포 밀도가 높아지는 장점이 있다 – 옮긴이)로 만든 세포 고정대는 배양조(세포 배양이 일어나는 철제 탱크) 내부에서 회전하고 세포에 전기자극을 주어 세포를 활성화시키고 따뜻하게 유지한다(적절한 전기자극과 온도는 세포분열을 촉진한다 – 옮긴이). 논문에 따르면 이 기술로는 다진 고기만 생산 가능하다고 한다. 영양소를 운반해줄 혈관이 없기에 근육이 두꺼워지면 중앙에 위치한 세포들은 영양소 결핍으로 괴사할 수도 있기 때문이다.

매시니는 우선 조직공학자들의 관심을 끌고 싶었다. 당시 메인대학교 대학원생이었던 그는 본부에서 대학 홍보에 도움이 될 만한 내용을 좋아한다는 점을 잘 이용했다. 실제로 메인대학교 보도 자료에는 다음 문구가 들어갔다.

"단 하나의 세포만 있으면 전 세계의 소비량만큼 고기를 생산할 수 있다. 이는 환경과 인간의 건강을 위해서도 더 좋은 방법이다."

하룻밤 사이에 매시니는 사실상 배양 고기 운동의 간판이 되었다. 곧 그는 《워싱턴포스트Washington Post》, 내셔널퍼블릭라디오, CBS 이브닝 뉴스 등 여기저기에 언급되었다. 육우 업계의 간행물인 《비프BEEF》에서는 "미래의 농업인은 목장 주인이 아니라 미생물학자일지도 모른다"고 자신감을 내비쳤다.

《뉴욕타임스New York Times》는 매시니를 '올해의 아이디어' 면에서 특집으로 다루었다. 《디스커버Discover》는 시험관 고기를 2005년 가장 주목해야 할 기술로 지목했다. 사람들이 실험실 고기를 먹는다는 발상에 거부감을 느끼면 어쩌겠느냐는 기자들의 질문에 그는 다음과 같이 반박했다.

"창고에서 수만 마리의 닭이 성장촉진제를 먹으며 뒤엉켜 지내는 것도 자연스러운 모습이 아닙니다. 똑똑한 소비자들이 늘어날수록 실험실 고기의 선호도는 높아질 겁니다."

하지만 몇 년이 지난 지금도 매시니는 매번 "이런 고기를 먹는 사람이 있을까요?"라는 질문을 받는다.

이후 매시니는 배양 고기의 이점을 이야기하며 미국 전역을 돌아다녔다. 심지어 세계에서 가장 큰 고기 생산업자인 타이슨푸드 Tyson Foods와 퍼듀팜스Perdue Farms 관계자가 청중으로 참석하기도 했다. 그는 이들 업체가 최초의 배양 고기 출시를 위해 자체적으로 기술 개발에 투자하고 서로 경쟁할 것을 제안했다. 또한 매시니는 세계 최대의 돈육 가공 업체인 스미스필드푸드Smithfield Foods가 네덜란드 자회사의 배양 고기 연구를 지원해왔음을 타이슨푸드와 퍼듀퐁스에 알려주며, 미국 내 경쟁 업체도 행보를 맞춰야 하지 않느냐고 의문을 제기했다.

매시니가 가금육 관계자에게 들은 내용에 따르면, 일반인들이 업계 사람들을 동물 생산업자로 보는 반면, 내부적으로는 자신들이 단백질 생산업자라고 인식하고 있다고 한다. 그들 입장에서는 단백질이 건강하고 안전하고 영양가가 있다면 만드는 방법은 별로 중요하지 않다. 육류 골리앗이 이런 입장을 취하고 있다는 생각에 매시니는 몸이 달아올랐다. 매시니는 가금육 업계라면 지금까지 정부나 학계가 배양 고기 연구에 투자했던 금액이 우습게 여겨질 정도로 연구개발 자원을 제공해줄 수 있으리라 생각했다. 그는 자신의 의견을 메일로 보내고 답장을 기다렸다. 가금육 업체들은 좋은 의견에 감사드리지만 귀하의 조언을 행동으로 옮기기에는 너무 이르다는 답들을 보내왔다.

여러 면에서 이해되는 답장이다. 배양 고기의 개념은 걸음마 단계이고, 과학은 이론적으로만 뒷받침하며, 이런 고기를 원한다는 소비자의 인식도 불확실했다. 이미 고기를 식탁 위에 올리는 시스템을 확립한 업체들에게 배양 고기란 시도해볼 만한 사업이 아니라 공상과학 영화에나 등장할 법한 이야기다.

하지만 매시니는 단념하지 않고 2005년 내내 기술 업계와 식품 업계에서 영향력 있는 인물들과 접촉을 시도했다. 매시니는 NASA의 연구비를 받았던 과학자(3년 전에 매시니가 이 주제에 관심을 갖는 계기가 되었다)의 뉴욕 연구실을 방문할 기회도 가졌다.

어떤 광경을 보게 될지 알 수 없었지만 내심 무언가 기대하는 바가 있었다. 하지만 시험관에서 고기를 키운다는 생각에 관심을 가지게 했던 장소치고는 아무런 특별함이 없었다. 3년 전에 금붕어 근육을 키웠던 공간에는 작은 책상 두 개가 자리하고 있을 뿐이었다. 식탁으로 친다면 네 명도 앉기 힘든 크기였다.

과학자들과 이야기를 나누던 매시니는 작은 책상들을 바라보면서 가까운 미래에 탄생할 초대형 고기 양조장을 머릿속에 그렸다.

벤처캐피털리스트 및 농축산 업계와의 미팅에서 매시니가 시험관 고기를 설명하면 으레 '자연스럽지 않다'는 반박이 나왔다. 그는 이 비판을 매우 황당해하며 다음과 같이 지적한다.

"하늘을 날고, 이메일을 보내고, 에어컨을 사용하고, 책을 읽고, 지구 반대편에서 재배한 음식을 먹는 것은 어떤가요? 자연스러움과 거리가 멀뿐더러 인류 역사 전체를 놓고 보면 무척 새로운 일입니다. 우리는 이런 혁신들을 기뻐하고, 발전된 우리 삶에 감사해야 합니다."

하지만 실험실에서 고기를 키운다는 말을 처음 들은 사람들의 거부감을 떨쳐버리기는 매우 어렵다. 2005년 유럽연합 집행위원회 European Commission는 미래의 기술에 대해 설문조사를 실시했다. 다양한 사례를 제시한 후 '그렇다', '일부 그렇다', '그렇지 않다'로 답변을 받는 형태였다. 매시니의 활동 덕분인지 위원회는 '세포 배양으로 고기를 키워서 농장 동물들을 도축할 필요가 없어진다'라는 항목을 설문지에 포함시켰다. 응답자의 과반수가 '절대로' 찬성하지 않는다고 대답한 반면, 4분의 1은 일부 혹은 전적으로 찬성한다고 했다. 충격적이게도 실험실에서 생산한 고기보다 '아이의 재능과 약점을 알려주는 유전자 검사'와 '내게 골수를 기증해줄 자녀를 낳기 위한 유전자 검사'에 찬성한 사람이 더 많았다. 소비자들의 회의적인 시각은 이 기술에 대한 무지함에서 나왔을 가능성이 높다. 사실 2005년까지만 해도 매시니처럼 해당 업계의 연구를 고민하던 사람은 손에 꼽을 정도였고, 체외에서 키운 고기를 맛본 사람은 아무도 없었다(오론 캐츠가 만들어낸 개구리 다리를 시식한 사람은 제외한다). 의도된 질문이 부정적인 답변을 유도했을 가능성도 있다. 실제로 해당 문제의 전후 사정이 더욱 자세히 전달된 최근 설문조사에서는 더욱 긍정적인 답변이 나오고 있다.

하지만 매시니가 여러 매체와 인터뷰를 하면 할수록 많은 사람들이 혐오감을 느끼는 원인이 용어에 있다는 점이 확실해졌다. 매시니는 자신이 생각한 가상의 식품을 '시험관 고기'라고 지칭하는 것이 과학적으로는 정확하지만 실제로는 소금을 '염화나트륨'이라 부르는 것과 같은 효과를 가져온다는 사실을 깨달았다. 맞는 표현이긴 하지만 호감이 가지 않는다. 그가 '시험관 고기'라고 말할 때마다 사람들은 곧바로 시험관 아기를 연상했다. 샌드위치에 들어 있는 고기를 보면서 아기를 떠올리고 싶은 사람은 별로 없을 것이다. 매시니는 언젠가 전 세계 소비자들이 먹게 될 이 고기에 새로운 이름을 붙여줄 필요성을 느꼈다.

뉴하비스트라는 이름을 지을 때 친구들과 포커스 그룹을 만들었듯이 다시 한 번 포커스 그룹을 소집해서 생각을 짜내기 시작했다. 사람들은 '실험실 고기', '시험관 고기', '합성고기' 등의 이름에 대해서는 즉시 편견을 품고 거부감을 느낀다. 환경을 생각하는 소비자들에게 다가가자는 의견에서 '녹색 고기'라는 말이 나왔지만 동화작가 닥터 수스의 책에 나오는 녹색 괴물이나 상한 고기가 연상되었다. 농담 삼아 시험관 고기를 뜻하는 '인비트로 미트in vitro meat'를 비틀어 '인미트로in meatro'로 부르자는 의견도 나왔다.

한동안 매시니는 '수경 재배 고기hydroponic meat'가 마음에 들었다. 당시 수백만 명의 미국인이 수경 재배 토마토를 사먹는 데다 물 사용량이 적다는 점과도 연결 지을 수 있었다. 하지만 여전히 너무 딱딱한 이름이었다. 흙 없이 자라는 토마토는 상상하기 어렵지 않지만, 동물이 없는 고기는 상황이 다르다. 재미있는 사실은 래퍼 스눕독이 광고한 수경 재배 영양제 덕분에 젊은 사람들은 수경 재배라는 단어에서 전혀 다른 느낌을 받는다는 점이었다.

'발 없는 고기', '좋은 고기', '재배 고기', '청정고기' 등 여러 이름이 쏟아져 나왔다. 역사적인 배경을 활용하자는 '처칠 고기'까지 등장했지만 수십 년 전에 죽은 사람과 음식을 결부시킨다는 점에서 좋은 점수를 받지 못했다. 몇 년 후에 미국 코미디 프로그램 〈콜버트 리포트The Colbert Report〉에서 이 문제를 다루면서 언어유희로 '미트슈미트meat schmeat'나 '시트미트sheet meat', '싯미트shit meat' 등으로 불렀다(모두 발음은 비슷하지만 각각 인조고기, 얇은 고기, 똥고기라는 뜻을 지닌다 - 옮긴이).

결국 매시니와 친구들은 '배양 고기'로 결정했다. 미국인들은 요구르트, 맥주, 사우어크라우트(양배추를 잘게 썰어 발효시킨 독일식 양배추 절임으로 시큼한 맛이 난다 - 옮긴이) 등 발효된 식품에 익숙한데다 용어 자체도 기존의 저질 고기에 비해 소화도 잘되고 건강에도 좋을

듯한 느낌을 내포하고 있었다. '시험관 고기'라는 용어는 역사책에 기록되겠지만 이제는 보내주어야 할 때가 왔다. (참고로 빌럼 판 에일런은 단순하게 '고기'라고 부르는 것 외의 모든 명칭에 반대했다. 그는 고기를 고기라고 불러야지, 특별한 이름은 필요 없다는 입장이었다.)

매시니가 '배양'이라는 용어를 쓰면서 이후 10여 년간 세포농업에 종사하는 사람들 사이에서 배양 고기라는 명칭이 거의 굳어졌다. 실제로 매시니가 주도했던 2011년 스웨덴 회의에서는 업계 내의 주요 과학자들이 '배양'이라는 용어에 공식적으로 동의했다. 이후 열린 각종 회의에는 '배양고기국제회의' 같은 이름이 붙었고, 과학자들은 '줄기세포로 만든 배양 고기의 문제와 전망' 등의 제목으로 논문을 등재했다. 또한 영문 위키피디아에서 'in vitro meat(시험관 고기)'를 검색하면 친절하게도 'cultured meat(배양 고기)' 게시물로 자동 이동한다.

하지만 공식 명칭이 바뀌고 6년이 지난 후에 일부 지지자들은 '배양'이 과연 최선의 용어인지 의문을 제기했다. '배양 고기'는 '페트리접시 고기'나 '실험실 버거'보다는 훨씬 낫지만, 치즈나 요구르트 같은 배양을 떠올리는 소비자들에게 혼동을 가져올 수 있었다. 게다가 '배양 고기'라는 용어에 부정적인 반응을 보이는 사람들이 많았다.

업계 내부적으로도 고기 외에 가죽, 달걀, 우유, 실크 등 더 많은 품목이 생산됨에 따라 '배양 동물 생산물'이라는 용어가 '세포농업'이라는 더 인상적이고 정확한 이름으로 점차 바뀌게 되었다. 2016년 뉴하비스트는 '세포농업을 경험하라'라는 주제를 걸고 처음 회의를 열었다. 일부 참석자들은 세포 고기, 세포 달걀 같은 명칭이 올바른지 의문을 제기했다. 당시 회의에 참석했던 이스라엘 배양 고기 회사 슈퍼미트의 로넨 바Ronen Bar는 내게 이런 농담을 던졌다.

"세포 고기요? 암 고기랑 다를 게 없네요."

결정적으로 명칭에 대해 소비자 테스트를 진행한 적이 없었다. '배양'이라는 용어가 채택된 이유도 업계 과학자들의 마음에 들었을 뿐, 따로 설문조사나 포커스 그룹의 평가를 받은 적은 없었다. 2016년에야 좋은 식품 연구소가 소비자 설문조사를 실시했다. 이 새로운 기술을 대중에게 전달할 때 어떤 용어가 가장 좋을지를 결정하기 위해서였다. 업계를 대표하는 과학자의 의견을 받아 '배양 고기', '순수고기', '청정고기', '안전한 고기', '미트2.0' 등 다섯 가지 용어를 설문지에 올렸다('세포 고기'를 제안한 사람은 아무도 없었다).

조사 결과는 확연히 달랐다.

좋은 식품 연구소가 실시한 두 번의 설문조사에서 '배양 고기'는 소비자 수용성에서 4위를 차지했다. 1위는 2005년에 매시니가 고민하다가 결국 선택하지는 않았던 '청정고기'가 차지했다.

재미있는 점은 2008년에 이미 '청정고기'라고 이름 붙인 전례가 있었다는 것이다. 웨슬리언대학교 심리학과 교수 스콧 플라우스Scott Plous가 《뉴욕타임스》 편집자에게 보낸 편지에서 이 용어를 사용한 적이 있었다. 플라우스는 편지에서 《뉴욕타임스》가 '가짜 고기'라고 부른 것에 대해 다음과 같이 항변했다.

"양을 복제한다고 해서 가짜 양이 나오지 않듯이 동물세포에서 만든 고기가 상용화된다고 해서 '가짜 고기'가 되지는 않습니다. 오히려 실험실에 기반한 기술로 성장호르몬, 농약, 대장균, 식품첨가물 등에 오염되지 않은 더 순수한 고기를 생산할 수도 있습니다. 따라서 최종 결과물을 지칭하는 더 정확한 이름은 '청정고기'입니다."

좋은 식품 연구소의 브루스 프리드리히는 업계 동료들과 함께 '청정고기'라는 용어는 재생에너지를 '청정에너지'라고 부르는 것과 비슷하다고 주장했다. 청정에너지는 분류법상 상위 개념으로 태양광, 풍력, 지열 등 지구 친화적인 여러 가지 에너지원을 포함한다. 또한 동물 생산물을 키우면 동물을 키워서 도축할 때보다 훨씬 적은 자원이 들어가고 기후변화도 덜하므로 청정에너지에 비교하는 것이 적절했다.

프리드리히는 이 이름이 가지는 가장 중요한 점으로 식품안전상의 이점을 들고 있다. 말 그대로 대장균과 살모넬라균 같은 장내 병원성 미생물이 없으므로 '청정'이라는 이름이 딱 들어맞는다. 기존 식육은 세균으로 오염된 부위를 제거해야 하는 반면, 청정고기는 확실히 안전해서 고기 자체보다 고기를 만지는 손을 통해 오염될 가능성을 걱정해야 할 정도다.

프리드리히는 '청정고기'라는 용어를 사용하자마자 사람들의 반응이 훨씬 좋아진 것을 알아차렸다. 동물 체외에서 고기를 배양한다고 설명했을 때는 "우웩!"이라고 곧잘 반응하던 사람들이 이제는 왜 청정한지를 되묻게 되었다. 덕분에 그는 생산과정뿐만 아니라 고기의 이점까지 설명할 수 있게 되었다.

나는 워싱턴DC에서 '식품의 미래' 콘퍼런스의 개최를 도우면서 프리드리히가 직접 설명하는 장면을 목격한 적이 있다. 프리드리히는 세계 최대의 외식 기업인 콤파스 그룹Compass Group의 부사장 수지 와인트라웁Susie Weintraub과 함께 패널로 참석했었다. 와인트라웁은 2016년《포춘Fortune》이 선정한 '식품 분야에서 가장 혁신적인 여성' 가운데 한 명이며, 식품 산업에서 가장 권위 있는 인물 가운데 한 명으로도 자주 거론된다. 프리드리히가 좋은 식품 연구소 측이 '배양 고기'보다 '청정고기'를 선호하는 이유를 설명하자 와인트라웁은 즉시 긍정적인 반응을 보이며 참석자들에게 이렇게 말했다.

"청정고기와 배양 고기라는 용어를 고민하는 단계에까지 온 것에 반가움을 느낍니다. 실험실에서 키운 고기가 '청정고기'로 바뀌는 것은 사소한 차이입니다. 하지만 훨씬 좋은 용어죠. 사람들이 더욱 잘 받아들일 것입니다."

온라인 비즈니스 뉴스 전문지인《쿼츠Quartz》는 프리드리히가 이름을 바꾸는 과정에 대해 '실험실에서 만든 괴상한 고기를 그럴듯하게 포장하기 위해 그쪽 업계에서 부르고 싶어 하는 이름'이라는 제목(프리드리히도 생산성과는 거리가 있다고 인정했다)으로 2016년에 기사를 냈다. 이 주장에도 일리가 있다. 기자 체이스 퍼디Chase Purdy는 다음과 같이 말했다.

연구에 따르면 그 식품에서 어떤 맛이 날지 예상하는 과정이 특정 식품에 대한 개인의 의견에 가장 큰 영향을 미친다고 한다. 재미있고 끌리는 이름이 붙은 건강식품을 보면 한번 먹어보고 싶은 욕구가 커진다. 브로콜리를 '한입 브로콜리'로, 당근을 '엑스레이 투시 당근'으로 부르는 데는 이유가 있다. 학교 식당에 나오는 식품들을 더 호감이 가는 이름으로 바꾸자 채소 판매량이 27퍼센트 증가했다.

2016년 동물구호평가회Animal Charity Evaluators(효율적 이타주의 effective altruism에 따라 여러 동물보호 단체의 비용 대비 효율성과 투명성을 비교해주는 단체－옮긴이)와 2017년 뉴하비스트에서 실시한 후속 설문조사에서도 좋은 식품 연구소의 조사와 같은 결과가 나타났다. '청정'은 '배양'보다 대체로 평가가 좋았으며 세포농업 업계에 종사하는 대부분의 기업들이 '청정'으로 이름을 바꿔 부르게 된다.

배양 고기가 아닌 청정고기

명칭 문제 외에도 소비자를 청정고기 편으로 끌어들이기 위해 해결해야 할 과제들이 산적해 있다. 식품 업계를 바꾸려면 이름 하나로 부족하다. 뉴하비스트 설립 초기에는 인지도를 높이고 지원금을 모으기 위해 유럽에서 회의를 진행하거나 배양 고기 관련 행사들을 지원하는 데 주력했다. 하지만 매시니가 학업과 본업에 매진하면서 남는 시간에 홀로 조직을 이끄는 바람에 별다른 성과를 거두지 못했다. 고기는 1그램도 만들어지지 않았고, 관련 기업은 전무했으며, 식품 코너에 고기를 진열하겠다는 꿈은 요원해 보였다. 2009년에 학교를 졸업하며 여러 학위(학사 학위, MBA 학위, 공중보건학 석사와 박사 학위)를 따낸 매시니는 정부기관인 정보고등연구계획국 Intelligence Advanced Research Projects Activity, IARPA에서 일하기 시작했다.

매시니는 기술이 사회복지를 크게 개선할 것이며 세계적인 재앙이 찾아오지 않는 한 기술 진보는 멈추지 않는다고 굳게 믿었다. 이에 매시니는 IARPA에서 자신이 맡은 업무인 전쟁, 판데믹 전염병, 기술 재해의 위험을 줄이는 일에 더욱 매진했다. 스스로도 뉴하비스트를 방치하고 있다고 느껴질 때쯤, 캐나다의 분자세포생물학과 학생인 이샤 다타가 배양 고기의 잠재성을 주제로 한 논문을 매시니에게 보내왔다.

2010년《혁신적인 식품과학과 새로운 기술Innovative Food Science and Emerging Technologies》은 다타의 논문인「시험관 환경에서 고기 생산 시스템의 가능성Possibilities for an In-vitro Meat Production System」을 등재했다. 매시니는 학계가 관련 주제를 더 진지하게 대하는 것을 보고 흥분했다. 열정이 넘치던 다타는 곧 전 세계의 회의장에서 뉴하비스트를 대표하게 되었다. 2012년 매시니는 다타를 이사로 채용했고 다타는 그렇게 뉴하비스트의 첫 직원이 되었다. 다타는 2013년 TEDx토론토의 연사로 출연하여 주목을 받으면서 충분한 재원을 지원받았고 뉴하비스트는 과학자들에게 지원금을 주며 자체적으로 콘퍼런스를 주최하기 시작했다.

이후 다타는 퍼펙트데이(우유 제조)와 클라라푸드(난백 제조)를 공동 창업했으며, 상용화의 중요한 걸림돌을 해결해줄 몇몇 연구를 뉴하비스트를 통해 지원하고 있다. 다타는 뉴욕의 소박한 사무실에서 다음과 같이 말한다.

"축산업이 세포농업으로 바뀌는 것을 방해하는 걸림돌은 전문가의 부족이 아니며 관심 부족은 더더욱 아닙니다. 가장 부족한 것은 바로 자금입니다. 조직공학에 대한 연구 지원금은 대개 식품이 아니라 의약품으로 흘러 들어갑니다. 이 부분을 바꿔야 합니다."

이를 위해 다타는 터프츠대학교와 공동으로 '뉴하비스트 배양조직 장학금'을 만들고 이 학교의 조직공학연구센터 소속 대학원생을 지원한다. 장학생으로 처음 선정된 나탈리 루비오Natalie Rubio는 학업이 끝나면 세포농업 분야에서 처음으로 박사 학위를 받게 된다.

앞으로 다타가 세상에 선보일 고기를 사람들이 먹을지 고민될 법도 하지만 다타는 자신감이 넘친다.

"우리가 농장 동물을 고기 생산용으로 취급하거나 근육을 얻기 위해 선택 교배하는 현재 상황에 불편함을 느끼지 않는다면, 아예 동물을 배제하고 근육만 키워도 되지 않을까요?"

다타는 자신이 목표로 하는 세포농업 혁명이 단지 식품의 문제가 아니라고 지적한다. 이미 여러 기업이 가죽이나 거미줄, 심지어 머스크향까지 동물 없이 배양해내고 있으며, 이 제품들은 대중이 청정한 동물 생산물이라는 개념에 익숙해지게 도와줄 것이다. 교통 수단이나 가정을 밝히는 불이 그랬듯이, 수백 년 동안 동물에 의존했던 여러 산업들이 이제는 현재의 시스템을 과거의 산물로 만들어버리려는 스타트업들의 파도를 눈앞에 두고 있다.

매시니는 현재 IARPA의 임원이지만 뉴하비스트의 이사 직함도 유지하고 있다. 매시니는 자신이 2017년 메릴랜드주 교외의 부리토 가게에 앉아 있던 장면을 떠올린다. 그가 주문한 쌀과 콩이 들어간 6달러짜리 부리토와 옆 사람이 주문한 고기 부리토를 보면서 그는 얼마나 시간이 지나야 다른 사람의 부리토가 청정고기로 채워질지 궁금해했다.

"우리는 기술을 통해 인류에게 닥친 어려움을 극복할 수 있습니다. 고기를 많이 먹는 습관은 많은 사람들이 끊기 힘든 심각한 문제입니다. 하지만 청정고기 산업은 온갖 문제를 일으키지 않고도 사람들에게 동일한, 어쩌면 더 나은 식품을 제공할 가능성이 있습니다. 거기에 작은 보탬이 될 수만 있다면 그 이상 기쁜 일이 없을 겁니다."

3장

고기 위기에 대한 해답을 찾다

뉴하비스트의 제이슨 매시니와 이샤 다타는 청정고기라는 개념을 통해 사람들의 관심을 확실히 끌어 모았다. 하지만 두 사람은 성공적으로 인지도를 높이고 연구 지원금을 받아냈을지언정 직접 고기를 만드는 데 관심을 가진 것은 아니었다. 즉 뉴하비스트는 내연기관의 장점을 홍보하는 단체에 가까울 뿐, 헨리 포드처럼 이 기술을 실제로 구현할 방법을 찾지는 못했다.

뉴하비스트에 평생 헌신할 생각이라는 다타는 고기를 배양하는 기술(7장에 나올 난백과 우유는 제외) 자체가 아직 새롭게 느껴지므로 지금은 업체가 아닌 학술 연구에 자금을 지원하는 것이 낫다고 주장한다.

"스타트업은 자신들의 지적재산권을 사적으로 보유합니다. 특정 기업이 고기를 키우는 기술로 지적재산권을 좌지우지하는 것은 부끄러운 일입니다. 지금은 오픈소스 학술 연구로 배양 고기 과학을 크게 발전시킬 시기라고 생각합니다. 기반 기술이 충분히 발전된 후에 서로 경쟁해도 늦지 않습니다."

현재 뉴하비스트는 이 입장을 고수하여 스스로를 연구소로 칭하며, 직원 세 명이 연구팀의 지원과 자금을 담당한다.

한편 세르게이 브린은 이 논쟁에서 한 발 벗어나 있다. 구글의 공동창업자인 그는 전 부인인 앤 워짓스키Anne Wojcicki와 공동으로 설립한 비영리 단체인 브린워짓스키 재단을 통해 세상에 유익한 프로젝트를 지원하고 있다. 무인자동차 연구에서 우주채굴 연구까지 브린은 굵직한 사안에 몸을 사리지 않고 지원한다. 오랫동안 환경문제를 고민해온 브린답게 그의 버킷리스트에는 육류 산업의 개혁이 당당하게 자리 잡고 있다. 브린은 다음과 같이 예상한다.

"앞으로 일어날 일은 세 가지밖에 없습니다. 하나는 우리 모두 채식주의자가 되는 것입니다. 개인적으로는 불가능해 보입니다. 두 번째는 지속적으로 환경에 피해를 끼치는 문제들을 무시하는 것입니다. 세 번째는 뭔가 새로운 시도를 하는 것입니다."

여기에서 새로운 시도란 지속 가능한 식품을 주장하는 사람이 단백질 생산 분야를 바로잡기 위해 제시한 다양한 방법을 들 수 있다. 공장식 사육에 대한 해결 방안으로 지역 생산, 방목, 유기농, 파머스 마켓(지역 주민들이 직접 재배한 농산물을 가져와 거래하는 시장 - 옮긴이) 등 많은 시도가 있었다. 하지만 동물복지·환경·식품 운동가들의 노력이 부분적인 성공을 거두었음에도 공장식 사육이 지금도 미국 축산업을 주도하고 있다. 사람들이 가장 싼 것을 찾는다는 이유로 거의 모든 미국산 동물 생산물이 밀집식 사육 시설concentrated animal feeding operations, CAFOs에서 꾸준히 생산되고 있다. 식품을 선택할 때 윤리나 환경을 중시하는 소수 소비층도 존재하겠지만 대부분의 일반인은 가격과 맛 그리고 편의성에 중점을 둔다. 공장식 고기 생산이 지구에 미치는 나쁜 영향이 점점 사람들 머릿속에 인식되고 있지만 밀집식 사육 시설에서 만들어진 고기의 수요를 꺾으려면 인식만으론 역부족이다.

동네 파머스마켓에서 정기적으로 장을 보거나 지역 제품, 유기농 제품에 추가 비용을 지불하는 사람도 있지만 여전히 월마트Walmart는 미국 식료품 매출의 25퍼센트를 차지한다. 2013년 설문조사에서 미국인 10명 중 여덟 명이 매달 한 번 이상, 절반은 매주 한 번 이상 패스트푸드를 섭취한다는 결과가 나왔다. 같은 설문에서 응답자의 4분의 3 이상이 패스트푸드가 '별로 몸에 좋지 않다'거나 '전혀 몸에 좋지 않다'고 응답한 점도 역설적이다. 혹시 사람들은 더 좋은 음식을 먹을 돈이 없어서 패스트푸드점에 줄을 선 것일까? 갤럽의 조사에 따르면, 응답자 가운데 최하 소득분위(연 수입 2만 달러 이하)가 패스트푸드를 가장 적게 섭취하고 최고 소득분위(연 수입 7만 5,000달러 이상)가 가장 많이 섭취하는 것으로 나타났다.

이 조사는 파머스마켓처럼 지속 가능한 식품을 소비하려는 노력을 폄하하려는 것이 아니다. 다만 지역 농산물 운동, 유기농 제품, GMO 무첨가가 유행처럼 기삿거리로 주목을 받을지라도 많은 사람들이 이런 제품들만을 소비하게 할 수는 없음을 보여주려는 것이다. 미국 내의 고기 판매량에서 파머스마켓이 차지하는 비중이나 방목 사육되는 농장 동물의 비중은 미약하기 그지없다. 즉 대부분의 미국인은 패스트푸드 업체나 대형 식료품점에서 싼 고기를 사먹는 것에 대체로 만족한다는 의미다.

자연산 식품을 선호하는 일부 소비자는 세포농업과 같은 첨단기술을 통한 해결법에 망설이며 청정고기를 선택하지 않을지도 모른다. 그들이 생각하는 '천연'이 공상과학소설의 반대 개념이라고 본다면 지금도 그들에게는 여러 선택지가 있다. 하지만 주요 고기 소비층(우리 대부분)이 비위생적이고 비인간적인 환경에서 키운 동물의 고기나 합성 약품으로 거세된 축산물 또는 유전자변형 옥수수로 만든 가공식품도 망설임 없이 구입하는 마당에(안전하고 환경 친화적이고 인간적인 요소를 차치하고) 지금껏 익숙하게 먹던 고기와 다를 바가 없는 청정고기를 먹는 것을 어려워하리라고 상상하기는 어렵다.

청정고기의 또 다른 장점은 생산과정에서 동물이 고통받거나 도축될 필요가 없기 때문에 최소한 자연식을 선호하는 일부 소비자의 공감은 확실하게 얻을 것이라는 점이다. 기존 고기를 먹는 사람들 중에도 고기가 식탁 위로 올라오는 과정, 특히 동물이 어떻게 살다가 죽는지에 우려를 표하는 이들이 많다. 사실 이 점은 브린이 배양고기에 처음 이끌린 이유이기도 하다.

"소를 어떤 식으로 대하는지 보셨는지 모르겠지만 저는 확실히 불편함을 느꼈습니다."

브린은 산업화된 고기 생산을 대체할 때 따라오는 상업적 성공 외에도 청정고기가 가져올 잠재적 이익을 깨닫고 해당 분야에서 연구비를 지원할 만한 유망한 과학자를 물색하기 시작했다. 그 결과

2009년 브린의 재단은 매시니와 연락이 닿았다. 브린은 매시니가 2008년 개최를 도왔던 노르웨이 콘퍼런스를 뉴스에서 보았다고 했다. 공교롭게도 그 콘퍼런스의 이름은 '시험관 고기 컨소시엄'이었다(당시 《뉴욕타임스》도 "그들이 이름을 바꿀 것이라 본다"라고 농담을 했을 정도다).

매시니는 연락을 받은 즉시 해당 분야의 과학자들을 알려주었다. 추천받은 과학자 중에는 마크 포스트 박사가 단연 돋보였다. 포스트는 관련 분야에서 소규모 팀으로 진행하던 연구로 이미 유명했으며, 몇 년 후에는 배양 고기 운동의 새로운 대표주자로서 매시니보다 더 유명해지게 된다.

포스트는 네덜란드에서 시험관 내의 조직 배양을 전문으로 하는 내과 의사로서 매시니처럼 소의 근육세포로 동일한 시도를 할 수는 없을까 생각하고 있었다. 매시니와 차이가 있다면 포스트는 채식주의자가 아니라서 거대한 신경세포 장식이 있는 의대 건물 내의 자기 자리에서 점심으로 햄치즈 샌드위치를 즐겨 먹는다는 점이다. 하지만 포스트도 매시니처럼 오늘날의 육류 산업에 지속 가능성이 없다는 점에 공감한다. 삼촌처럼 푸근한 인상의 네덜란드 교수는 이렇게 말한다.

"저는 투표할 때는 딱 한 가지만 봅니다. 환경에 도움이 되는 사람인가. 경제야 좋을 때도 있고 나쁠 때도 있지만 지구가 망가지면 다 무슨 소용이겠어요?"

포스트는 브린의 연락을 받기 몇 년 전에 네덜란드 정부가 세계 최초로 배양 고기 연구를 지원했을 때 이미 청정고기 쪽으로 진출해 있었다. 포스트는 원래 자신이 관심을 가진 분야의 연구진에 포함되자 매우 흥분했다.

벨기에 국경 근처에 위치한 자그마한 마스트리히트대학교 소속이었던 포스트는 같은 목적으로 모인 연구팀에 합류했다. 암스테르담, 에인트호벤, 위트레흐트 등 다양한 지역 출신이 모인 연구팀은 각자 추구하는 바가 달랐기에 대개 일주일에 하루 정도만 이 프로젝트에 에너지를 쏟았다. 하지만 포스트는 이 프로젝트에 순식간에 빠져들었다. 누군가는 동물의 생산성 향상에 관심을 가지는 등 다들 참가 동기가 달랐지만 포스트만은 동물 근육을 배양하여 세계의 식량 위기를 해결하고자 했다.

당시 프로젝트와 관련된 인물 중에 포스트에게 공감했던 유일한 사람은 식품화학자 피터 버스트레이트Peter Verstrate였다. 버스트레이트는 육류가공 업계에서 잔뼈가 굵은 인물이었다. 그가 사라리푸드Sara Lee Foods 유럽 지사의 연구개발부장으로 일하던 2003년 3월, 네덜란드 과학자 빌럼 판 에일런이 불쑥 찾아온 적이 있다. 당시 버스트레이트는 배양 고기라는 개념을 처음 접했다고 한다.

"이렇게 고기를 키울 경우 잠재적인 이점은 명확합니다. 동물복지는 더 이상 문제가 되지 않을 것이고, 비용은 저렴해지며, 영양소를 고기로 변환하는 효율성은 좋아지고, 환경에도 해를 입히지 않습니다."

버스트레이트는 배양 고기에 너무나도 끌린 나머지 회사 CEO와 상무이사에게 사라리가 배양 고기 사업에 동참해야 하는 이유를 설명했다. 버스트레이트는 고기 배양이 어렵다는 사실부터 인정했다.

"성공하기까지 오랜 시간이 걸리고 많은 인력과 자금이 들어갈 것입니다."

하지만 이 방법으로 고기 생산이 가능하다고 진심으로 믿고 지원한다면 분명히 상용화가 이루어질 것이며, 회사는 경쟁자들보다 먼저 선점 효과를 누릴 것이라고 설명했다.

"그러면 우리가 업계 주도권을 잡을 수 있으며, 원재료가 갖춰지자마자 바로 좋은 위치를 선점할 수 있습니다."

버스트레이트는 배양 고기의 이점을 설명한 다음 이 기술이 어떻게 사라리에 이익을 가져다줄지 자세히 설명한다.

"동물 도축 시스템을 종식시킬 방법을 먼저 개발하는 선발 주자는 엄청난 사회적 지원을 누릴 것입니다. 수많은 영향력 있는 집단들이 우리를 지지할 것입니다."

처음에는 누구도 버스트레이트의 말에 귀를 기울이지 않았다. 사라리의 고위 간부들은 육류 업체가 추구하는 현실적인 이윤과는 거리가 먼 아이디어에 관심을 두지 않았다. 하지만 버스트레이트가 상사들의 회의론과 거부감을 끈기 있게 해소한 끝에 사라리는 제이슨 매시니와 네덜란드 정부의 지원을 받는 협력 파트너로 선정되기에 이르렀다.

이 분야의 선구자인 판 에일런은 실질적인 돌파구를 하나도 마련하지 못하고 도축 없는 고기가 상점 진열대에 올라가는 꿈도 이루지 못한 채 2015년 91세를 일기로 죽음을 맞이했다. 수많은 부고 기사에서 그는 '시험관 고기의 대부'로 불렸다. 한 기사는 판 에일런이 모자에 손을 올리고 소에게 인사하는 사진을 넣기도 했다. 말년에 그는 《더뉴요커The New Yorker》와의 인터뷰에서 다음과 같이 회고했다.

"저는 고기를 좋아해요. 한번도 채식주의자였던 적이 없습니다. 하지만 인류가 동물을 취급하는 방식을 정당화하기는 어려웠습니다. 고통을 주지 않고 고기를 키우는 것이 자연스러운 해결책이라고 봅니다."

목표는 같았지만 네덜란드 과학자들의 접근법은 판 에일런이 실패한 방식과는 차이가 있었다. 맨눈으로 보이는 큰 조직을 연구했던 판 에일런과는 달리 포스트와 그의 동료들은 세포 수준에서 연구를 시작했다.

포스트는 우리가 주로 먹는 골격근의 전구체인 근위성세포 myosatellite cell에 주목했다. 다른 세포와는 달리 근위성세포는 근육으로 분화하는 단 하나의 경로만을 가진다. 즉 신체의 어떤 세포로든 바뀌는 줄기세포와는 달리 근위성세포는 몸에서 근육을 키워야할 때까지 대기한다. 가령 격렬한 운동으로 근섬유가 파괴되면 근위성세포가 근육 성장이라는 자신의 유일한 임무를 수행하기 시작한다.

포스트는 이렇게 생성된 근육이야말로 시장점유율이 극히 낮은 여러 식물성 고기와 차별화될 것이라고 예측한다. 포스트는 식물성 고기에 대해 다음과 같이 말한다.

"식물성 고기 중에 꽤 맛있는 제품도 있지만 일반적으로 고기보다 더 비싸고 아직 맛을 완벽하게 재현하지 못합니다. 우리는 사육해서 만든 고기보다 저렴할뿐더러 맛과 질감도 구분되지 않는 자연스러운 고기를 생산하기 위해 노력하고 있습니다."

판 에일런이 배양 고기를 만드는 과정으로 최초의 특허를 받은 지도 10년이 지난 2009년, 포스트는 시험관 환경에서 쥐의 근육을 키우는 것에 성공했다. 소에게 적용할 실험법을 쥐에게 먼저 적용한 결과였다. 포스트는 쥐의 근육에서 근위성세포를 분리해 페트리 접시에 고정시키는 방법으로 근섬유가 더 크고 강하게 자라게 했다. 포스트는 이렇게 설명한다.

"세포를 굶기면 성장의 신호로 작용합니다. 그러면 부착된 세포가 수축하여 장력을 띠면서 단백질 합성을 유도합니다."

이 연구는 네덜란드 정부가 200만 유로를 지원한 프로젝트의 일부로 진행되었다. 완성된 쥐의 근육은 길이가 22밀리미터, 너비가 8밀리미터, 두께가 0.5밀리미터에 불과하여 깜짝 놀랄 정도는 아니었지만 포스트에게는 큰 의미를 지녔다. 또한 브린의 흥미를 자극하기에도 충분했다.

"저는 실험실에서 고기를 만든다는 개념에 처음부터 매료되었고, 브린도 같은 감정을 느꼈다고 합니다."

브린은 포스트의 성공한 실험 결과를 검토하고 대중매체의 인터뷰도 살펴보았다. 그리고 브린 재단의 대표로 캐나다인인 롭 페더스톤하우Rob Fetherstonhaugh를 통해 포스트를 불러들이고 포스트와 버스트레이트의 프로젝트에 대해 물어보게 했다. 페더스톤하우는 포스트에게 자신이 브린과 관계된 인물이라고 밝히지 않았다. 포스트는 단순히 그가 몬트리올에서 왔으며, 고기 배양에 공감하는 사람이라고만 여겼다. 하지만 페더스톤하우가 네덜란드에서 포스트와 개인적으로 만나고 싶다고 하자 포스트는 페더스톤하우가 단순히 일시적인 호기심 때문에 자신을 만나려는 것이 아님을 느꼈다.

2011년, 네덜란드의 국경일이었던 5월 5일에 두 사람은 마스트리히트에서 마주 앉았고, 페더스톤하우는 회사 대표의 이름을 공개했다. 후일 포스트는 웃으며 내게 이렇게 말했다.

"처음에는 계속 세르게이라고 하는 바람에 나도 아는 사람인가 하는 생각이 들었죠. 솔직히 구글의 세르게이 브린을 말하는 줄은 몰랐습니다."

그에게 일을 의뢰하는 인물의 정체가 확실해지자 포스트의 마음은 가능성으로 요동치기 시작했다.

"저는 할 수 있다고 확신하고 있었습니다. 과학적으로는 준비가 끝났어요. 이를 입증할 자금만 있으면 당장 시작할 수 있었습니다. 그리고 드디어 기회가 찾아왔습니다."

페더스톤하우는 개념적인 부분을 증명할 투자제의서를 두 장 이내로 작성하여 일주일 안에 제출할 것을 요청했다. 포스트는 웃음을 띠며 문제없다고 말하고는 즉시 작업에 들어갔다. 페더스톤하우가 떠나자마자 포스트는 격앙된 마음으로 버스트레이트에게 전화를 걸었다. 포스트는 회상한다.

"저는 성공할 줄 알았어요. 실패는 상상도 하지 않았습니다. 프로젝트를 위해 만든 고기이고 어떻게 성공도 했지만 저는 연습 삼아 만들지 않았습니다. 브린의 제안은 상용화라는 실전무대로 전진하기 위한 중요한 승부처였습니다."

세계에서 가장 비싼 햄버거

네덜란드 정부가 지원한 연구가 종료된 후 과학자들은 기자 회견에서 주목받을 방법을 함께 고민했다.

"당초 계획은 마스트리히트대학교에서 돼지 세포를 생검(생체의 세포나 조직을 메스, 절제감자, 바늘 등으로 채취하는 것 – 옮긴이)으로 떼어내 소시지로 만든 다음 기자 회견을 여는 것이었습니다. 그리고 사람들이 그 소시지를 먹는 동안 세포를 떼어낸 돼지가 살아 있는 상태로 무대 위를 돌아다니게 하는 거죠. 멋지지 않나요?"

네덜란드에서라면 포스트의 시험관 소시지 아이디어가 통했겠지만 브린은 미국식 햄버거를 염두에 두고 있었다.

"러시아 출신인 브린이 보기에도 미국 하면 햄버거였습니다. 그래서 우리는 소고기를 만들어야 했죠."

투자제의서에 적힌 세계 최초의 배양 햄버거 생산 비용은 약 33만 달러였다. 하지만 영화 〈콘택트〉에서도 말했듯이 돈을 두 배 들여 두 개를 만들 수 있다면 굳이 하나만 만들 이유가 없었다. 브린은 75만 달러에 가까운 금액을 내놓으며 배양 햄버거 두 개를 만들라고 했고 연구팀은 작업에 들어갔다.

연구팀이 계획했던 기본적인 과정은 크게 네 단계를 거쳐야 한다.

1단계: 단순 생검으로 소에서 근위성세포를 추출한다.
2단계: 세포를 영양소가 풍부한 배양액에 넣어 증식시킨다.
3단계: 세포에 전류를 가하여 실제 근육으로 자라게 한다.

4단계: 마지막으로 고기를 수확하고 필요 시에는 지방이나 향을 첨가하는 등 후속 과정을 수행한다.

참고로 포스트와 버스트레이트가 고기를 키우기 위해서는 소의 극히 일부분만 필요했지만 그렇다고 도축이 전혀 없었다고는 말할 수 없다. 포스트가 배양액으로 쓰던 소태아혈청fetal bovine serum(소태아에서 추출한 혈청으로 성장인자와 소량의 항체가 들어 있어서 세포 배양에 필요한 환경을 조성하기 위해 널리 사용된다 – 옮긴이)을 얻기 위해서는 임신한 소를 도축하여 소태아를 꺼내는 끔찍한 작업이 필요했다. 그 후 소태아의 피에서 직접 추출한 혈청은 시험관 환경에서 분열 중인 근육세포의 생존에 사용된다. 세포 배양액에 소태아혈청을 얼마나 넣는지 계산해보면 소태아 한 마리의 혈청으로는 고작 1킬로그램의 고기밖에 만들지 못한다. 배양 고기가 상용화된다면 그 많은 혈청을 어디서 구할지 의문스럽다.

이는 '잔인하지 않은' 혹은 '지속 가능한'이라는 개념과 전혀 맞지 않는다. 그렇다고 싸지도 않다. 1리터에 500달러나 되는 소태아혈청은 윤리적으로도, 재정적으로도 문제가 된다. 다행히도 몇몇 세포농업 기업들은 이미 이런 형태의 혈청을 완전히 배제하고 주로 식물성 혹은 합성 혈청을 쓰거나 아예 혈청을 쓰지 않는 방법을 개발 중이다(흥미롭게도 NASA의 지원을 받았던 과학자들이 2002년 발표한 논문에서는 잎새버섯 추출물로 소태아혈청에 준하는 세포 성장을 이끌어냈다). 하지만 2013년 당시 포스트는 소태아혈청을 사용했다.

포스트의 계산에 따르면 햄버거 하나 분량의 고기를 만들기 위해서는 기점이 되는 세포들로부터 약 2만 개의 소 근섬유를 키워내야 한다. 작업 속도를 감안하면 3개월이면 충분했으며, 이는 소가 도축 체중에 이르는 기간보다 훨씬 짧다. 그리고 더 많은 직원과 공간이 있다면 이 과정을 몇 주 만에 끝낼 수도 있다. 대부분의 육우는 14개월령 전후로 도축되며 비육장에 넣지 않고 방목 시에는 대개 24개월이면 출하 체중에 도달한다. 즉 어떤 경우와 비교해도 포스트와 버스트레이트는 소 근육을 소보다 훨씬 빨리 키울 수 있으며, 같은 기간 내에 어떤 규모의 소 떼보다 훨씬 많은 근육을 얻을 수 있다. 또한 우리가 원치 않는 다른 부위 없이 고기만 키우기 때문에 생산에 들어가는 자원이 훨씬 줄어든다. 가령 비육장의 소 한 마리는 하루에 9킬로그램 이상의 사료를 먹는다. 사육 기간을 따져보면 전 세계의 드넓은 농경지에서 주로 옥수수나 콩만 재배하는 이유가 납득이 간다. 즉 아마존 밀림이 파괴되는 이유는 전 세계의 고기 수요가 증가하고 있다는 점만으로도 충분히 설명 가능하다.

마스트리히트대학교는 보도자료를 통해 미래지향적 프로젝트를 지원하는 이유를 다음과 같이 설명했다.

"인간이라는 종은 고기 섭취를 줄일 조짐을 보인 적이 없다. 따라서 미래의 식단에서 고기가 빠지리라는 생각은 비현실적이다. 지속 가능하게 고기를 얻는 방식을 꼭 찾아내야 한다."

대학의 지원과 세르게이 브린의 자금으로 무장한 포스트는 이제 소고기를 키울 준비를 모두 갖췄다. 포스트는 촬영팀을 이끌고 배양에 필요한 세포를 얻기 위해 사무실에서 5킬로미터가량 떨어진 작은 도축장으로 갔다. 포스트가 '부티크 도축장'이라고 부르는 이 시설은 인근에서 방목 사육하며 호르몬 제제나 항생제를 일절 투여하지 않은 소들만 받아준다고 한다. 그리고 시간당 400마리까지 소를 잡는 일반적인 도축장과는 달리 단 두 명의 직원이 한 마리를 완전히 잡은 후에야 다음 소를 들여보내기 때문에 90분에 한 마리 정도가 도축된다.

이 도축장의 소유주는 포스트가 벨지안블루 품종에서 근육세포를 극소량 채취하도록 협조해주었다. 이 품종은 군살 없는 근육질 체형으로 유명하며, 남성적인 느낌을 준다. 포스트에게는 안타깝게도 유럽연합은 실험을 목적으로 살아 있는 동물로부터 생검을 하는 행위를 동물실험으로 간주하기 때문에 프로젝트가 지연되지 않도록 소를 도축하고 샘플을 얻을 수밖에 없었다.

"우리는 작은 숟가락 분량의 근육만 있으면 됩니다."

포스트는 엄지와 검지를 몇 센티미터 정도 벌려서 필요한 양을 표시했다.

"살아 있는 동물에서 생검을 하면 더 좋았겠지만, 사실 살아 있는 동물과 막 죽은 동물의 근육은 전혀 차이가 없습니다. 생검 허가를 받았다면 살아 있는 동물에게서 손쉽게 근육을 채취하여 똑같은 과정을 진행할 수 있었겠죠."

포스트의 배양 기법에 따르면 소 한 마리에서 얻은 샘플 하나당 고기 20톤, 소로 치면 40만 마리 분량의 고기를 생산할 수 있다. 이는 맥도날드 쿼터파운더버거를 1억 7,500만 개 만들 수 있는 양이다. 어쩌면 이 샘플은 전 세계의 햄버거를 바꿀 세포계의 이브일 수 있다.

하지만 우선 포스트는 실제 버거부터 하나 만들어야 했다.

사람용이 아님

생검한 고기로 세포 배양에 들어가는 데는 두 시간 정도면 충분하다. 이후 첫 줄기세포가 둘로 분열하는 데는 30시간이 걸린다. 그리고 다시 30시간 후에 두 세포는 네 개로 나뉜다. 다시 30시간 후에 여덟 개, 다시 16개, 또다시 32개를 거쳐서 곧 수백만 개로 나뉜다. 포스트와 연구팀이 마련한 줄기세포는 빠르게 증식했고, 그 과정에서 더 많은 근섬유를 만들어냈다. 앞서 언급했듯이 근위성세포는 소(그리고 인간)의 근육이 손상되었을 때 회복시키는 세포와 동일한 종류로 지금 진행되는 실험의 목적에 정확하게 부합했다.

이미 쥐 근육으로 성공한 적이 있는 만큼 포스트는 소의 세포도 성공할 것이라고 믿어 의심치 않았다. 하지만 확고한 믿음에도 세포가 증식하는 모습을 지켜볼 때의 마음은 또 다르다. 세포주(다세포 동물의 조직에서 유래된 균일한 세포의 집단으로 체외에서 계속 분열이 가능하다 - 옮긴이)가 형성되는 와중에도 포스트는 초조했다. 한번 성공을 경험했지만 '만에 하나' 잘못되거나 예상치 못한 요소가 생길까 그는 노심초사했다. 인내심이 필요한 순간이었다.

페트리접시 중앙에 고정된 세포를 중심으로 형태가 만들어지기 시작하자 포스트는 흥분을 주체할 수 없었다. 세포에 아미노산, 지방, 당을 주는 행위가 자식을 먹이는 것만 같았다. 포스트는 작은 세포들이 그가 공급하는 영양소를 행복하게 섭취하는 모습을 상상했다. 처음에는 작은 점 같던 세포덩어리가 이틀째가 되자 사이사이로 근육이 보이기 시작했다. 포스트의 자부심도 세포만큼 빠르게 자랐다.

"기특하게도 스스로 저렇게 큰단 말이죠."

포스트는 감탄하며 가끔 세포분열이 눈에 보이는 것처럼 페트리 접시를 몇 분 동안 멍하니 바라본 적이 있다고 고백했다.

미니 근육은 소의 체내에 있는 것처럼 장력이 생기기도 하고 수축도 하며 열심히 자랐다. 이 과정은 마치 운동할 때처럼 근육에 힘을 실어주어 더 많은 근육으로 분열하게 하는 것과 유사하다. 겨우 몇 주만에 첫 근육이 수확을 앞두게 되었다. 포스트는 수천 가닥의 근육이 차곡차곡 쌓이면서 세계 최초의 배양 햄버거 패티가 탄생하는 모습을 머릿속에 그렸다. 연구팀은 많은 시행착오 끝에 근육 가닥을 햄버거 패티처럼 보이게 하는 방법을 찾아냈다.

배양을 시작하고 몇 달 지나지 않은 2013년 초, 고기를 충분히 생산한 포스트는 자체적으로 시식해보기로 했다. 겨우 몇 그램밖에 되지 않는 배양조직을 두고 포스트와 그의 동료들은 요리사로 변신했다.

요리를 하지 않았을 때 노란색이던 생근육은 작은 프라이팬에 미리 가열해둔 해바라기씨유에 닿자마자 지글지글 소리를 내기 시작했다. 소고기를 굽는 냄새가 이내 방 안을 가득 메웠고 시식자들은 침을 흘리기 시작했다. 누구도 이 소고기 냄새에서 이상한 점을 발견할 수 없었다. 객관적인 시식 결과와 상관없이 이 고기가 얼마나 비싼지 다들 알고 있었지만, 우선은 맛에 문제가 없어야 했다. 버스트레이트는 이렇게 회상한다.

"제가 궁금했던 가장 중요한 점은 이 고기가 기존 고기처럼 프라이팬에서 요리될지였습니다. 시식자보다 식품화학자로서의 본능에 더 긴장했죠. 다행히 저는 이내 안도했습니다."

그들은 소중한 패티의 양면이 타지 않도록 미니 버거를 뒤집었다. 다행히도 패티는 굽는 동안 기존 소고기처럼 점점 갈색으로 변했다.

그들은 패티를 프라이팬에서 접시로 옮겨 잠시 식혔다. 이제 진실을 밝힐 순간이 도래했다. 쥐 근육에서 시작하여 소 근육까지 수년간의 연구 끝에 마침내 이 순간에 이르렀다. 모두들 흥분을 감출 수 없었다.

"시작합시다."

포스트는 지금껏 어느 누구도 경험하지 못한 시식을 준비하는 동료들을 바라보며 미소를 지었다.

포스트, 버스트레이트, 페더스톤하우는 고기 샘플을 작은 조각들로 나누었다. 세 사람 모두 시식을 위험하다고 생각하지 않았다. 세계 최초의 배양 소고기를 먹고 탈이 난다고 해도 극소량만 섭취하므로 크게 문제되지 않을 것이다.

맛을 냉정하게 평가하기 위해 고기에는 양념을 하지 않았다. 세 사람은 자기 몫의 고기를 동시에 혀 위에 올려놓았다. 모두 눈을 감고 천천히 그리고 신중하게 씹기 시작했다. 다들 소의 체외에서 키운 소고기를 먹는 최초의 인간이 된 그 순간을 만끽하고 싶었다.

잠깐 동안의 맛보기가 끝나고 고기를 삼킨 세 사람은 모두 좋은 느낌을 받았다. 섭취한 양이 적어서 쉽지는 않았지만 시식자 모두

고기의 풍미를 분명히 느꼈다. 버스트레이트는 시식 테스트가 성공했음을 선언하고 페트리접시를 살펴보러 갔다.

공식 시식이 있기 몇 주 전인 2013년 8월, 페더스톤하우는 기자회견과 관련하여 브린이 포스트를 직접 만나고 싶어 한다고 알려왔다. 포스트는 드디어 억만장자 후원인을 만나기 위해 북부 캘리포니아로 떠났다. 포스트의 예상과는 달리 브린은 마운틴뷰에 있는 구글 본사가 아니라 자녀들의 어린이집 근처 사무실에 있었다. 구글 공동창업자는 티셔츠, 버뮤다 바지, 크록스 샌들 차림에 구글글 래스까지 끼고 있었다. 무엇보다도 세계 최고의 부자인데도 경호원이 하나도 붙어 있지 않고 단둘이 만났다는 점이 포스트에게 충격이었다.

브린은 포스트에게 아침 식사로 채식을 대접했다. 포스트는 식사를 하면서 브린의 투자에 감사를 표하고 기자 회견의 내용을 설명했다. 브린은 이런 일이 실현되도록 돕게 되어 얼마나 기쁜지 포스트에게 말했다. 15분 동안의 미팅이 끝나고 포스트가 밖으로 나오니 어느 정보통신 회사 CEO가 양복 차림으로 자신의 차례를 기다리고 있었다.

소의 세포를 배양한 지 3개월이 지나고 포스트는 햄버거 패티를 만들기에 충분한 근육을 확보했다. 포스트와 연구팀은 수백 개의 페트리접시에서 조금씩 키운 조직을 페트리접시 두 개에 정성스럽게 모으기 시작했다. 이 소고기에는 포유류의 근육을 붉게 보이게 하는 미오글로빈이 없었기 때문에 우리에게 익숙한 진한 붉은색이 아니라 생닭의 근육처럼 무색에 가까웠다. 이 문제를 해결하기 위해 버스트레이트는 사프란과 비트 주스를 조직에 살짝 더해서 맛에 영향을 미치지 않는 선에서 붉은빛이 돌게 했다.

이로써 평범한 소고기처럼 보이지만 알고 보면 역사상 가장 비싼 소고기 패티가 완성되었다. 이제 연구팀은 자신들의 성과를 선보일 준비가 끝났다.

기자 회견은 해외의 기자들이 최대한 많이 모이도록 런던에서 열기로 했다. 어떤 순서로 시식을 진행할지 준비하는 동안 네덜란드 연구팀은 33만 달러짜리 햄버거를 어떻게 행사장으로 옮길지도 고민했다. 소중한 화물인 만큼 마스트리히트에서 런던까지 운송 업체에 맡길 마음의 여유가 없었다. 이동 과정이 복잡해질 것이 뻔한데도 포스트는 직접 운반하겠다고 했다.

런던으로 떠나기 전날 밤에 포스트는 평소처럼 대학 내의 자기 사무실에서 집까지 20분 동안 자전거로 귀가했다. 하지만 이번에는 자전거에 75만 달러 상당의 화물이 담긴 골판지 상자가 실려 있었다. 왜 택시를 타지 않았느냐고 하자 포스트가 대답했다.

"굳이 오염시킬 필요가 있나요? 제 자전거로도 충분합니다."

그날은 섭씨 33도로 연중 최고 기온을 찍은 날이었다. 포스트는 짧은 시간이나마 패티가 열에 견딜지 확신할 수 없었고 굳이 위험을 감수할 필요도 없었다. 그는 얼음을 채운 스티로폼 상자에 고기를 넣은 다음 다시 골판지 상자에 담았다. 몇 달 전에 이 패티를 만들 세포를 채취할 때 함께했던 영상팀이 다시 그를 따라다니는 가운데 포스트는 자전거를 타고 마스트리히트의 역사지구를 지나가며 웃음을 지었다. 거리에서 지나치는 사람 중에 어느 누구도 이 상자에 들어 있는 물건이 곧 전 세계 언론의 주목을 받을 엄청나게 비싼 물건임을 알지 못했다.

안전하게 집에 도착한 포스트는 '사람용이 아님'이라는, 찝찝한 문구를 붙인 상자를 냉장고에 넣었다. 이 라벨은 가족이 열어보는 것을 방지하기 위해서가 아니라 단지 실험실 밖에서 운반할 때의 법적 규정에 따른 것이었다. 잠자리에 들면서도 포스트는 부엌에 둔 상자밖에 생각나지 않았다. 틀림없이 자신의 인생 프로젝트가 될 물건이 오렌지 주스 옆의 채소 서랍 위에 놓여 있다니. 다행히도 아이들은 그날 밤 냉장고를 건드리지 않았다.

다음 날 아침, 포스트는 런던으로 가기 위해 브뤼셀행 첫 기차를 타고는 고기 상자를 좌석 앞쪽 위에 있는 짐칸에 넣어두었다. 그는 후일 이렇게 말했다.

"상자 관리에 만전을 기했습니다. 제 곁에 두거나 보이는 곳에 두었죠."

당연하게도 그는 기차에서 한숨도 자지 못했다. 포스트는 브뤼셀에서 런던까지의 여정을 버스트레이트와 함께하며 번갈아 상자를 지켜보았다. 버스트레이트는 웃음을 지으며 이렇게 말했다.

"짐으로 부칠 수도 있었지만 공항 보안이 너무 신경 쓰였습니다."

두 사람은 이 패티를 영국에 반입하는 것이 적법한 행위인지 확신할 수 없었다. 동물 생산물을 영국으로 반입한다는 증명서는 있었지만 해당 증명서에는 사람용이 아니라고 되어 있었다(동물 유래 생산물은 대부분의 국가에서 검역 신고 대상이며 반입에 제한이 있을 수 있다 - 옮긴이).

세관에 도착한 포스트와 버스트레이트는 숨을 죽였다. 세관직원이 검사를 하는 동안 두 사람은 당연히 상자를 반입할 수 있을 거라고 생각했지만, 잠시 후 두 사람은 얼어붙고 말았다. 세관직원이 상자에 붙은 '사람용이 아님'이라는 경고문을 보고 살짝 인상을 썼던 것이다.

"희한하네요."

그는 혼잣말에 가까운 소리를 내며 상자를 자세히 확인했다.

포스트의 심장이 내려앉았다. 그는 하마터면 입술을 깨물어 초조함을 드러낼 뻔했다.

"저는 마스트리히트대학교에서 근무하는 과학자입니다."

포스트가 이렇게 말하고 신분증을 꺼내려는 순간, 세관직원은 딱히 설명은 필요 없다는 듯이 손을 휘저었다. 어쩌면 다음 사람에게 오라고 신호하는 것이었을지도 모른다. 다행히도 세관직원은 상자를 개봉하지 않았고 두 사람은 호텔로 직행했다. 나중에 포스트는 심장마비가 오는 줄 알았다고 농담을 했다.

이제는 이 패티를 어떻게 보관할지 정해야 했다.

"패티를 호텔방에 있는 미니바에 넣어둘까도 생각했지만 누군가가 호텔 측에 빈 냉장고를 빌리자고 하더군요. 다행히도 가능했습니다. 하마터면 미니바에서 작은 보드카 병들을 줄줄이 꺼낼 뻔했어요."

지친 여행을 끝낸 그들은 햄버거와 함께 계획대로 웨스트런던에 무사히 도착했다. 그들은 행사에 참석할 언론과 초대 손님 명단을 확정지었다. 유럽 전역과 미국에서 오는 VIP들은 수백 명의 기자와 함께 무대 바로 옆에 자리를 잡게 된다. 행사에 참여하지 않은 이들도 있었다. 육류 업계 대표들은 청중석에 없었다. 운영진은 그쪽 대표를 초대했는지 잘 기억나지 않는다고 했지만, 어쨌든 참석하지 않은 것이 확실했다. 이 신기술에 가장 많은 영향을 받을 업계 사람들은 일반인들과 마찬가지로 행사가 끝난 후에야 뉴스를 통해 모든 것을 알게 될 것이다. 당시 육류 업계 대표들을 불러 모으기에는 이 아이디어가 너무 이론적이고 미래적이었다.

포스트는 리버사이드스튜디오를 전형적인 기자 회견장이 아닌 요리 쇼의 무대처럼 보이도록 조리대, 가스레인지, 싱크대로 꾸미고 배수관 등의 군더더기를 모두 감추었다.

만전을 기하기 위해 버스트레이트와 포스트는 관중이 입장하기 전에 요리사에게 한 조각을 구워보게 했다. 버스트레이트가 말한다.

"혹시라도 요리사가 우리 물건을 태워버리면 안 되잖아요."

다행히도 패티는 완벽하게 구워졌다. 이 패티는 본 행사에서 구운 패티보다는 덜 유명하지만 현재 보존 처리되어 네덜란드 부르하버과학사 박물관에 전시되어 있다. 절묘하게도 네덜란드인 두 명이 발명한 세계 최초의 현미경 옆에 말이다. 포스트는 말한다.

"언젠가 이것이 축산업의 흥망성쇠를 기록하는 박물관으로 옮겨지기를 바랍니다."

대형 위성 안테나가 달린 방송국 트럭이 스튜디오 밖에서 대기했다. 기자들은 '배양 소고기 기자 회견 출입증'이라고 적힌 출입증을 목에 걸고 로비에서 사람들을 인터뷰했다.

포스트는 역사적인 순간을 촬영하는 카메라들 앞에서 자신의 감상을 이야기했다. 그러고는 혹시 햄버거가 시식자들의 마음에 들지 않아 "자신이 바보 취급을 당하고, 자신 때문에 이 업계가 뒷걸음치지 않을까 하는 두려움이 있다"고 솔직하게 말했다. 하지만 무섭지만은 않았다. 포스트는 자신의 손에 들린 구운 패티를 향해 기자들이 셔터를 눌러대던 장면을 회상하며, 당시 며칠 동안 자전거를 정비하지 않고 손톱도 제대로 깎아서 다행이었다고 농담을 했다.

마침내 시간이 되어 스튜디오 문이 열렸다. 기자들은 출근길에 지하철을 타기 위해 밀려드는 사람들처럼 좋은 자리를 차지하기 위해 앞다투어 들어왔다. 포스트는 무대 뒤에서 회장을 둘러봤다. 빈자리 하나 없이 빽빽했다. 그의 꿈이 실현되려는 순간이었다. 포스트는 심호흡을 하고 웃음을 띠며 무대로 입장했다. 그리고 이야기를 시작했다.

"오늘 우리가 하는 도전에는 중요한 의미가 있습니다. 저는 우리 세계가 직면한 문제에 배양 소고기가 해결책이 되어주길 바라기 때문입니다. 이 햄버거 패티는 소에서 채취한 근육세포로부터 만들어졌습니다. 그 외에 다른 처리는 하지 않았습니다. 외관, 냄새 그리고 바라건대 맛까지 진짜와 같아야 성공이라고 할 수 있기 때문입니다."

포스트 앞에 놓인 도자기 접시에는 은빛 뚜껑이 덮여 있었고, 그 옆에는 프라이팬과 함께 깨를 뿌린 햄버거 빵, 로메인 상추, 토마토가 담긴 접시가 있었다. 하지만 이것들은 소품에 불과했다. 시식자

들이 현존하는 가장 비싼 고기의 맛을 느끼는 데는 방해가 될 뿐이
니까.

다음 순서로 유명 셰프인 리처드 맥거원Richard McGeown이 단상
으로 올라와 페트리접시에서 소고기 패티를 꺼내 쇼를 시작했다.
그는 미리 달궈놓은 팬에 해바라기씨유를 두른 후 수년간의 희망과
노고가 깃든 고기를 올렸다. 고기는 기존 패티와 똑같이 구워졌고
예행 연습 때처럼 장내는 순식간에 고기 굽는 냄새로 가득 찼다.

패티가 앞뒤로 갈색으로 변하자 포스트가 선정한 시식자 두 명
이 단상으로 초대되었다. 시식자를 결정하는 과정에서 포스트는 자
신들이 펼치는 운동과 무관하여 어느 한쪽에 치우친 느낌을 주지
않으면서도 식품 쪽에 권위가 있는 인물을 선정했다. 첫 번째 인물
은 식품의 미래를 논한 『내일의 맛The Taste of Tomorrow』 저자인 미
국 출신 조시 쉰발트Josh Schonwald였다. 2009년 쉰발트는 집필을
위해 자료를 수집하는 과정에서 포스트를 만나 배양 고기에 관해
이야기를 나눈 적이 있었다. 두 번째 인물은 오스트리아 출신 강사
이자 미래 식품 전문가인 한니 뤼츨러Hanni Rützler로 미래의 인류가
어떤 식으로 지속 가능할지 예측하는 기사와 책을 다수 썼다.

뤼츨러는 포스트가 패티의 장점을 청중에게 극찬하는 내용을 들
으며 자신이 활약할 순간을 참을성 있게 기다렸다. 그런데 문제가
생겼다. 포스트의 말이 길어진 것이다. 포스트가 패티의 생산과정
과 장래성에 대해 열정적으로 떠드는 동안 먼저 조리된 패티는 빠
르게 식어가고 있었다. 차갑게 식은 패티를 누가 좋아할까? 그녀는
더 기다릴 수 없었다.

뤼츨러는 왼손에 든 포크로 패티를 누르고 오른손에 든 나이프로 패티를 절반으로 잘랐다. 뤼츨러에 따르면 자르는 감촉이 기존 패티와 같았다고 한다. 뤼츨러는 포크로 고기를 집어든 후 코에 대고 냄새를 맡았다. 포스트는 배양 고기의 장점을 쉴 새 없이 강조하느라 역사적인 순간을 코앞에 둔 시식자를 보지도 못했다. 뤼츨러는 다시 냄새를 맡으며 고기의 모양새를 신기한 듯이 음미했다. 포스트의 설명이 계속되는 동안 카메라 부대 앞에 앉아 있던 뤼츨러는 포스트의 배양 기술이 만들어낸 정수를 입안에 넣었다.

뤼츨러는 눈을 감고 고기를 27번 씹었다. 이제는 누구도 포스트의 말을 듣고 있지 않았다. 관중의 이목은 시식자에게 집중되었지만 포스트는 쉬지 않고 떠드느라 자신의 뒤에서 시식이 시작된 줄도 모르고 있었다.

마침내 뤼츨러가 입을 열었다.

"바삭하게 구워진 표면의 풍미가 상당합니다."

그녀는 맛을 음미하듯 잠깐 말을 멈췄다.

"지방이 없다는 얘기를 들었기 때문에 육즙이 어느 정도 있을 거라고는 생각지 못했습니다. 하지만 상당히 강렬한 맛이 납니다. 이것은 고기에 가깝습니다. 육즙은 조금 약하지만 질감은 완벽합니다."

쇤발트도 자신의 몫을 시식한 다음 식감이나 질감이 기존 햄버거 패티와 꽤 비슷하다고 평가했다. 그는 케첩 없이 먹는 바람에 평소 느낌과 다르다는 농담을 곁들이면서도 패티라기보다는 '동물의 단백질 덩어리'에 더 가까웠다고 최종 결론을 내렸다.

행사가 끝난 후 버스트레이트는 BBC 방송과의 인터뷰에서 이 제품은 개발 초기 단계이며 아직 대량 상용화가 준비되지 않았다고 밝혔다.

"이것은 단백질, 즉 근섬유로 구성되어 있습니다. 하지만 고기에는 혈액, 지방, 결합조직 등이 있어 풍미와 질감이 더해집니다."

즉 시식자들이 맛본 것은 도축된 소로 만든 햄버거 패티와 정확하게 같지는 않다는 것이다. 이 햄버거 시제품은 순수한 근육덩어리에 불과하기 때문에 상용화를 위해서는 지방을 더해 기존 고기와 동일한 식감을 부여해야 할 것이다.

포스트는 고기가 어떻게 우리 삶에 혁명을 가져올지를 소수의 사람들 앞에서 발표했다.

"이론적으로는 잡종 동물세포도 만들 수 있습니다. 가령 양-참치 스테이크를 원한다면 두 동물의 근육세포를 합치면 됩니다."

칠면조turkey, 오리duck, 닭chicken을 동시에 조리한 털더큰 turducken이라는 요리의 세포 버전인 셈이다.

기자 회견이 끝나고 참석자들이 서로 이야기를 나누는 동안 몇몇 기자는 부엌 세트장에 햄버거가 절반가량 남아 있는 것을 알아챘다. 상징성은 말할 것도 없고 엄청난 돈이 들어간 제품이 카운터에 덩그러니 놓여 있었다. 시식을 원하는 사람들에게 포스트는 미소를 지으며 자기 아이들에게 남은 부분을 주기로 했다고 설명했다.

무시, 비웃음, 투쟁, 승리

포스트는 시식 직후 자랑스럽게 선언했다.

"오늘 우리는 소에서 채취한 세포에서 실제 고기를 만들 수 있음을 확인했습니다. 이는 윤리적이고 환경 친화적인 방법으로 고기를 생산해야 한다는 메시지를 이끌어냈다는 측면에서도 중요합니다."

시식자들은 신중한 평가를 내렸지만 기자 회견은 대성공이었다. 《워싱턴포스트》는 '시험관 버거가 지구를 구원할 것인가?'라는 제목을 걸었고《이코노미스트The Economist》는 '25만 달러짜리 버거와 감자튀김'이라는 제목으로 기사를 다루었다.

획기적인 연구를 수행한 사람에게 수여되는 세계기술어워드 World Technology Award 등 세계 여러 기관이 포스트에게 표창과 상을 주면서 시식 행사는 성대하게 막을 내렸다.

언론의 관심을 끌면서 사상 최초로 『시험관 고기 요리법In Vitro Meat Cookbook』이라는 책도 등장했다. 아마도 현시대 어느 누구도 만들 수 없는 특별한 조리법을 담고 있는 요리책일 것이다. 2014년에 출판된 이 요리책은 뜨개질하듯 만든 고기, 자신이 좋아하는 연예인의 살로 만든 고기 등 세포농업이기에 가능한 온갖 새로운 음식들을 상상한 조리법을 담고 있다. 저자는 연예인 고기를 소개하면서 "사인이나 포스터는 아무것도 아니다. 진정한 팬이라면 그 사람의 살을 먹어야 한다. 유명해질 수 없다면 유명한 사람을 먹자"라고 너스레를 떤다. 물론 영화〈한니발〉에서 렉터 박사가 레이 리오타에게 리오타 본인의 뇌를 구워 먹이는 장면을 좋아하는 사람들을 위해 『시험관 고기 요리법』에는 '나 자신의 시험관 고기' 조리법도 실려 있다.

사방에서 전화가 쏟아졌다. 투자자, 과학자 할 것 없이 모두가 이 흐름에 동참하길 원했다. 포스트가 가장 많이 받은 질문은 이 참신한 아이템이 천문학적인 가격을 자랑하는 미래의 상업용 우주여행과 비슷한 상황인지 혹은 더욱 성장하여 기존 육류 산업과 경쟁할 것인지에 대한 것이었다.

상업용으로 생산되는 고기와 경쟁하려면 아직 몇 년의 연구가 더 필요하지만 포스트가 배양한 혁명이 고기 업계를 어떻게 바꿔 놓을지 사람들의 궁금증은 계속될 것이다. 축산업은 단순히 거대한 산업이 아니라 세계 경제를 이끄는 원동력이다. 만약 포스트와 버스트레이트 같은 사람들이 성공을 거둔다면 시스템 자체에 엄청난 변화가 생길 것이다. 동물의 생산, 사육, 도축을 담당하는 대형 기업은 물론, 수십억 마리의 동물들을 먹이기 위해 재배하던 작물 농업도 함께 주저앉을 것이다. 청정고기가 고기 시장의 일정 부분을 점유하기 시작한다면 미국 중서부의 비육장이 텅 비면서 토지 구획이 달라지고 도축장은 영원히 문을 닫을 것이다.

간단히 말해 고기 생산은 노동집약적이다. 미국 농무부에 따르면 미국 식품 제조 업계의 일자리 수에서 육류·가금류 도축장과 가공장이 3분의 1을 담당하며, 낙농 업계도 전체 일자리의 9퍼센트를 책임지고 있다. 청정고기와 유가공품도 가공 과정이 필요하지만 동물 전체를 키워서 도축하는 시스템에 종말을 고한다면 과거 노동력이 필요했던 자리가 효율성으로 대체될 것이다.

포스트의 연구가 상용화에 성공한다면 엄청난 돈이 갈 곳을 잃는다. 미국에서 농축산물 로비는 국회와 주의회에 강력한 영향력을 행사하고 있다. 정치자금 감시 단체인 책임정치센터Center for Responsive Politics에 따르면 농축산 업계는 방산 업계와 비슷한 수준인 매년 1억 3,000만 달러를 연방정부 로비에 쏟아부으며, 이는 노동 변호사와 소송 변호사 비용을 아득히 넘어서는 액수다.

청정고기가 실제로 출시되기 전에는 식품 산업에 어떤 영향을 미칠지 알 수 없지만 효율성만큼은 오늘날 축산업 시스템에 비해 압도적일 것이다. 도축장은 말할 것도 없고 옥수수와 콩의 소비량, 공장식 농장, 운반용 트럭, 농장 동물에게 먹이는 약품도 줄어들 것이다. 이는 동물복지, 환경, 공중보건을 염려하는 사람들이 청정고기에 열광할 큰 요인이 된다. 반대로 농작물을 가축으로, 가축을 고기로 바꾸는 일에 종사하는 사람들에게는 엄청난 변화를 의미한다.

미국대두위원회United Soybean Board가 의뢰한 2013년 보고서에 따르면 축산업은 미국 경제에 막대한 영향을 끼치고 있다. 대두 생산자들이 축산업의 운명에 신경 쓰는 이유는 미국 대두의 최대 구매자가 두부 업체가 아니라 축산 업계이기 때문이다. 오히려 대두 생산자들은 미국인이 고기 대신 두부나 풋콩 등 콩 제품을 섭취하는 것을 좋아하지 않는다. 그러면 오히려 콩의 소비량이 줄기 때문이다. 대두위원회의 보고서에는 다음과 같이 적혀 있다.

"미국 축산업을 유지하고 확대시키기 위한 활동이 대두 산업에는 이루 말할 수 없이 중요하다."

계획대로 된다면 미국 축산 업계는 180만 개의 일자리를 창출하고, 국내총생산 가운데 3,460억 달러를 책임지며, 매년 소득세 150억 달러와 재산세 60억 달러를 내게 된다고 대두위원회는 결론 내렸다. 그렇게 많은 부화장, 농장, 운송차량, 도축업자들이 실험복 차림의 미생물학자와 고기 양조장으로 바뀐다면 보통 일이 아니다.

실제로 청정고기 산업의 성공은 지금까지의 어떤 혁신보다 식품 산업을 송두리째 뒤바꿔놓을 것이다.

지금까지 축산 업계는 아직 걸음마 단계에 불과한 포스트 연구팀의 배양 동물 생산물을 위협적인 존재로 보지 않았다. 미국축산협회National Cattlemen's Beef Association 대변인은 런던의 버거 시식회 후 CNN 방송에 다음과 같이 입장을 밝혔다.

"앞으로도 소비자들은 기존 방식대로 키운 소고기를 더 믿고 좋아할 것입니다. 실험실에서 나온 제품은 축산업자들이 그들의 고객, 소비자, 미국 농촌에 헌신하는 마음을 대체할 수 없습니다."

축산업연맹Animal Agriculture Alliance도 비슷한 입장을 취했다. 연맹 대변인은 포스트의 버거가 너무 비싸다고 비난하며 개선책을 비꼬듯이 말했다.

"보아하니 맛 외에도 배양 고기 과학자들이 해결해야 할 문제들이 많은 것 같습니다. 시식자들이 고기를 뱉어내지는 않았지만 그렇다고 가짜 버거의 고기 맛과 질감에 열광하지도 않았습니다. 실제로 한 시식자는 '아삭아삭해서 신기하다'고 했습니다. 결코 좋은 평가가 아니죠."

그 대변인은 포스트의 버거를 '프랑켄버거'라고 부르며 "진짜를 먹을 수 있는데 왜 대체품에 만족합니까?"라는 말로 마무리했다.

미국육류연구소American Meat Institute 대변인도 논평에 참여하며,

소비자들은 지역 실험실이 아닌 지역 사회에서 생산한 고기에 더 관심을 가질 거라고 단언했다.

"실험실에서 줄기세포로 만든 고기 제품은 현실 세계의 입맛을 만족시킬 수 없을 것입니다."

포스트의 버거 시식에 대한 축산 업계의 반응을 보면 "처음에 그들은 당신을 무시하고, 다음에는 비웃고, 다음에는 당신과 싸우고, 다음에는 당신이 승리한다"라는 격언이 떠오른다. 시식을 기점으로 축산 업계는 무시하는 단계에서 비웃는 단계로 바뀐 듯하다. 하지만 지금까지는 육류 산업에서 별다른 싸움을 걸어오지 않고 있다. 오히려 일부 관계자들은 배양 고기에 맞서기보다는 한편이 되기를 원하는 눈치다. 하지만 대다수의 기존 고기 업계에는 별다른 변화가 없으며, 포스트 같은 인물이 몰고 올 폭풍을 감지하지 못하고 있다.

어떤 면에서 기존 육류 산업은 과거의 자연산 얼음 산업과 비슷한 점이 있다. 19세기 전반 미국에서 희귀 소비재였던 가정용 얼음은 대형 산업으로 발전했다. 당시 북부 지방의 호수에서 잘라낸 큼직한 얼음덩어리를 얼음 창고로 운송해오면 소비자들이 작은 덩어리를 아이스상자에 담아다가 고기 보관용으로 주로 이용하곤 했다.

산업용 냉장 시설이 발명되자 소매용 얼음의 보관 비용이 순식간에 훨씬 저렴해졌다. 업자들은 얼음을 자연에서 채취하는 대신 간단하게 물을 얼려서 만들었다. 제1차 세계대전이 일어날 무렵 자연산 얼음 산업은 사실상 종말을 고했지만 그 과정에 진통이 없지 않았다. 역사학자 조너선 리즈Jonathan Rees는 저서 『냉장국가

Refrigeration Nation』에서 1880년대 무렵부터 많이 등장한 자연산 얼음 생산업자들이 자기 업계를 지키기 위해 '인공 얼음'을 비방한 일화를 소개한다. 그들은 냉장 시설에 사용되는 암모니아가 물에 녹아들어 얼음이 오염될 수 있다고 소비자들에게 경고했다. 암모니아 얼음이 우리가 먹는 음식에 닿거나 음료수에 들어가서는 안 된다는 주장을 펼친 것이다. 역설적이게도 자연산 얼음이 인근 공장의 오염물질과 호수에서 얼음을 끌던 말의 배설물로 인해 실제로는 더 더러웠다. 반면 인공 얼음은 소비자를 보호하기 위해 끓인 물이나 정수된 물로 만들었다.

청정고기가 '인공 얼음'의 전례를 따라갈지는 두고 볼 일이지만 이론상으로는 로비가 개입할 여지가 없다. 2013년에 등장한 포스트와 버스트레이트의 햄버거는 많은 발전을 거듭해왔지만 기술적으로 완벽한 산업이 되려면 아직 해결할 과제가 남아 있다. 결정적으로 소비자들이 실제로 제품을 구입할 수 있을 정도로 생산 단가를 낮춰야 한다. 하지만 청정고기 산업이 고기, 가죽, 우유, 달걀을 시장에 내놓는다면 기존 업자들도 좌시하지만은 않을 것이다.

세포농업에 종사하는 많은 사람들이 대형 식품 기업의 지원을 반길 것이다. 뉴하비스트의 이샤 다타는 1990년대 중반 자동차와 석유 산업이 당시 태동하던 전기자동차 산업의 싹을 밟았던 것을 기억한다.

"신생 배양 기업들이 전기자동차처럼 되지 않아야 합니다. 오히려 저는 타이슨푸드 같은 육류 업체들이 이 운동에 동참하기를 바랍니다."

좋은 식품 연구소의 이사 브루스 프리드리히도 같은 입장이다.

"퍼듀Perdue(미국의 대형 닭고기, 칠면조, 돼지고기 가공 업체 – 옮긴이)가 아니면 누가 치킨 없는 치킨너깃을 만들겠습니까? 돼지 없는 진짜 스팸을 호멜Hormel(미국의 대형 햄, 소시지 육가공 및 유통 업체 – 옮긴이)보다 잘 만들 회사가 있을까요?"

호멜은 그동안 청정고기 기술을 적극적으로 받아들이지 않았지만 2016년 말 노선을 바꿨다. 세계 최대의 육가공 업체인 타이슨푸드는 새로운 벤처캐피털 펀드를 만들었다고 발표했다. 이 펀드는 여러 투자처 중에도 대체 단백질에만 1억 5,000만 달러라는 거금을 지원한다. 《월스트리트저널Wall Street Journal》에 따르면 이 펀드에는 식물성 단백질뿐만 아니라 '자가 증식하는 동물세포에서 나온 고기와 3D 프린터로 만든 고기'에도 투자할 의도가 담겨 있다고 한다. 그리고 2017년 뉴욕시에서 열린 미래 먹거리 기술 관련 회의에 패널로 참석한 타이슨푸드의 대표 메리 케이 제임스Mary Kay James는 자사가 청정고기에 큰 관심이 있다고 인정했다.

2017년 말 이스라엘 육류 업계도 적극적인 관심을 보이기 시작했다. 이스라엘 최대 육가공 업체인 소글로웩Soglowek 그룹의 회장이자 CEO인 엘리 소글로웩Eli Soglowek은 이스라엘 최초로 개최된 배양 고기 콘퍼런스에 연사로 나온 직후 내게 이메일을 보냈다. 이 회의는 좋은 식품 연구소와 비슷한 역할을 하는 현대농업재단Modern Agriculture Foundation이 주관한 것으로 전 세계에서 투자자, 기업가, 과학자가 몰려들었다. 대형 육가공 업체 관계자가 회의에 연사로 나선 것은 일대 사건이었다. 소글로웩이 이메일에 간략하게 썼지만 내용은 결코 가볍지 않았다.

"우리는 육류 업계를 선도하기 위해 늘 힘쓰고 있습니다. 그리고 10년 안에 배양 고기를 자사에서 생산하고 이후 상용화와 비용 절감이 이루어지리라 믿습니다."

두세 달 후에는 과거 배양 고기에 반대하던 사람들이 상상도 못했던 사건이 펼쳐진다. 공룡 농업 기업인 카길Cargill(농산물, 축산물, 식품 외 여러 산업군에서 활약하는 개인 소유의 다국적기업 - 옮긴이)이 기존 육류 업체 가운데 최초로 청정고기 스타트업에 투자하기로 했다는 역사적인 발표를 했던 것이다. 카길프로틴Cargill Protein의 성장 벤처 회장인 소냐 로버츠Sonya Roberts는 회사의 신념을 다음과 같이 설명한다.

"소비자들은 끊임없이 고기를 찾을 것이며, 우리의 목표는 고기를 지속 가능하고 효율적인 비용으로 식탁에 가져오는 것입니다. 배양 고기와 기존 고기는 수요에 따라 각자의 역할을 다할 것입니다."

몇 달 후 타이슨푸드도 청정고기 산업에 뛰어들었고, 카길도 멤피스미트에 투자하며 같은 행보를 보였다. 타이슨푸드의 경영진인 저스틴 휘트모어Justin Whitmore는 이렇게 말했다.

"전 세계적으로 단백질 수요가 꾸준히 증가해온 상황에서 이런 혁신적이고 새로운 고기 생산법을 접할 기회가 커졌다는 사실에 흥분됩니다."

카길, 소글로웩, 타이슨푸드와 같은 진보적인 기업들은 캐논Canon 사진첩의 한 페이지를 장식할지도 모른다. 2006년《USA투데이USA Today》는 다음과 같이 지적했다.

"디지털 사진의 시대가 오기 전에는 코닥Kodak에 견줄 브랜드가 없었다. 지금은 일본 기업 캐논과 시장점유율을 다투고 있지만 사실 캐논이 앞서고 있다."

캐논과 코닥이 카메라 산업의 주도권을 두고 싸우는 동안에도 디지털 시대가 도래하여 고등학교의 암실이 없어지고 동네 사진관이 문을 닫고 젤라틴 필름이 시장에서 물러나는 등 모든 면에서 변화가 일어났다. 캐논이 디지털카메라 부문에 뛰어들 동안 새로운 기술에 발맞추지 못한 코닥은 뒤처지게 되었다.

상상도 못한 결말이 났지만 알 만한 사람은 안다. 캐논은 업계 최고의 디지털카메라 브랜드로 성장했지만 코닥은 2012년 파산 신청을 했다는 사실을.

이 사례는 혁신 기술에 거대 기업이 어떻게 대처해야 할지 극명하게 보여준다. 마크 포스트의 기술도 마찬가지다. 실리콘밸리에서는 '파괴'가 유행이라지만 이미 자리를 잡은 일부 식품 대기업은 현상 유지에 많은 힘을 쏟고 있는 듯하다. 물론 카길과 행보를 맞춰서 초반에 청정 동물 생산물 개발에 주력하는 대형 육류 업체도 있겠지만 코닥의 전철을 밟는 업체도 있을 것이다.

이미 일부 대형 투자자들은 투자 커뮤니티에서 청정고기가 불러올 영향력에 대해 경고를 날리고 있다. 가령 2017년 말에는 아쿠아 파트너스Aquaa Partners 투자은행의 CEO인 폴 쿠아트레카사스Paul Cuatrecasas가 "사료 회사는 리스크 헤지의 일환으로 실험실 고기에 투자해야 한다. 과거 합성섬유가 그러했듯이 소비자의 절반만 실험실 고기로 바꿔도 육류 업체는 파산할 것이다"라고 엄중하게 경고했다.

타이슨푸드는 청정고기에 투자하기 전인 2016년 말에 최초로 공식 입장을 밝혔다. 노스캐롤라이나주에서 열린 생명공학 콘퍼런스에서 타이슨푸드 연구개발팀의 헐츠 스미스Hultz Smith 박사는 기존 동물 생산물이 곧 없어질 것이라고 생각하지는 않지만 세포 배양이 단백질을 섭취하는 소비자들에게 하나의 대안이 될 것이라고 말했다.

새로운 기술로 무장한 세포농업이 축산업 집단을 어떻게 과거의 산물로 만들어버릴지에 대해 많은 논의가 오가고 있다. 하지만 가까운 미래만 본다면 스미스 박사의 예측이 맞아떨어질 가능성이 높다. 청정고기가 시장에서 인기를 끌지라도 '구식 생산기법'(그렇다고 현재의 공장식 축산이 '전통적' 시스템이라는 의미는 아니다)으로 만든 고기를 먹고 싶은 사람이 분명히 있을 것이다. 하지만 매년 억 단위로 증가하는 인구 중 상당수는 더 효율적이고 인간적인 방식으로 생산되었을 뿐만 아니라 가격 경쟁력까지 갖춘 고기를 기꺼이 선택할 것이다.

이 기술이 실제로 축산업을 대체(교체가 무리라면)하기 시작한다면 농업경제에 큰 변화가 있을 것이란 사실에 의심의 여지가 없다. 이미 수십 년 동안 미국 농업인의 숫자는 감소 추세이고 점점 더 많은 농업인과 축산인들이 다른 직업군으로 재편될 것이다. '미래의 미국 농업인은 목장 주인이 아니라 미생물학자'라는 제이슨 매시니의 예측이 현실로 다가오고 있다.

한편 뉴하비스트의 지원금으로 조류세포를 배양하는 노스캐롤라이나대학교의 가금류 과학자 폴 모즈디악Paul Mozdziak은 이런 관점에 크게 의미를 두지 않는다. 그는 타이슨푸드의 스미스와 함께 콘퍼런스에 패널로 참석하여 같은 의견을 피력했었다. 모즈디악은 자신이 개발 중인 세포 배양 가금육을 닭 농장주들이 걱정할 필요는 없다면서 다음과 같이 덧붙인다.

"실제로 그런 상황이 온다고 해도 농업인은 미국인의 1퍼센트에 불과하며 그중 일부만 축산업에 종사합니다. 담배 농장도 비슷한 상황을 겪었죠. 금연 인구가 늘어나면서 농장주들은 재배 작물을 바꿨습니다. 제가 알기로는 이제 고구마를 많이 키우고 있어요."

담배에서 병아리콩으로 바꾼 사람도 많다. 2013년 《월스트리트저널》은 '후무스의 미국 정복'이 어떻게 이루어졌는지 다루었으며, 덕분에 과거 존재하지 않던 새로운 병아리콩의 수요가 급증했다고 한다. 담배 수요의 감소로 담배 농가의 수입이 줄어들자 기존 담배 재배자들의 상당수가 재배 작물을 후무스에 들어가는 병아리콩으로 전환했다. 자유경제하의 여타 직업이 그렇듯 농업인도 새로운 시장 환경에 적응한다.

입맛은 변화하게 마련이고 식품을 생산하는 사람들도 변해야 한다. 소비자의 취향이 급변하는 일은 식품 산업에만 국한되지 않는다. 여행사 대신 엑스피디아 예약 사이트가 생겼다고 안타까워하는 사람이 있는가? 넷플릭스의 대약진으로 블록버스터 비디오 대여점이 없어졌다고 눈물 흘린 사람이 있는가? 한때 우리가 필요로 했던 모든 직업은 비교우위에 있는 산업이 등장함에 따라 점차 사라지게 된다.

모즈디악은 농민들이 늘 수요에 맞춰 변화해야 했으며, 자신이나 마크 포스트 같은 과학자들의 연구도 다르지 않다고 지적한다.

"땅은 없어지지 않습니다. 그리고 배양 고기 공장도 사람을 고용하고 새로운 일자리를 창출한다는 점을 명심해야 합니다. 이것이 경제가 돌아가는 원리입니다."

하지만 앞선 사례와는 달리 불공평한 부분이 있다. 담배 농가는 병아리콩 재배법을 배우면 되지만 농부들이 미생물학자나 조직공학자가 될 수는 없지 않은가. 물론 세포를 키우는 과정에는 영양분이 필요하지만 세포농업은 기존 농업보다 훨씬 적은 땅을 필요로 한다. 한마디로 그전만큼 농사를 짓지 않아도 제품을 생산할 수 있다는 말이다. 세포농업 지지자들은 효율성이 증가하게 되면 농업 인구가 더욱 줄어들 것이라고 홍보한다. 이는 지난 세기 동안 꾸준히 감소하던 추세의 연장이다.

하지만 현재의 축산업이 지속되기를 원하는 대부분의 사람들은 걱정하지 않는 듯하다. 축산업이 배양 동물 생산물과 연계되기를 원하는 사람도 있지만 내가 만난 대부분의 사람들은 이 사안 자체에 별다른 관심이 없었고, 어떤 이유에서든 불안해하지도 않았다.

미국 육류 업계 명예의 전당US Meat Industry Hall of Fame 이사인 댄 머피Dan Murphy는 마크 포스트와 피터 버스트레이트 같은 사람들에 대해 여과 없이 평가한다.

"동물이 포함되지 않은 가짜 버거가 조만간 전 세계의 식습관에 혁명을 가져올 거라고 과장스럽게 떠벌리는 것은, 원자력 시대의 도래로 미래에는 신경 쓸 필요도 없을 정도로 전기세가 저렴해질 거라는 말과 다를 바가 없습니다."

축산업의 미래, 두 가지 선택

포스트와 버스트레이트의 배양 버거에 쏟아지는 온갖 관심에도 불구하고 이 기술이 상용화되려면 몇 가지 문제가 선결되어야 한다. 우선 비용 문제가 있다. 버거 시식이 끝나고 2년 뒤인 2015년에 포스트는 비용 절감에 힘써왔음을 강조했다.

"우리가 처음 선보였던 버거의 가격은 33만 달러였습니다. 현재 생산 비용을 80퍼센트 가까이 줄였습니다. 머지않아 우리의 목표인 킬로그램당 65~70달러로 떨어질 것입니다."

포스트의 계산에 따르면 2020년까지 버거 하나의 가격은 11달러로 내려갈 것이고 결국에는 기존 버거보다 더 저렴해질 것이다 (2017년 2월, 생산 비용은 0.45킬로그램당 11.36달러까지 내려왔으며, 이는 일반 다진 고기보다 9~10배가량 비싼 가격이었다 - 옮긴이).

포스트는 청정고기를 현실 세계에 구현하는 것이 중요하다는 것을 인지하고 2016년 중반 버스트레이트와 함께 자신들의 학술적 성과를 뒷받침해줄 사업을 시작했다. 모사미트(마스트리히트에 있는 그림 같은 마스강의 라틴어 명칭에서 따온 이름이다)는 지적재산권 라이선스 회사로서 청정고기를 대중에게 직접 판매하기보다는 청정고기를 생산하고 싶어 하는 업체에 기술적 공정을 판매하는 역할을 한다. 버스트레이트는 회사의 CEO로 일하며 익명의 '육류 산업 투자자' 등 벤처캐피털을 끌어오고 있다. 버스트레이트는 모사미트가 인근 네덜란드 소비자들에게 소량의 고기를 팔겠지만 기업의 주 수입원은 라이선스 판매가 될 것으로 보고 있다.

"단순히 대형 육류 생산 업체가 되는 것보다 더 중요한 일이 있습니다. 라이선스 판매로 빠른 기술 확산을 도모하는 것이 우리의 목표입니다."(포스트도 실험실 가죽에 집중하는 쿼리엄Qorium이라는 업체를 개인적으로 운영하기 시작했다.)

버스트레이트는 2020년까지 제품 단가를 충분히 낮춤으로써 상품 출시에 필요한 생산용 장비에 투자할 수 있을 것이라 예상한다. 장비가 갖추어진 1~2년 후에 실제 생산이 가능하다고 보면 2021년에는 고기를 판매할 수 있을지 모른다.

포스트와 버스트레이트가 학자에서 사업가로 변신을 앞두고 있는 상황에서 문득 의문이 생긴다. 청정고기를 상용화하기에는 너무 이르지 않을까? 청정고기 과학은 회사를 세울 정도로 충분히 발전해 있을까? 아니면 정보가 공개된 상태로 연구에 자금을 쓰는 편이 더 나을까? 몇몇 사업가들은 민간 분야로 연구가 넘어가야 과학 발전이 더 빨라진다고 믿는다. 좋은 식품 연구소의 브루스 프리드리히도 여기에 동의하며 다음과 같이 주장한다.

"세포농업은 10년 이상 오롯이 학문의 영역이었으며, 그 상태가 계속된다면 제품이 시장에 나오는 데는 다시 10년 이상이 걸릴 것입니다."

프리드리히는 여러 가지 이유로 모사미트 등 사기업이 후발 경쟁 업체로서 이 분야에 자리를 잡아야 한다고 생각한다. 신규 업체가 생기면 공공 영역이 끌어오지 못하는 자금이 사설 벤처 기업으로 유입되는 효과를 낳는다. 사기업이 없다면 기술 발전을 불러올 수백만 달러의 자금을 놀리게 된다. 이 책에 소개된 벤처캐피털리스트만 해도 투자할 스타트업이 없다고 해서 그 돈을 대학에 지원하지는 않는다.

또 한 가지 중요한 점은 회사에서 월급을 받으며 조직공학 쪽의 일을 하는 사람들이 과연 지원금을 받는 교육기관에서 근무할 의사가 있을까 하는 것이다. 세계 최고 수준의 조직공학자라면 학계보다 사기업에서 훨씬 높은 몸값을 받을 수 있으리라는 사실을 누구나 예상할 수 있다. 학계에 몸을 담길 원하는 사람도 있겠지만 대부분은 아닐 것이다. 따라서 그들이 돈을 좇아 다른 업계로 간다면 세포 농업 업계의 인력 부족으로 청정고기의 상용화는 현저히 느려질 수 있다.

연구가 진전되고 있지만 포스트는 햄버거, 핫도그, 미트볼, 치킨너깃 같은 다진 고기 외에는 아직 갈 길이 멀다는 점을 인정한다. 아직까지는 티본스테이크처럼 두꺼운 조직으로 만들어진 고기는 청정고기로 구현하지 못하고 있다. 일단 근육조직으로 영양소를 운반해줄 혈관이 없어서 배양 중에 영양소를 공급받지 못하는 안쪽 세포들은 살아남지 못하고 사라진다. 포스트가 생각한 해결책은 3D 프린터로 만든 관을 조직 사이에 넣어 영양소를 운반하는 방법이다. 어쨌든 포스트는 현재까지 이룬 작은 성공에 만족하고 있다.

세포의 생산 규모에 걸맞은 배양조를 구해야 한다는 문제도 남아 있다. 현재 이런 장비는 의료용으로만 사용되고 있어서 가격도 비싸고 크기도 훨씬 작다. 청정고기를 시장에 출시하려면 완전히 새로운 배양조를 만들어내야 한다. 통상적인 배양조 내부에서는 세포가 액체 속을 부유한다. 아직 쓸 만한 대형 배양조는 존재하지 않는다. 포스트는 배양조 내부에 마이크로캐리어 비드가 있으면 근육세포를 붙여서 키울 수 있을 거라는 가설을 세우고 다양한 비드를 대상으로 활발하게 실험을 시작했다.

"2013년 청정고기를 공개할 당시의 목표는 모든 사람들에게 그 가능성을 알리는 것이었습니다. 그 목표는 달성했습니다. 이제는 몇몇 국가의 식약청에서 시식하고 승인된 상품을 상업화하는 것이 목표입니다."

포스트의 화두는 상용화가 아니다. 문제는 과연 사람들이 그 고기를 먹을 것인가 하는 점이다.

"저는 강연 중에 늘 청중들에게 핫도그를 먹겠냐고 묻습니다. 대부분은 웃으면서 좋다고 대답하죠. 그 후 어떤 재료로 만들었는지 아냐고 질문하면 다들 모른다고 대답합니다."

포스트는 청정고기의 장점이 알려지면 많은 사람들이 받아들일 거라고 생각한다.

"사람들은 자신들이 먹는 음식에 대해 몰라도 잘만 먹습니다. 청정고기를 자세히 알게 된다면 인식도 좋아질 것입니다. 사람들이 지금 먹고 있는 고기는 약물에 찌들고 끔찍한 환경에서 자란 동물에서 나온 것입니다. 훨씬 더 깨끗한 고기가 있다면 당연히 바꾸지 않을까요?"

제이슨 매시니에게 동기를 부여했던 요인은 포스트에게도 유효하다. 포스트는 전 세계의 인구·소득 증가로 필연적으로 다가올

'미래의 고기 위기'를 심각하게 받아들인다. 그는 세르게이 브린의 소망처럼 인류가 새로운 시도를 통해 더 늦기 전에 해결책을 만들어내기를 바란다. 포스트의 선언은 대담하기 그지없다.

"저의 목표는 모든 고기를 배양 고기로 대체하는 것입니다. 사실 적절한 대체재만 확보된다면 고기 때문에 동물을 도축하는 행위는 잘못되었다고 느끼고 금지되리라 생각합니다. 한마디로 우리가 아는 고기 산업은 미래가 없습니다."

버스트레이트는 공장식 사육이 사라질 것이라는 포스트의 생각에 동의하면서도 조금 다른 관점을 가지고 있다. 그는 현재도 마차를 쓰는 곳이 남아 있는 것처럼 관광이나 종교적 목적으로 또는 발달된 기술을 받아들이지 않는 아미시 공동체 등에서 특별한 용도로 동물을 도축하여 고기를 생산할 것이라고 예상한다. 그럼에도 그는 '지금처럼 고기를 얻지는 않을 것'이라고 단언했다.

공개 시식 3년 후인 2016년, 포스트는 첫 청정고기 버거가 만들어진 곳에서 흰 실험복 차림으로 배양기 뒤쪽 벽에 붙은 네덜란드 지도 아래에 서서 자신의 연구가 어떤 결과를 불러올지 예상한다.

"앞으로 20년 후면 슈퍼마켓에서 두 가지 동일한 제품을 선택할 수 있을 것입니다. 한쪽은 동물로부터 만들어졌습니다. 포장지에는 제품 생산을 위해 동물이 고통받거나 죽었다는 문구가 찍혀 있습니다. 환경에 나쁜 영향을 미치므로 환경세도 부과됩니다. 그리고 완전히 같은 제품이지만 실험실에서 생산된 것이 있습니다. 맛과 품질은 동일합니다. 가격은 같거나 더 저렴합니다. 어떤 제품을 선택하시겠습니까?"

4장
헛되고, 비인간적이고, 미친 짓

제1차 세계대전 중에 독일에는 고민거리가 있었다. 체펠린은 가스를 채워서 공중에 띄우는 시가 모양의 비행선으로 영국 국민에게는 공포의 상징이었지만 생산에는 막대한 자원이 들어갔다. 특히 무장 비행선을 공중에 띄워주는 공기 주머니를 만들 자원이 가장 부족했다.

독일의 소시지는 소의 장을 활용했다. 그런데 소의 장이 체펠린을 띄울 때 수소나 헬륨을 담는 초박형 초경량 재료, 일명 '금박공의 가죽'을 만들기에 좋다는 사실이 알려졌다. 하지만 소의 장은 비행선을 만들기에는 크기가 작아 효율성이 떨어졌다. 실제로 체펠린 한 대에는 송아지 25만 마리의 장이 들어갔다.

군용 체펠린의 수요가 늘어나면서 소의 장에 대한 수요도 함께 치솟았다. 곧 독일과 동맹국들은 소의 장을 군용으로 최대한 확보하기 위해 소시지 생산을 전면 중지시켰다. 하지만 소시지 금지령에도 불구하고 체펠린 함대를 유지하기엔 소가 턱없이 부족했다.

1918년 독일이 패전하고 체펠린 생산이 급격히 줄어들자 소시지 업자들은 다시 일상으로 돌아왔다. 타이어와 고무를 생산하는 미국 기업 굿이어Goodyear가 민간 비행선에 적합한 소재를 찾기 시작했고, 마침내 생산 단가가 더 싸고 소의 수급에도 전혀 영향을 받지 않는, 아교질이 들어간 고무를 개발했다. 실제로 1930년대까지 모든 독일 비행선은 금박공의 가죽 대신 고무를 사용하게 되었다.

분야는 다르지만 이 이야기는 모던미도의 목표와도 일맥상통한다. 2014년 내가 먹은 스테이크 칩을 만든 안드라스 포르각스는 비행선 한 대를 띄우기 위해 소 25만 마리를 사용하는 것은 한마디로 지극히 소모적인 일이며 동일한 행태가 오늘날 패션 업계에서도 자행된다고 했다. 우리가 옷을 위해 동물을 착취해야 한다면 자원 낭비가 심하고 너무 많은 환경문제를 야기하게 된다.

그렇다면 우리 경제에 자리 잡은 동물 생산물을 어디서부터 어떻게 굿이어의 고무처럼 바꿔나가야 할까? 마크 포스트는 동물의 일부를 체외에서 키울 수 있음을 세상에 증명해 보였다. 혁명적인 이 발견은 기존 고기 산업을 뒤엎을 가능성이 크지만 아직은 시장의 반응을 알 수 없으므로 어떤 식으로 대중에게 다가가는 것이 최선인지 가늠하기 힘들다.

배양 기술로 대체할 수 있는 동물 생산물은 수없이 많지만 어떤 제품이나 산업을 처음으로 무너뜨릴지부터 결정해야 한다. 꼭 고기가 먼저일 필요는 없다. 포르각스는 동물에서 유래한 금박공의 가죽이 동물의 가죽보다 더 나은 제품으로 바뀐 것처럼 배양 분야에서도 고기가 아닌 가죽이 먼저 경쟁을 이끌어야 한다고 결론 내렸다.

가죽은 고기에 비해 마케팅이나 배양 기술이 간단하다는 면에서 유리하다. 구조도 3차원인 고기와 달리 가죽은 2차원에 가깝다. 또한 배양 가죽은 고기와 달리 규제 문제도 거의 없다.

모사미트 등의 기업들은 몇 년 후에 자사의 식품을 시장에 내놓으면 사람들이 찾아줄 것이라 기대하고 있다. 하지만 이보다 몇 년 앞서 사람들이 배양된 가죽을 몸에 걸치게 한다면 배양 고기도 더 잘 받아들여지지 않을까? 모던미도는 세포농업이라는 개념에 사람들이 익숙해지게 하는 것을 주요 목표로 삼고 먹거리가 아닌 패션에 집중하려고 한다. 포르각스에게 배양 가죽이란 포스트애니멀 농업경제의 막을 올리는 신호탄이다. 포르각스의 주장은 다음과 같다.

"가죽은 아직 걸음마 단계인 배양 산업이 입문하기 좋은 제품입니다. 마크 포스트 교수는 존경받아 마땅하지만 동물 생산물 배양 제품의 첫 주자는 고기가 아니라 가죽이 될 가능성이 큽니다. 소비자들이 먹기 전에 입어본다면 체외에서 만든 동물 생산물이라는 개념을 쉽게 받아들일 것입니다."

가죽 패션의 어두운 이면

인류는 다른 동물의 가죽을 최소한 수천 년 혹은 그 이상 입어왔다. 약 10만 년 전에 호모사피엔스가 따뜻한 북아프리카를 벗어나 사방으로 퍼져나가면서 의복은 엉성한 장식품에서 생존 필수품으로 바뀌었다. 호모 네안데르탈렌시스(네안데르탈인으로 더 유명하며 수십만 년 전에 호모사피엔스가 출현하기 전까지 유럽 지역에 살다가 멸종되었다)는 추운 북쪽 지방에서 동물의 가죽을 덮어쓰고 몸의 온기를 유지했다. 2012년의 어느 연구에 따르면 네안데르탈인의 사촌은 당시 유럽의 겨울을 나기 위해 신체의 80퍼센트를 가죽으로 덮어야 했다. 즉 인간의 뇌는 신체가 진화하여 추위를 견딜 때까지 기다리는 대신 이미 추위를 견디도록 진화한 동물로부터 체온 유지 수단을 조달하는 방법을 택했다.

오늘날 대부분의 인간은 인류의 발상지인 적도기후대 근처에 살지 않는다. 그런데 우리가 진화하지 않았던 위도에서는 맨몸으로 체온을 지킬 수 없다. 심지어 열대지방에 사는 사람도 가급적 옷을 입으며, 그 옷도 동물에게서 얻은 재료로 만든 경우가 많다. 우리는 몸을 덮을 온갖 종류의 식물성 소재를 비롯해 합성 소재까지 발명했지만, 신발, 가방 등의 제품을 만들 때는 한 가지 동물성 소재가 다른 옷감을 압도한다. 그것은 바로 소가죽이다.

가죽옷은 수만 년 전에 문명이 생겨나기 이전부터 존재했다. 이후 인간은 공동체로 정착 생활을 시작하면서 곧 가죽 무두질을 익히게 된다. 인류가 가죽을 사용하기 시작했음을 보여주는 최초의 증거는 약 5,000년 전 신석기 시대까지 거슬러 올라간다. 현재 아르메니아 지역에 살던 사람들이 동물의 가죽을 무두질하여 가죽신을 만들었다는 증거가 남아 있다. 3,000년 전 이집트인들은 가죽 의복은 적었지만 가구, 가방, 개 목걸이 등 일상에서 폭넓게 가죽을 사용한 것으로 보인다. 하지만 과거 어느 시대에도 가죽이 지금처럼 중요한 위치를 차지한 적이 없다는 사실을 고려하면 큰 변화가 임박한 것은 분명하다.

미국 가죽 산업은 세계적인 규모를 자랑한다. 매년 미국 도축장에서 3,500만 마리의 소가 도축되며, 가죽 수출액만 30억 달러에 달한다. 미국 가죽의 절반은 신발, 3분의 1은 가구와 자동차 시트, 나머지는 액세서리 생산에 소비된다. 전 세계 가죽 시장의 규모는 1,000억 달러가 넘는 것으로 평가된다. (다른 동물의 가죽도 높은 인기를 자랑한다. 가령 전 세계 모피 산업의 규모는 무려 400억 달러에 달하는 것으로 추산되며 악어류를 제외한 비단뱀 가죽만도 수십억 달러의 시장가치를 지닌다.) 하지만 가죽을 얻으려면 소를 엄청나게 많이 키워야 할뿐더러 가공 과정에서 추가로 발생하는 문제 역시 해결해야 한다.

가죽 시곗줄은 죽은 피부나 마찬가지인데도 분해되어 없어지지 않는다. 그 이유가 궁금한 적이 없는가? 이는 무두질이라는 일종의 미라화가 가죽의 부패를 막아주기 때문이다. 이 공정에는 여러 가지 화학약품이 필요하기 때문에 인류가 통가죽을 걸치는 단계에서 가죽신을 만들기까지는 오랜 시간이 걸렸다. 무두질은 소 피부의 콜라겐을 안정화하여 결속시키는 과정이다. 이 과정을 거치면 단백질 구조가 영구적으로 변해 보존성이 훨씬 높아진다. 하지만 무두질은 환경, 작업자, 작업장 인근 생활권에 피해를 주기도 한다. 온라인 비즈니스 뉴스 전문지인 《쿼츠》에 따르면 2017년 모던미도의 회사 소개란에는 "전통적인 가죽 생산 기법은 환경오염, 잔혹한 동물학대, 심한 인권침해를 동반하여 커다란 탄소발자국(해당 제품이 만들어지고 폐기되기까지 발생한 이산화탄소 총량 ─ 옮긴이)을 남긴다"라고 쓰여 있었다.

무두질의 첫 단계는 도축 후에 피부에 남아 있는 털과 지방 등의 불순물을 석회를 사용하여 화학적으로 벗겨내는 것이다. 이때 제거된 물질들은 화학물질과 뒤섞인 채 그냥 버려진다. 다음 단계는 가죽을 부식성 크롬 용액에 담그는 것이다. 이는 현대화된 무두질의 특징으로서 이때도 폐수는 그냥 하수도로 흘려보내게 된다. 환경법이 느슨한 인도, 방글라데시 등 대규모 가죽 생산 국가에서 이런 일이 특히 흔하다. 인도의 관계자들은 하자리바그에 있는 가죽 공장 밀집 지역에는 환경 규정을 엄격히 들이대지 않는다고 사실상 인정하기도 했다. 그 결과 황산크롬, 황산 등 유독성 화학물질이 아무런 처리 과정도 거치지 않고 하수도에 수시로 방류된다. 이런 위험한 화학물질에 노출되는 작업자(아이들 포함)를 보호해줄 장비는 없다시피 하다. 어느 가죽 노동자는 국제인권단체인 휴먼라이트워치에 "굶주리는 판에 산성 물질은 아무래도 좋았다. 일단 먹고살아야 했다"라고 증언했다.

2009년 가죽 공장 때문에 갠지스강이 심각하게 오염되자 정부는 인도 가죽의 중심지 칸푸르에서 규정을 심각하게 지키지 않는 작업장을 100곳 이상 강제 폐쇄했다. 이는 해당 지역 가죽 공장의 4분의 1이 넘는 숫자였다. 오염된 물은 해당 지역 주민의 피부 질환, 호흡기 질환, 신부전, 블루베이비증후군(식수에 포함된 질산염 때문에 혈중 산소 운반이 어려워서 갓 태어난 아기가 청색증을 띠는 현상 – 옮긴이) 발생률을 높이는 원인이었다.

야생동물, 특히 수생생물도 가죽 공장 때문에 심각한 피해를 입는다. 작업장 인근 수로는 어떤 생물도 살 수 없는 죽음의 지대가 되기 일쑤였다. 가죽 공장에서 일하는 전 세계 극빈층도 혹독한 대가를 치렀다. 무두질에 종사하는 사람들은 크롬 때문에 천식과 기관지염에서부터 폐암에 이르기까지 온갖 질병에 시달린다. 특히 '크롬 구멍'으로 고통받는 경우가 많다. 크롬 구멍은 의학저널에서 '무두질 종사자의 궤양'이라고 불리며, 작업자의 손이나 콧구멍 안에도 발생할 수 있다. 이 원형의 상처는 구내염과 유사하지만 직접 접촉이나 호흡을 통해 크롬 노출이 가장 잦은 부위에 나타난다.

이런 사실을 안다면 가죽을 동물에게서 얻기보다 실험실에서 생산하는 것이 더 매력적인 이유를 쉽게 이해할 수 있다. 포르각스에 따르면 모던미도가 만드는 가죽은 털, 고기, 지방이 없으므로 전체 생산 공정이 훨씬 짧아지고 폐수 배출도 줄어든다. 한마디로 모던미도는 가죽의 보존성을 높이고 두께로 맞추는 최종 공정만 진행한다. 그리고 기존 무두질처럼 화학물질로 처리하고 폐수를 버리지 않기 때문에 정부 규제도 걱정할 필요가 없다. 가죽 공장을 미국, 그것도 가급적 본사가 있는 뉴욕에 설치하려는 포르각스의 계획은 허황된 것이 아닌 셈이다.

지갑, 신발, 시곗줄을 기르다

보다시피 가죽 산업의 변화에 따른 이점은 명백하다. 하지만 사람들이 실험실에서 키운 가죽을 입는다고 해서 비슷하게 만들어 낸 고기를 먹는 것이 더 쉬워질까? 다음 사고실험(머릿속에서 생각으로 진행하는 실험 – 옮긴이)을 살펴보자. 우선 소의 체외에서 키운 버거를 먹을 때 어떤 느낌일지 떠올려본다. 아무리 청정고기라는 개념을 받아들일지라도 내가 그랬던 것처럼 처음 먹을 때는 조금 망설여질지 모른다. 반면에 실험실에서 만들어낸 가죽 신발을 신는다면 어떨까? 당신이 여느 일반인들과 다르지 않다면 거부감이 전혀 없을 것이다. 새로운 소재를 몸에 걸쳐도 이상한 느낌이 전혀 들지 않는다. 최소한 새로운 음식을 먹는 것보다는 낫다(역사적인 관점에서 보면 오늘날 가게에서 파는 음식의 상당수는 원래 없던 것이지만 사람들은 대부분 맛있게 먹고 있다). 지금 당신이 아무 생각 없이 신고 있는 러닝화도 인조가죽으로 만들어졌다. 운동화에 들어가는 가죽이 진짜인지 아닌지도 당신은 모를 것이다(대부분 진짜가 아니다).

안드라스 포르각스가 목표로 하고 모던미도가 연구를 진행하는 것도 이 부분이다. 처음에 그는 스테이크 칩을 만들기 위해 모든 실험 역량을 쏟았다. 하지만 지금은 먹는 제품이 아닌 입는 제품을 통해 소비자가 세포 배양 제품을 더 빨리 받아들이길 바라며, 가죽 시장에 오롯이 집중하고 있다.

포르각스는 중국에서 살던 2011년에 처음으로 이 생각을 하게 되었다. 당시 그는 4년 전에 아버지와 함께 설립한 생명공학 회사 오가노보Organovo를 키우고 있었다. 당시 두 사람은 제약 회사가 실제 인간의 장기를 쓰지 않고도 새로운 물질을 실험할 수 있도록 시험관 환경에서 사람의 조직을 만드는 3D 바이오프린팅 기법을 개발했다. 포르각스는 가죽 업자와 우연히 대화를 나누다가 새로운 아이디어를 떠올리게 되었다.

"사람 피부를 키운다니 소가죽도 가능할까요? 가죽을 키울 수만 있다면 신발 제작 비용을 엄청나게 아낄 수 있을 텐데요. 가죽만 필요한데 소를 통째로 키울 필요가 없잖아요."

포르각스도 거기까지 생각해본 적이 없었다. 하지만 다른 가죽 산업 대표들과도 이야기를 나누면서 그는 실험실에서 가죽을 만들 수 있겠다는 생각이 들었다.

"사업가의 본능으로 느낌이 왔습니다. 하지만 확신이 부족했어요."

포르각스는 가능성을 계속 고민했다. 의학용 인간 피부를 기능적으로 완벽하게 만들 수 있다면 식품용이나 섬유용 동물 조직도 가능하지 않을까? 이 의문은 고기 생산에 따르는 지속 가능성 문제를 과학으로 해결해보고 싶다는 그의 욕구를 자극했다.

이 아이디어는 고기와 가죽을 얻기 위해 동물 세포를 키우는 스타트업의 토대가 된다. 그리고 마크 포스트의 버거 시식회보다 2년 앞선 2011년에 모던미도는 세계 최초의 배양 동물 생산물 업체로 첫발을 내딛는다.

오늘날 엄청난 양의 가죽이 그냥 버려지고 있다. 우리 입맛대로 지갑, 신발, 시곗줄을 만들기에 좋은 가죽이 소에게서 나오지 않기 때문이다. 하지만 실험실이라면 원하는 모양대로 가죽을 만들어낼 수 있다. 소에 목맬 필요가 없다면 가죽의 두께나 무게를 자유자재로 조절하고, 투명한 가죽을 비롯한 완전히 새로운 형태의 가죽을 만들 수도 있다. 디자인과 기능 면에서 무궁무진한 가능성이 열리는 것이다. 포르각스는 이렇게 표현한다.

"이것은 가짜 가죽이 아닙니다. 혁신적인 가죽입니다."

모던미도의 목표에는 패션 업계에 안정적인 재료 공급원이 되어 주겠다는 계획도 들어 있다. 즉 모던미도가 자체적으로 신발이나 재킷을 생산하는 대신 가죽제품 생산자에게 원재료를 공급하는 전략이다. 그러면 생산자들은 육류 시장의 가격 변화에 영향을 받지 않을 것이다. 가뭄으로 사료용 작물의 가격이 급등해도 가죽제품 생산자들은 걱정할 필요가 없다. 광우병 등 가축 전염병이 발생해도 모던미도의 가죽 생산에는 아무 지장이 없다. 현실적으로 가죽 산업이 소와 분리된다면 가죽제품 생산자들의 꿈이 이루어진다고 해도 과언이 아니다. 지구도 구하는 것은 물론이다.

소 없는 소가죽과 거미 없는 거미줄

포르각스와 포스트에게는 두 가지 공통점이 있다. 우선 두 사람은 채식주의자가 아니다. 또한 첫 지원금을 억만장자 투자자가 아닌 정부로부터 받았다. 포르각스는 미국 농무부와 국립과학재단에 연구보조금을 신청하여 2011년 모던미도 설립에 힘을 보탰다. 당시 농무부는 포르각스가 연구하던 고기에, 국립과학재단은 가죽에 지원했다.

포르각스는 연방기관으로부터 지원금을 따내는 한편, 페이팔의 창업자이자 억만장자인 피터 틸Peter Thiel이 지원하는 브레이크아웃랩스Breakout Labs의 문도 두드렸다. 농무부와 국립과학재단을 등에 업은 포르각스는 자신의 회사가 35만 달러를 투자받을 가치가 있다고 틸 재단을 설득했다. 브레이크아웃랩스의 투자 상무 린디 피시번Lindy Fishburne은 자금 지원을 결정한 배경을 이렇게 설명한다.

"우리는 틀을 깨는 과학, 특히 인류의 생활양식 자체를 바꿀 잠재력이 있는 아이디어와 발명을 중점적으로 지원하고 있습니다. 모던미도가 성공적으로 배양 가죽을 만들어낸다면 주요 산업들이 얼마나 영향을 받을지 상상해보세요."

포르각스가 틸 재단의 지원금을 받아내자 실리콘밸리에서 이름만 대면 알 만한 벤처캐피털의 자금이 몰리기 시작했다. 그중에는 유튜브, 서베이몽키, 애플, 오라클, 페이팔 등 업계 거물을 초창기부터 지원했던 곳도 있었다. 포르각스는 석유재벌 존 D. 록펠러의 5대 손인 저스틴 록펠러Justin Rockefeller의 지원도 이끌어냈다.

처음에 포르각스는 소의 알맹이와 껍데기(고기와 가죽)에 모두 힘을 싣다가 이내 생각을 바꿨다. 스테이크 칩이 일반 스테이크보다 만들기 쉬운데다 소비자들이 포르각스 자신이 만든 스테이크 칩을 먹는다는 아이디어가 맘에 들었지만 해결해야 할 문제가 너무 많았다. 스테이크 칩은 투자자로부터 좋은 반응을 이끌어낸 수단이었지만 상용화에는 장애물이 있었다.

"음식을 대할 때 사람들의 기호성이 강하게 작용합니다. 새로운 기술이 적용되었을 때 이 현상은 더 심해집니다. 고어텍스나 탄소섬유 같은 신소재에는 기호성을 덜 나타냅니다."

업계 내부에서도 지적했듯이 어떤 면에서 청정고기 산업은 새로운 제품을 팔아야 할 당위성이 부족하다. 즉 신기술이라는 사실 전달만으로는 부족하고 사람들이 편안하게 받아들일 만한 방법으로 다가가야 한다.

일례로 1970년대 이전만 해도 미국인은 초밥에 관심이 없었다.

김과 날생선을 합쳐놓은 음식은 미국인의 입맛에 너무 낯설고 이국적이었다. 초밥이 미국인의 사랑을 받는 음식으로 거듭난 사연은 사실 여부가 불분명하지만 시사하는 바가 있다. 로스앤젤레스의 어느 혁신적인 일본인 요리사는 더 많은 손님들에게 초밥을 맛보이고 싶었다. 그는 미국인이 김을 그다지 좋아하지 않는다는 점에 착안하여 김이 안쪽에, 밥이 바깥쪽에 오도록 내용물을 뒤집어 말았다. 그리고 기름진 참치 살 대신에 기름진 식물성 재료를 넣었다. 바로 남부 캘리포니아 사람들이 좋아하는 아보카도였다. 그리고 사람들의 거부감을 없애기 위해 일본풍이었던 이름도 바꿨다. 이렇게 탄생한 캘리포니아 롤이 인기를 끌면서 미국인은 문화적으로 색다른 음식에 쉽게 다가갈 수 있게 되었고 다른 종류의 초밥도 좋아하기에 이르렀다.

마찬가지로 세포농업 분야도 어떤 입문용 제품을 통해 사람들이 동물 생산물을 키운다는 개념에 더 쉽게 다가서게 해야 한다. 소비자들이 실험실 가죽을 입는 일에 익숙해지면 실험실 고기를 먹는다는 발상이 지금처럼 낯설게 느껴질까? 가죽은 소고기를 비롯한 다른 고기의 앞길을 충실히 닦아줄 것이다. 초밥 이야기는 완벽한 비유는 아니지만(뭉쳐서 먹는다는 개념이 낯설었을 뿐, 미국인들은 이미 쌀, 생선, 채소를 먹는 데는 익숙했었다), 동물 없는 동물 생산물을 만드는 사람들에게 귀중한 통찰을 제공하는 것만은 틀림없다.

현재 합성 가죽을 입는 데는 아무 문제가 없어 보이므로 모던미도의 진짜 가죽이 시장에 나와도 사람들은 전혀 신경 쓰지 않을 가능성이 크다. 그렇다고 사람들이 청정고기를 더 쉽게 먹게 될지는 의문이다. 몸에 걸치는 것과 입에 넣는 것은 큰 차이가 있을뿐더러, 합성 가죽을 받아들인다고 해서 합성 식품도 받아들일 거라고 볼 수는 없기 때문이다(하지만 우리는 이미 인공 향, 치즈의 효소 레닛 등 합성 식재료들을 부지불식간에 많이 섭취하고 있다).

모던미도 입장에서 청정가죽은 그동안 꽃길만 걸어왔다고 봐도 무방하다. 청정고기와는 달리 사람들은 실험실에서 만든 동물성 소재의 의복을 구입하기 시작했다. 그 동물성 소재는 대개 이 책에서 언급한 일부 기업들의 기술과 비슷한 기술로 만든 것이다. 일례로 캘리포니아에 본사를 둔 볼트스레드는 극도로 질긴 자연산 거미줄의 단백질 성분을 유전공학 효모로 생산하여 시험관 환경에서 거미줄을 만들어낸다. 거미줄은 수세기 동안 실크 생산에 쓰인 누에의 생사生絲보다 훨씬 강한 소재로, 종류에 따라서는 면사처럼 부드러우면서도 케블라 섬유보다 강하다. 거미는 과밀하게 사육할 경우 다른 개체를 잡아먹기 때문에 인공적으로 길러서 상업적으로 생사를 생산하는 데는 걸림돌이 많았다. 동족 포식은 수익성을 떨어뜨리는 요소로 작용한다(2009년 마다가스카르의 어느 연구팀은 거미 양식으로 의복 생산에 성공했지만 그만큼 많은 거미를 키우기까지 4년이 걸렸다).

벤처캐피털로 9,000만 달러를 확보한 볼트스레드는 2017년에 첫 제품으로 314달러짜리 넥타이를 출시했으며, 추첨을 통해 50명에게 판매했다. 또한 미국 국방성과 거미 없이 거미줄 옷을 만드는 계약을 체결했다. 일본 경쟁사인 스파이버(스파이더와 파이버spider fiber의 합성어)는 2015년 노스페이스와 협력하여 문파카Moon Parka를 만들기도 했다. 이 제품은 스파이버의 거미줄로 만든 내구성 좋은 겨울 코트로, 이 책을 집필할 당시 일본에서 1,000달러에 판매되었다. 또한 신발 제조사인 아디다스는 스파이버의 독일 경쟁사인 암실크AMSilk의 바이오스틸Biosteel을 이미 소재로 쓰고 있다. 실험실 거미줄인 암실크는 "거미줄을 연필 굵기로 만들면 380톤에 달하는 대형 보잉 747기도 잡을 수 있다"는 문구로 홍보되고 있다.

하지만 실험실 거미줄로 만든 옷이 모던미도의 실험실 가죽에 대한 인상을 바꿀 수 있을지는 불분명하다. 실크나 거미줄과는 달리 사람들은 거의 매일 가죽을 착용할뿐더러, 소가죽은 거미줄보다 만들기 복잡하고 쉽게 진짜와 가짜를 구분할 수 있다.

포르각스가 처음 가죽을 배양했을 때는 생산과정이 다른 업체와 비슷했다. 그는 생검(근육세포 대신 피부에서 채취)으로 채취한 세포로 콜라겐을 생산하여 종이처럼 납작하게 만든 다음 서로 겹쳐 올리는 방법을 썼다. 포르각스가 가죽 배양 기술의 완성도를 높여감에 따라 제조 과정은 더욱더 정교해졌다. 콜라겐이 가죽의 핵심임을 간파했던 포르각스는 '어차피 콜라겐끼리 결합하는데, 소의 세포 없이 콜라겐만 자라게 할 수는 없을까?'라는 생각을 하게 되었다(콜라겐collagen은 그리스어로 접착제를 뜻하는 콜라kolla라는 단어에서 유래했다). 그리하여 그는 결국 소 세포를 채취하지 않고도 진짜 소가죽을 만들어냈다(이 무세포 기법은 7장에서 다룰 것이다).

콜라겐 분자끼리 붙여가며 가죽을 만든다면 그 가능성이 무궁무진하다. 포르각스는 소의 콜라겐을 생산 중이지만 약간의 아미노산 서열을 바꾸는 것만으로 악어류의 콜라겐도 만들 수 있다. 이 원리를 생산과정에 적용하면 모든 종류의 가죽은 물론, 지금껏 존재하지 않았던 가죽까지 만들어낼 수 있기 때문에 특정 동물의 가죽에 매달릴 필요가 없어진다. 모던미도의 최고개발책임자 수잰 리 Suzanne Lee는 2016년 말 《포브스》와의 인터뷰에서 이 점을 밝혔다.

"동물에 얽매이지 않는다면 가죽을 원하는 방식대로 구성할 수 있습니다. 우리는 새로운 방식으로 콜라겐을 생산함으로써 자연계에 존재하지 않는 가죽을 창조할 수 있습니다."

포르각스는 이런 방식으로 가죽을 만들면 높은 효율성과 기능성은 물론, 고부가가치를 창출할 수 있다고 믿는다. 일반적으로 가죽은 도축되는 소 한 마리당 10퍼센트에 해당하는 경제적 가치를 가지며, 나머지 가치는 그 외의 내용물(주로 근육)에서 나온다. 하지만 단위 중량으로 따진다면 가죽의 가치는 근육보다 높다. 즉 가죽이 고기보다 가격 경쟁력에서 유리하다는 의미다.

이런 이점 때문에 포르각스는 가죽이 생산되는 즉시 경쟁력을 발휘하리라 확신한다. 현재 소가죽의 30~50퍼센트는 땅에 묻히거나 저급 충전재로 사용된다. 가죽은 흉터, 벌레 물린 자국 등의 결함으로 인해 소가 도축되기 전부터 가치가 떨어지는 경우가 부지기수다. 하지만 실험실 가죽은 아주 깨끗하고 처음부터 필요한 모양대로 만들 수 있다.

최고의 가죽으로 만든 최고의 제품

지난 2013년 모던미도가 원래 본거지인 미주리주에서 패션 업계와 가까운 브루클린 아미 터미널로 이전했을 때 안드라스 포르각스는 아버지인 가버 포르각스Gabor Forgacs와 함께 식품공학 기업 햄턴크릭의 창업자이자 동물보호 단체의 유명 인사인 조시 보크Josh Balk를 만났다. 보크는 여러 스타트업과 함께 공장식 사육으로 식품을 만드는 시스템을 끝낼 방안을 찾고 있었다. 이 만남은 제이슨 매시니의 소개로 이루어졌다.

포르각스 부자와 만나고 이듬해인 2014년 보크는 홍콩으로 가서 햄턴크릭에 수십억 달러를 투자하는 호라이즌벤처스Horizons Ventures를 방문했다. 보크와 호라이즌벤처스의 공동창업자 솔리나 차우Solina Chau는 홍콩의 멋진 고층빌딩에서 차와 토스트로 아침을 먹으며 식품공학 업계에서 새롭게 떠오르는 기회들을 이야기했다. 그러다 보크가 모던미도를 지원해달라는 제안을 차우에게 했다. 차우는 흥미를 느끼고는 리카싱李嘉誠과 이야기를 나눴다. 리카싱은 호라이즌벤처스의 지원금 전체를 책임지는 아시아 최대 부자로 자산이 340억 달러에 달하는 것으로 알려져 있다. 그는 또한 독실한 불교신자이며 채식주의자에 가깝다. 리카싱은《아시아위크 Asiaweek》가 선정한 아시아에서 가장 영향력 있는 인물로, 수많은 사업체를 소유하고 있으며 말년에는 호라이즌벤처스를 통해 자신의 부와 영향력을 더욱 떨치고 있다. 중국에서는 일명 '슈퍼맨'이라는 애칭으로 통한다.

2014년 슈퍼맨 리카싱은 모던미도에 1,000만 달러를 지원한다고 발표하여 세포농업 기업에 대형 투자를 한 최초의 인물이 되었다. 이 금액은 배양 동물 생산물에 대한 단일 투자액으로는 사상 최고였다. 사실 이 금액은 그동안 정부와 민간 투자자들이 지원했던 금액을 모두 합친 것보다 많은 액수로 배양 가죽의 새로운 지평을 열었다. 포르각스는 한 달 내에 직원을 배로 늘이고 듀퐁DuPont 사 (세계 최고 수준의 미국 화학 기업 – 옮긴이) 최고의 기술자였던 데이비드 윌리엄슨David Williamson을 최고기술경영자로 영입했다. 포르각스 는 다음과 같이 예측한다.

"다들 배양 고기가 출시되려면 몇 년이 더 걸린다는 점을 알고 있습니다. 배양 가죽 제품도 사정이 다르지 않지만 고급 가죽 제품 이라면 더 빨리 출시할 수 있습니다."

《크레인Crain》에 따르면 2016년 당시 포르각스는 자사의 가죽이 2018년 무렵에 출시될 것이라 예측했었다. 하지만 이 질문을 받았 을 당시 그는 잠깐 주저하면서 그때까지 데모플랜트(상업적으로 생산 하기 전에 소규모로 짓는 공장 – 옮긴이)가 세워지고 조만간 가죽이 시장 에 나오리라 확신한다고 대답했다. 모던미도는 이미 대형 가죽 원 단을 생산 중이며 생산과정도 빠르다고 한다. 이는 시장에 점점 다 가가고 있다는 증거다.

모던미도의 기술이 나날이 진보함에 따라 상업화된 제품이 가질 잠재력에 더욱 관심이 커진 호라이즌벤처스는 2016년 중반 4,000만 달러를 추가 지원하기로 한다.

전례 없는 엄청난 지원금이 모던미도의 계좌에 들어오고 정확히 한 달이 지난 시점에 나는 포르각스 그리고 윌리엄슨과 함께 모던 미도 브루클린 사무실의 회의실에 서 있었다. 포르각스가 검은 가 죽 샘플을 자랑스럽게 내밀었다. 2년 전에 나는 같은 장소에서 최초 의 스테이크 칩을 먹었다. 내 눈으로는 이 가죽을 실제 소가죽과 분 간할 수 없었다. 뿐만 아니라 생산에 몇 주밖에 걸리지 않았다고 했다. 소를 키워서 가죽을 만들려면 몇 년이 걸렸을 것이다.

넘치는 자금과 언론 기사 덕분에 포르각스는 상업화를 시작할 모든 준비를 갖췄다. 그는 고급 가죽 업계에 종사하는 사업 파트너들과 함께 모던미도의 가죽으로 고가의 제품을 생산하려 한다. 포르각스는 우선 최고의 가죽으로 만든 최고가 제품을 주력으로 판매할 예정이다. 포르각스는 '가격이 아닌 품질로 승부할 것'이라고 한다. 이는 첫 번째 제품을 저렴하게 만드는 대신 최고급 패션을 찾는 소비자를 겨냥할 것임을 의미한다. 또한 모던미도는 조만간 대량생산 시설을 구축하여 저렴한 제품군도 함께 만들 계획이다.

어떤 면에서 모던미도의 행보는 실험실 다이아몬드 산업과 유사하다. 소 사육과 마찬가지로 다이아몬드 채굴은 윤리와 환경 문제가 뒤얽혀 있는 데다 광산에서 캐낸 것과 사실상 동일한 다이아몬드를 만드는 방법을 과학자들이 이미 밝혀낸 상황이다. 실험실에서 만든 제품은 천연 다이아몬드보다 20~40퍼센트 저렴하다. 보석 감정을 해보면 간혹 인공 다이아몬드가 천연 다이아몬드보다 더 밝고 '완벽'한 경우도 있다. 이럴 때는 대개 품질에 비해 저렴한 상품으로 홍보하는 방법이 무난해 보인다. 하지만 '실험실 다이아몬드lab-grown diamond'로 잠깐 검색해본다면 판매자들이 어떤 식으로 수익을 내는지 엿볼 수 있다. 실험실 다이아몬드 웹사이트에는 '환경 친화적', '분쟁이 없는', '순수하게 생산' 등의 문구가 가득하다. 그리고 실험실 다이아몬드 제조사 중에는 광산에서 나온 제품을 '더러운 다이아몬드dirt diamond'라고 부르는 곳도 있다(언제부터 인공 다이아몬드를 '깨끗한 다이아몬드'로 홍보했는지 어리둥절해하는 사람도 있다).

미국 연방통상위원회Federal Trade Commission는 '실험실에서 키운', '실험실에서 탄생한' 등의 용어(가끔 배양 혹은 재배 다이아몬드라고도 불린다)가 보석의 특성을 더 잘 전달한다고 하지만 사실 이는 다이아몬드 반지에 걸맞은 로맨틱한 이름과는 거리가 멀다. 또한 실험실에서 몇 주 만에 만들어진 다이아몬드는 수백만 년 동안 땅속에서 자연스럽게 생성된 것보다 덜 귀하게 느껴진다.

어쩌면 그래서 실험실 다이아몬드가 보석 산업에서 차지하는 비중이 미미한 것인지도 모른다. 보석계의 큰 손 드비어스De Beers는 현재 자체적으로 배양 다이아몬드를 생산하지만 패션이 아닌 공업용 제품으로 한정하고 있다. 다이아몬드는 보석이 아니더라도 중요한 용도를 지닌다. 가령 배양 다이아몬드는 전자제품 시장에서 히트싱크heat sinks(반도체 장치 등에서 온도 상승을 방지하기 위해 부착하는 방열체 - 옮긴이)에 사용되며, 공업용 절삭기의 위력과 정밀도를 높이는 용도로도 충분한 수요를 가지고 있다. 하지만 인권주의자들은 아프리카에서 다이아몬드를 둘러싼 분쟁이 악화되는 것을 염려하면서 앞으로는 보석상들이 실험실 다이아몬드에 더 익숙해지고 더 선호해야 한다고 이야기한다. 이미 기능적으로 동일하지만 가격은 훨씬 저렴한 다이아몬드가 나와 있다는 점은 인공 다이아몬드 시장이 성장할 원동력으로 작용한다.

실험실 가죽은 다이아몬드보다 전망이 훨씬 밝다. 다이아몬드의 매력 중 하나인 희소성은 사실 다소 부풀려진 측면에도 불구하고 의미를 지닌다. 사람들은 손에 넣기 힘든 것을 귀하게 여기기 때문에 실험실 다이아몬드를 특별하게 취급하지 않는다. 에르메스 가방 등 일부 고가 제품이 존재하지만 가죽이 희귀하다고 생각하는 사람은 아무도 없다. 다이아몬드와 달리 가죽 벨트나 가죽 지갑에서 특별함을 느끼는 사람은 거의 없을 것이다. 하지만 실험실 가죽의 위상이 실험실 다이아몬드만큼만 올라가도 포르각스에게 투자한 사람들은 충분히 만족할 것이다.

투자자들이 배양 가죽 업계를 사실상 초창기부터 뒷바라지하는 동안 비트로랩스라는 회사는 2016년 캘리포니아주립대학 샌프란시스코 캠퍼스와 공동 개발한 '착한 가죽Kind Leather'이라는 제품으로 도전장을 내밀었다. 소, 타조, 나일악어의 세포로 시작한 비트로랩스는 자신들이 개발한 방법이 모던미도보다 낫다고 주장한다. 비트로랩스는 콜라겐 대신 (배아줄기세포와 대조적으로) 동물 성체에서 채취한 유도만능줄기세포에서 시작한다. 이 세포는 어떤 종류의 세포로든 분화시킬 수 있다.

2016년 말 예비 투자자들 사이에 돌던 자료에는 비트로랩스가 보인 자신감의 근거가 잘 드러나 있다. 모던미도의 방식으로 만든 가죽은 세포 구조물이 부족한(포르각스는 이를 반박한다) 반면 비트로랩스가 사용한 줄기세포는 상피층 등을 만들어내 가죽의 자연스러운 촉감이 느껴진다고 한다.

포르각스는 마이코웍스MycoWorks 같은 업체와 경쟁하는 것을 환영한다. 베이에어리어에 위치한 스타트업인 마이코웍스는 버섯포자를 이용하여 외형과 촉감이 가죽과 유사한 식물성 가죽을 만들고 있다. 모던미도와는 달리 마이코웍스의 제품은 가죽의 대체품일 뿐, 진짜 가죽은 아니다.

하지만 포르각스의 진짜 경쟁 상대는 실험실 가죽이나 버섯이 아닌, 기존 가죽 산업이다. 가죽 수요는 수십 년 동안 저렴한 합성 가죽의 출현으로 어느 정도 줄어든 상태다. 하지만 가죽 업자들은 다이아몬드가 그랬듯이 육안으로 구분이 불가능하거나 기능이 나은 제품과 경쟁한 경험이 없다. 포르각스가 시장에 참여한다면 변화를 몰고 올 부분이다.

모던미도가 상업화라는 성배에 가까워질수록 선택지가 늘어난다. 가령 제품에 브랜드를 붙인다면 무언가 특별한 제품을 구매한다는 느낌을 소비자에게 확실히 심어줄 수 있다. 생산된 배양 가죽을 상품 제조사에 넘긴다면 실험실 가죽의 장점이나 특성을 굳이 설명하지 않아도 사람들이 제품을 사용할 것이라는 점에서 유리하다.

실제로 자신이 신고 있는 신발 소재가 어디서 왔는지 궁금해하는 소비자가 얼마나 될까? 하지만 실험실에서 만든 가죽이 기능 면에서 큰 장점이 있다는 점을 감안하면 새로운 가죽으로 만든 최초의 제품을 원하는 소비자도 있을 것이라 보고 솔직하게 사실을 전달하는 것도 마케팅 측면에서 유리할 수 있다.

포르각스는 브랜드를 만드는 쪽으로 마음이 기울었다. 2016년 뉴하비스트 심포지엄에서 청중들에게 가죽 브랜드로 좋은 이름이 있다면 추천해달라고 했지만 아무런 반응이 없었다. 가죽이 들어가는 유명한 신발, 핸드백, 손목시계 브랜드는 있지만 가죽 자체가 브랜드를 대표하는 경우는 드물다.

"가죽 원재료 시장의 규모는 1,000억 달러에 달합니다. 그리고 아무도 가죽에 브랜드를 붙이지 않았습니다. 저는 매력적이고 지속적 생산이 가능하며 가공이 쉬운 가죽 브랜드를 만들고 싶습니다."

포르각스는 가죽 브랜드의 이름을 정하기 위해 시장조사를 실시하고 주변 사람들과 머리를 맞대었다. 포르각스는 자신이 고민한 브랜드명을 떠올리며 웃음을 지었다.

"저는 마블코믹스 세계관에서 아다만티움이라는 이름을 참 잘 지었다고 생각합니다."

아다만티움은 〈엑스맨〉에 나오는 파괴 불가능한 금속으로 울버린의 손톱과 골격을 이룬다.

"우리 가죽에 파괴가 불가능하다는 의미의 이름을 붙이진 않을 거예요. 그래도 이름이 결정되기 전까지 우리는 장난 삼아 가죽을 '언옵타늄'이라고 불렀습니다. 영화 〈아바타〉에 나온 광물의 이름이죠."

포르각스는 언옵타늄이 가상의 행성 판도라에서 채굴되는 희귀하고 값비싼 물질이라는 설명을 덧붙였다. 하지만 그는 그리스어로 생명을 의미하는 '조아Zoa'를 새로운 배양 가죽의 이름으로 최종 결정했다.

"우리는 본질적으로 새로운 소재에 생명을 불어넣고 있습니다. 조아는 그 과정에 부합하는 이름입니다."

현재까지 5,000만 달러 이상을 지원받은 포르각스는 수십 명의 직원이 일하는 공간을 지나 자신의 사무실로 걸어간다. 고기 사업은 미래를 위해 잠시 접어둔 채 직원들은 모두 가죽 개발에 매달리고 있다. 스테이크 칩은 다음 차례를 기다려야 한다. 투자자와 자금을 확보한 상태지만 포르각스는 아직 갈 길이 멀게만 느껴진다. 그리고 시작이 성공적이었다고 미래를 속단하지 않는다.

"많은 지원금이 성공을 보장해주지 않습니다. 그것은 마치 산 정상으로 가는 베이스캠프에 장비가 모두 갖춰져 있다고 좋아하는 것이나 다름없습니다. 산을 오르는 동안 우리 앞에 어떤 문제가 튀어나올지 모르니까요."

한마디로 모던미도는 과학 기술도 발전시키고 세포농업으로 만든 최초의 제품도 시장에 공개한다는 두 마리 토끼를 잡아야 한다.

모던미도의 윌리엄슨은 회사의 분투 과정을 에너지 산업에서 나타나는 변화에 비교한다.

"대규모 투자가 이끌어낸 혁신 덕분에 인류는 석탄과 석유로부터 서서히 멀어지고 있습니다. 우리가 하는 일도 다르지 않습니다."

모던미도나 비트로랩스 같은 경쟁 기업들이 포르각스의 의도대로 영향력을 발휘하고 자사의 가죽 브랜드가 넓은 소비층에게 청정 고기 제품을 받아들이게 하는 통로가 된다면 동종 기업 전반에 미칠 이점은 이루 말할 수 없을 만큼 클 것이다. 이 과정에서 리카싱의 대규모 투자는 모던미도에 큰 힘이 되었고, 덕분에 모던미도는 하루빨리 변화가 필요한 식품 산업을 뒤엎을 만한 위치로까지 성장하게 되었다.

모피에 덮인 포유류는 인간에게 최초로 동물성 소재의 의복을 제공해주었고 이는 인류 역사의 상당 기간 동안 우리 몸을 덮어주는 주요 수단이 되었다. 지난 수천 년 동안 인간은 어떤 동물보다 소에게 많이 의존했다. 이에 따르는 윤리적인 문제는 접어두더라도 인구가 지금보다 훨씬 적었던 시절에는 소를 키우고 가죽을 무두질하는 행위가 지구와 공중보건에 미치는 위협이 훨씬 적었다. 하지만 오늘날 80억에 가까운 인구가 조상들과 같은 방식으로 옷을 마련한다면 여러 심각한 문제가 발생할 것이다. 그러니 이제 가죽 산업은 새롭게 거듭나야 한다. 포르각스는 이렇게 강조한다.

"확신하건대 30년 후에 우리가 햄버거와 핸드백을 얻기 위해 수십억 마리의 동물을 키우다 도살한 오늘을 되돌아본다면 모든 것이 얼마나 헛되고 비인간적이고 미친 짓이었는지 깨닫게 되겠죠. 우리는 자원으로 쓰기 위해 동물을 죽이는 행위에서 더욱 문명화되고 진화된 행위로 나아가야 합니다. 어쩌면 우리는 그 방법을 이미 손에 쥐고 있는지도 모르겠습니다."

5장

청정고기, 미국에 상륙하다

모던미도의 안드라스 포르각스와 직원들은 가죽이야말로 배양 동물 생산물이 시장으로 진입할 경로라고 생각한다. 하지만 소를 키우는 가장 큰 이유는 가죽이 아니라 고기다. 배양 가죽으로 시장을 일부 점유함으로써 소의 수익성을 떨어뜨릴 수는 있어도 소고기 수요가 계속 높다면 소의 대량 사육은 계속될 것이고 그 피해는 고스란히 지구에 전가된다.

하지만 소 없이 소고기를 만들 수 있다면 이야기는 달라진다. 어떤 면에서는 실험실 가죽이 소고기보다 먼저 시장에 출시될 가능성이 높다. 포르각스의 말처럼 가죽은 고기보다 훨씬 생산이 쉽고 규제가 적으며 손쉽게 소비자에게 다가갈 수 있다.

하지만 고기 문제는 고기로 풀어야 하며, 누군가는 먼저 시작해야 상용화가 이루어질 것이다. 마크 포스트가 상용화 가능성을 증명했고 안드라스 포르각스는 새로운 형태의 스테이크 칩으로 주목을 받았다. 하지만 청정고기 산업이 기존 고기의 확실한 대체품을 개발하고 널리 대량소비가 가능하게 하지 않는다면 진정한 변화는 찾아오지 않을 것이다. 우마 발레티 박사도 이 변화를 위해 분투하고 있다.

발레티는 어린 시절부터 인간이 고기를 먹는 행위에 대해 고민했다. 인도 남동부의 안드라프라데시주에 살던 열두 살의 발레티는 어느 날 이웃의 생일잔치에 가게 되었다. 화창한 날에 아이들은 신나게 앞마당에서 뛰어놀았고 엄마들은 흥분한 아이들을 오후 내내 풀어놓았다. 끊임없이 나오는 달콤한 음식들은 생일에 즐거움을 더해주었다. 하지만 떠들썩한 앞마당에 질린 발레티는 잠깐 쉬면서 집 뒤쪽을 돌아보고 싶었다.

그곳에는 전혀 다른 광경이 펼쳐지고 있었다. 아이들이 자유롭게 노는 곳에서 불과 몇 미터밖에 떨어져 있지 않았지만, 거기에는 조금 있으면 아이들에게 먹힐 동물들이 겁에 질려 있었다. 염소 한 마리가 말뚝에 묶인 채 떨고 있었다. 도축 직전인 또 다른 염소는 살기 위해 몸부림을 쳤지만 헛된 발버둥에 불과했다. 닭장 속에 앉은 닭들은 몸이 굳은 채로 대형 도마에 올라갈 차례를 기다리고 있었다. 절망이 드리워진 짐승들의 울음소리 너머로 "생일 축하합니다"라는 노랫소리가 앞마당에서 들려왔다.

"그때 정말 충격을 받았습니다. 같은 장소, 같은 날이 누군가에겐 생일, 다른 누군가에겐 사망일이었어요."

환희와 고통이 공존하던 그 상황은 발레티의 마음속에서 씨앗이 되어 몇 년 후에 상념을 싹 틔우게 된다.

마하트마 간디와 함께 인도 독립을 위해 싸운 독립운동가의 자손인 발레티는 어려움에 처한 사람이나 동물을 도와야 한다는 마음을 품고 성장했다. 그런 애정은 수의사인 아버지로부터, 과학을 향한 열정은 물리 교사인 어머니로부터 물려받았다. 발레티는 힌두교의 교리에 따라 소고기를 먹지 않았지만 주말에는 여느 이웃들처럼 닭, 양, 물고기, 새우 등 신성하지 않은 동물을 먹곤 했다. 이후 의대에 진학한 발레티는 자신의 고기 섭취에 대해 진지하게 고민하기 시작했다.

"고기 섭취가 채식에 비해 비효율적이라는 글도 읽었지만, 그보다 더 마음에 걸렸던 것은 동물의 고통이었습니다. 시장에서 줄줄이 죽음을 기다리는 동물의 모습을 보자니 너무나도 마음이 아팠습니다. 동물들은 마치 자신들에게 닥칠 일을 아는 것만 같았어요."

결국 발레티는 간디의 식사법을 따라 모든 동물을 먹지 않기로 결심했다. 그는 인류에 이바지하겠다는 열정을 안고 의대에 진학했지만 마음 한구석에는 아픈 사람을 치료하는 의사를 넘어서서 그를 소스라치게 놀라게 했던 동물학대를 방지할 방법을 찾아내고 싶었다. 발레티는 의대 수련 중에 스스로 유혹에 빠지거나 동료들의 눈총을 받으면서도 채식을 지속하려고 노력했다.

"저는 이것이 옳은 일이라고 생각했지만 식습관과 윤리적인 면에서 양립하기가 힘들었습니다. 역설적으로 저는 세계에서 가장 채식주의자가 많은 나라를 떠나 육류 소비가 가장 많은 나라로 건너온 후에야 완전히 고기를 끊을 수 있었습니다."

발레티는 1996년 의대를 졸업하자마자 미국으로 건너와 메이오

클리닉에서 꿈꾸었던 대로 심장 전공의로 수련을 시작했다.

"환자의 심장에 줄기세포를 주입하면 심장근육이 재생되는 모습에 완전히 매료되었습니다. 제게는 신이 보여준 계시나 다름없었습니다. 체외에서 다른 근육으로도 똑같은 일을 할 수 있지 않을까 하는 의문이 들었죠."

그리하여 발레티는 이 일의 실현 가능성에 대해 동료들에게 질문하기 시작했다.

"근육을 배양해서 키우면 어떨까? 세포에서 사람들이 좋아하는 소고기, 돼지고기, 닭고기를 바로 만들어내는 거지."

많은 동료들이 반대했다. "진심이야? 누가 그런 걸 먹어?"라고 스스럼없이 말하는 동료도 있었다. 정중한 사람들조차 이 아이디어에 혐오감을 드러냈다. 대부분은 일이 너무 바빠서 그의 말을 진지하게 받아들이지 않았다.

하지만 발레티는 단념하지 않고 조사를 이어갔다. 아이디어를 좀 더 연구한 발레티는 체외에서 근육조직을 키우는 것에서 그치지 않고 이 기술을 응용하여 기존 고기보다 더욱 건강한 고기를 만들 수 있지 않을까 궁금해졌다.

"환자들이 먹는 부실한 식사와 건강에 좋지 않은 지방 그리고 정제 탄수화물이 그들의 몸을 죽이고 있지만 많은 사람들이 고기를 줄이거나 끊을 생각은 전혀 없는 듯합니다. 오래 살지 못해도 괜찮으니 좋아하는 고기를 먹겠다는 사람들도 있었습니다."

사람들의 반발심과 더불어 고기를 먹지 않기 위해 노력하는 자신의 모습이 떠오르자 발레티는 사람들이 원하는 음식을 먹으면서도 건강이 위협받지 않을 해결책을 대략적으로 구상했다.

우리는 강력 범죄나 테러를 두려워하지만 진정한 위협은 식탁 위에서 찾을 수 있다. 미국인의 사망원인 1위인 심장질환은 육류 중심의 식사와 관련 있다는 증거가 셀 수 없이 많다. 과도한 육식이 유일한 원인은 아니지만 심장병의 주범임에는 틀림없다. 같은 이유로 미국심장협회American Heart Association는 '식물성 음식이 포함된 건강한 식단'을 홍보하고 '월요일은 고기 없는 날' 같은 운동에 사람들의 동참을 유도한다.

미국인의 또 다른 주요 사망원인인 암도 고기를 잔뜩 먹는 식단과 무관하지 않다. 2016년 세계보건기구World Health Organization는 가공육을 1군 발암물질로 분류했다. 즉 고기가 담배만큼 암을 유발한다는 것이다. 이런 놀라운 이야기가 나오기 전에도 미국암연구협회Amrican Institute for Cancer Research는 "미국인의 건강을 생각할 때 한 가지 연구 결과는 확실하다. 우리는 식물을 더 섭취하고 고기 소비는 줄여야 한다"라고 밝혔다.

포화지방산과 콜레스테롤을 많이 섭취하는 것은 바람직하지 않을뿐더러 우마 발레티의 수술실에 몸을 눕힐 가능성만 높여줄 뿐이다. 하지만 이제는 기존 고기와 똑같지만 딱 한 가지만 다른 고기를 배양할 수 있을지 모른다.

"제가 구상 중인 고기는 슈퍼에서 파는 고기보다 지방이 적고 단백질이 풍부합니다."

발레티는 청정고기 생산자가 원하는 종류의 지방을 상품에 포함시킬 수 있다는 점을 강조한다(마크 포스트의 버거가 지방이 없는 순수

근육덩어리였음을 기억하라). 발레티는 완전히 다른 발상으로 접근하고 있었다.

"오메가3처럼 건강에 좋고 장수에 도움이 되는 지방을 넣을 수는 없을까요? 기존 고기와는 다른 더 건강한 고기가 되었으면 좋겠습니다."

즉 발레티는 심장마비를 유발하는 것이 아니라 예방하는 버거를 머릿속에 그리고 있다. 세포에서부터 고기를 만든다면 어떤 종류의 고기를 만들지 훨씬 자유롭게 선택할 수 있다. 가령 기존 고기에 많이 포함된 포화지방은 동맥에 플라크(혈중 노폐물이 혈관 내벽에 뭉친 덩어리로 동맥경화 등 심장질환의 원인이다 – 옮긴이)를 생성하며 심장질환의 원인으로 작용한다. 소의 사료를 이리저리 바꿔봤자 마블링의 지방 구성만 일부 달라질 뿐이다. 하지만 근육 자체를 키운다면 위험한 포화지방 대신 올리브유나 아마씨유에 있는 오메가3 등 건강에 좋은 단일불포화지방산으로 근육 내의 마블링을 구성할 수 있다. 이렇게 되면 의학에서 권고하는 건강한 식단 자체가 달라질 것이다.

발레티는 모든 꿈을 이룰 듯했다. 동물의 생명을 구하고 환자가 수술실에 오지 않게 하겠다는 그의 두 가지 꿈이 이제 곧 현실로 이루어질 것만 같았다.

2005년 어느 날 아침, 메이오클리닉에서 수련을 마친, 30대 초반의 발레티는 고기를 세포 배양한다면 세상에 좋은 영향력을 끼칠 것이라는 몽상에 젖어 있었다. 자신과 같은 꿈을 꾸는 사람이 있는지 궁금했던 그는 구글을 검색하다가 반가우면서도 놀라운 소식을 접했다. 같은 환상을 현실로 이루기 위해 뉴하비스트가 최근에 세워졌다는 내용을 발견한 것이다.

발레티는 뉴하비스트 홈페이지를 샅샅이 읽은 다음, 배양 고기의 선구자 제이슨 매시니에게 돕고 싶다고 이메일을 보냈다. 열정이 넘치는 빠른 답장을 받아든 발레티는 곧장 워싱턴DC로 가는 표를 끊었다.

발레티는 공중보건 전문가 제이슨과 처음 만난 날을 이렇게 기억한다.

"그는 천재입니다. 그는 의사인 저보다도 조직공학에 대해 잘 알아요."

발레티에게 깊은 인상을 받은 매시니는 그에게 뉴하비스트 이사회에 참석할 것을 권했다. 이사회에 참석한 발레티는 많은 사람들이 세포농업이라는 새로운 분야를 개척하여 육류 산업을 재구성하는 일에 뜻을 함께하고 있음을 알게 되었다. 사실상 어느 누구도 이런 혁신을 제대로 연구하지 않는 상황에서 발레티는 학계를 비롯한 여러 영역에 있는 사람들이 이 연구에 자금을 투자하도록 마음을 움직이는 역할을 해야겠다고 결심했다.

수많은 조직공학자들이 실현 가능한 구상이라고 발레티에게 말해주었지만 연구자금이나 재정 지원이 없다면 누구도 이 일에 뛰어들지 않을 것이다. 이런 제품을 찾는 시장이 생길 거라고 어느 누가 예상했을까? 일단 거부감을 일으키는 요소가 너무 크다는 지적이 있었다. 실험실에서 조직을 만들거나 의료용으로 쓰는 것과 사람이 섭취하는 것은 다른 문제다.

"조직공학이 의료 분야에서 많은 활약을 하고 있지만 식품 분야에도 적용 가능하다고 생각한 사람은 거의 없었습니다."

그 후 몇 년이 지나도록 수요에 비해 발전은 더디기만 했다. 스테이크 칩으로 시작한 모던미도는 가죽으로 노선을 선회했다. 당시 마크 포스트는 상용화나 마케팅이 아니라 학술 연구에 치중하고 있었다. 누구도 동물이 없는 고기를 출시해야겠다는 간절함으로 움직이지 않았고 육류 산업에는 그 어느 때보다 반전이 절실했다. 존재감이 거의 없던 배양 고기 산업에서 발레티는 자신이 하고 싶은 일이 무엇인지 다시 고민하기 시작했다. 발레티는 몇 년 동안 뉴하비스트 이사회에 소속되어 있었지만 이게 전부인가 하는 의문이 들었다. 의대 시절에 품었던 이상은 현실과 너무 동떨어졌고 옆에서 응원만 하는 역할에 머물고 싶지 않았다. 발레티는 직접 개발에 뛰어들어야겠다는 생각을 하게 되었다.

발레티는 미네소타대학교에 심장 전공의로 자리 잡았지만, 수십 년 동안 청정고기의 출시에 거의 진전이 없는 것을 목격한 이상 지금이라도 사비를 털어 사람들의 입맛을 바꿔야겠다고 결심했다. 그리하여 2015년 발레티는 배양 고기 연구에 특화된 연구실을 대학 내에 개설했다. 함께 참여한 닉 제노비스Nick Genovese는 원래 가금 사육업자였지만 이제는 채식주의자이자 줄기세포를 연구하는 생물학자였다. 그는 고기를 좋아하지만 먹는 즐거움을 위해 동물을 죽이고 싶어 하지 않았다.

이 연구에 집중하고 힘을 실어주려면 포스트의 연구실처럼 학문을 하는 환경은 적당하지 않았다. 발레티에 따르면 학계는 보조금,

학술지 등재, 교수 임용, 연구에 방해되는 대학본부, 간접 경비에만 신경을 쓴다. 뿐만 아니라 많은 시스템이 인체의 장기를 재생하는 연구에 맞춰져 있어 발레티와 제노비스의 목표와는 다소 괴리가 있다.

연구소를 개설하고 몇 년이 지나지 않아 발레티는 이 연구가 학계를 벗어나지 못한다면 공장식 사육은 절대 청정고기 양조장으로 바뀌지 않을 거라는 사실을 깨달았다. 그는 일생일대의 선택을 해야 했다. 기업가의 길을 걷기 위해 심장 전공의 경력을 잠시 보류해야 할까?

"이 고민은 열두 살 때부터 시작됐습니다. 저는 순환기내과에서 엘리트 코스를 밟아왔고 전공의로 활약하며 이제 곧 큰돈을 벌어들일 시기를 앞두고 있었습니다."

그는 짜릿한 혁신의 길을 한 발 앞서 걷는 것과 잘나가는 심장 전문의로서 생명을 구하는 일 사이에서 고민했다. 의사로서 벌어들일 기대수입도 그를 망설이게 했다. 발레티는 전공의로서 성공했을 뿐만 아니라 미국심장학회American College of Cardiology, 미국심장협회 등 여러 단체에서 회원들을 이끌고 있었다. 또한 앞으로 20년 동안 어린 두 자녀 닐과 타라에게 들어갈 교육비도 생각해야 했다. 발레티는 어떤 길이 옳은지 고민하며 밤잠을 설쳤다. 그리고 마침내 가까운 친구와 가족에게 자신의 고민을 털어놓았다.

어느 날 밤 발레티는 트윈시티에서 소아안과 수술의로 일하는 아내 므루날리니와 함께 부엌에 앉아 결론을 내렸다. 발레티는 그 순간이 감동적인 영화의 한 장면 같았다고 회상했다. 아내는 남편을 똑바로 바라보며 말했다.

"여보, 평생을 원했던 일이잖아요. 나중에 아이들과 그다음 세대를 위해 우리가 꿈꾸던 더 나은 세상을 만들어줄 용기를 내지 못했노라고 후회하고 싶지 않아요."

아내의 지지로 발레티는 마음을 굳혔다.

"미국에는 저 말고도 심장 전문의가 2만 5,000명이나 있지만 육류 산업의 수많은 부작용을 종식시킬 이 중요한 일에는 사람이 부족하다는 생각이 들었습니다. 아내가 지지해준 덕분에 제가 할 일이 무엇인지 눈을 떴죠."

멤피스미트, 세계 최초의 미트볼을 배양하다

발레티와 제노비스는 골격근 생물학 쪽의 경험이 풍부한 박사들을 면접 보며, 함께 벤처를 시작할 팀을 꾸렸다. 두 사람은 조직 과학자이자 채식과는 전혀 무관한 윌 클램Will Clem을 일원으로 맞이했다. 의공학 박사인 클램의 가족은 멤피스에 본사가 있는 바비큐 전문 체인점 휘츠바비큐를 운영했고 클램은 자타 공인 바비큐의 달인이었다.

그리하여 2015년 말, 세계 최초로 청정고기 상용화에 특화된 회사 크레비푸드Crevi Foods가 탄생했다(참고로 마크 포스트와 피터 버스트레이트의 버거는 2013년 세상에 나왔지만 상업용 벤처 기업인 모사미트는 2016년 중반에야 네덜란드에서 설립되었다).

모던미도가 가죽 사업에 집중함에 따라 크레비푸드는 사실상 미국 청정고기를 대표하는 회사가 되었다. 크레비crevi는 라틴어로 '솟

아오르다'라는 의미다. 발레티의 의사 수련을 떠올리게 한다. 80년 전 처칠의 아이디어가 지금까지 영향력을 발휘하는 가운데 발레티는 회사의 설립 목적을 다음과 같이 설명한다.

"우리는 언제까지 생명체의 일부 조직을 먹기 위해 전체를 키우는 시대를 살아야 할까요? 이 패러다임을 근본적으로 바꿔서 조직을 생명의 기본단위인 세포에서부터 키울 수는 없을까요? 우리의 목표는 생명을 다치게 하지 않고 동물 생산물을 수확하는 세상을 만드는 것입니다."

이제 자금을 확보해야 했다.

발레티는 인디바이오IndieBio에 자신의 새로운 스타트업 아이디어를 알렸다. 인디바이오는 신설 생명공학 스타트업을 지원하는 액셀러레이터 프로그램으로 SOS벤처(통칭 SOSV)의 지원을 받는다. 인디바이오의 프로그램 관리자이자 벤처 파트너인 라이언 베센코트Ryan Bethencourt도 당시 상황을 기억하고 있다.

"아무리 식물성 고기를 맛있게 만들어도 사람들은 대부분 진짜 고기를 원합니다."

30대 후반인 베센코트는 쿠바 이민자의 아들로 일생을 생명공학에 헌신했다. 그는 스스로 회사를 차렸고 인디바이오를 통해 다른 회사에도 투자했다. 인디바이오는 인류의 난제를 해결하기 위해 그가 공동 설립한 회사다. 채식주의자인 그는 청정고기 시장이 자신과 같은 채식주의자가 아닌 동물 생산물을 먹는 90퍼센트 이상의 사람들에게 긍정적으로 작용한다고 생각한다.

"식물성 제품을 아무리 잘 만들어도 고기라는 인식을 가지기 어렵습니다. 사람들에게는 그저 '가짜 고기'일 뿐입니다. 우리가 필요로 하는 것은 생물학적으로 동일한 동물성 고기이며 이는 생명공학으로 만들어낼 수 있습니다. 이것은 진짜 고기입니다. 지금 먹고 있는 고기보다 더 깨끗하고 안전하며 인간적인 고기죠. 처음 발레티의 아이디어를 접했을 때는 말 그대로 수십억 마리의 동물들을 공장식 사육으로부터 해방시킬 수 있겠다는 생각이 들었습니다. 발레티와 제노비스의 꿈이 이루어지도록 자금 지원은 물론, 제가 도울 수 있는 일이라면 뭐든지 해야겠다고 생각했습니다."

이메일로 개요를 보낸 지 한 시간도 지나지 않아 베센코트와 인디바이오 팀이 발레티에게 면담을 요청했다. 일주일도 지나지 않아 베센코트는 이 새로운 회사에 첫 투자금을 수표로 전달했고, 샌프란시스코 시내에 위치한 연구실에서는 고기 생산에 착수했다. 덕분에 크레비푸드는 회사를 세우자마자 작업을 시작할 수 있었다(발레티는 투자자 근처에 있기 위해 캘리포니아 북부에 사무실과 연구실을 열었지만 미네소타주에 있는 가족들과도 함께 시간을 보낸다).

이 무렵인 2015년 10월에는 동물성 고기, 달걀, 우유를 대체할 식물성 및 세포유래 제품을 홍보하기 위해 좋은 식품 연구소가 세워졌다. 좋은 식품 연구소는 로스앤젤레스를 중심으로 활동하는 동물보호 단체 머시포애니멀스Mercy For Animals가 기획 탄생시킨 비영리 독립기관으로 '청정고기와 식물성 고기 시장을 발전시키고 싱크탱크 역할을 겸하는' 형태로 운영된다. 설립자인 브루스 프리드리히가 좋은 식품 연구소의 초대 이사를 역임했다. 머시포애니멀스의 회장인 네이선 렁클Nathan Runkle은 내게 이렇게 말했다.

"청정고기나 식물성 단백질 업체는 수많은 동물을 공장식 사육과 도축장으로부터 구해낼 잠재력이 있으므로 우리가 도울 부분이 있다면 도울 것입니다."

회사명이 정해진 직후 이의를 제기하는 사람이 있었다. 특히 인디바이오의 상무이사 아르빈드 굽타Arvind Gupta가 크레비라는 이름에 반대했다. 연구팀은 미니애폴리스미트Minneapolis Meats 같은 몇몇 이름들을 두고 고민하다가 멤피스미트로 의견을 모았다. 멤피스에는 특유의 바비큐 전통이 있다는 클렘의 주장에 사람들이 수긍한데다 인류 문명의 발상지인 고대 이집트의 멤피스가 연상되기도 했다. 좋은 식품 연구소가 크레비와 멤피스 등의 몇몇 명칭들을 대상으로 온라인 조사를 거친 결과 멤피스가 낙점되었고 회사명은 멤피스미트로 확정되었다.

첫 번째 프로젝트로 소와 돼지의 세포를 채취하여 고기를 키우는 방식으로 팀을 재편했다. 연구팀은 골격근세포의 전구체인 근위성세포로 실험을 시작했다.

연구팀은 현미경을 통해 자신들의 세포가 실제로 살아 있는 동물의 세포와 동일하다는 것을 확인했다. 세포의 표현형이 같다는 것은 우리가 먹는 고기조직과 특성이 같다는 의미다. 제노비스는 "이 세포들은 우리가 먹는 고기와 똑같은 근육조직을 형성한다"면서 회의론자들을 안심시키지만 과연 프라이팬에서도 똑같이 구워져서 맛과 냄새가 기존 고기와 같을지가 문제였다. 포스트가 버거를 시연하면서 이미 증명했지만 실제로 구워보지 않고 속단할 수는 없었다.

멤피스미트 실험팀은 스타터 세포를 작은 보조 물질에 고정한 다음 고기가 육안으로 보일 정도로 키우기 시작했다. 그리고 풀을 먹고 성체로 자란 송아지 고기처럼 만들기 위해 배양기법에 생리학적 처리를 추가했다. 그다음에는 펩타이드, 비타민, 당, 산소를 주입하여 구워 먹을 수 있을 만큼 고기를 키우기 시작했다. 당시 실험팀의 목표는 더 건강한 고기를 만드는 것이 아니라 실제 개발에 들어가기 전에 근육의 생산 공정을 최대한 이해하는 것이었다.

연구원은 실험을 반복했다. 얼마나 배양해야 적당한 식감을 얻을 수 있을까? 어떻게 세포 성장과 고기 품질을 최고로 끌어올릴 것인가? 배양액에 산소는 얼마나 주입해야 하는가?

발레티와 제노비스는 생산 공정 초반에 고기를 수확하면 송아지나 새끼 양의 고기처럼 부드럽다는 사실을 발견했다. 배양 시간을 늘리면 점점 결이 생겨나면서 나이 든 동물의 고기처럼 바뀌었다. 에릭 슐츠Eric Schulze는 이 현상을 두고 "세포 스스로는 자신이 동물 체내에서 자라는지 아닌지를 모르니 우리가 알려주어야 한다"라고 표현했다.

소설가 아이작 바셰비스 싱어Isaac Bashevis Singer가 남긴 "쓰레기통은 작가의 절친한 친구"라는 명언처럼 멤피스미트 연구팀은 화려한 데뷔에 앞서 비싼 쓰레기에 가까운 고기 생산을 멈추지 않았다. 제노비스는 이 상황을 제조 방법도 없이 완전히 새로운 맥주를 만들어내는 과정에 비교했다. 원하는 결과물이 나올 때까지 계속 맥주를 만들 수밖에 없다.

그리고 마침내 그들은 해냈다. 최소한 세상이 만족할 정도의 결과물이 나왔던 것이다. 발레티는 3년 전의 포스트처럼 런던에서 대형 기자 회견을 여는 대신 좋은 식품 연구소와 함께 비공개 시식 행사를 열었다. 물론 영상 제작과 사진 촬영도 일정에 넣었다. 좋은 식품 연구소의 프리드리히는 《월스트리트저널》 농업 분야 담당자인 제이컵 번지Jacob Bunge에게 직접 연락해 자료를 주고 단독으로 기사를 싣게 했다.

드디어 빅뉴스를 세상에 알릴 시간이 다가왔다. 멤피스미트가 만든 것은 세계 최초의 배양 미트볼이었다.

생산 비용 면에서 다시 한 번 발전이 있었다. 마크 포스트의 버거에는 자그마치 30만 달러의 생산비가 들어간 반면 멤피스미트의 미트볼은 생산 비용이 1,200달러에 불과했다. 이탈리안 식당 메뉴에 올리기에는 아직 갈 길이 멀지만 점점 목표에 다가서고 있었다.

발레티는 이렇게 선언했다.

"발표에 앞서 우리는 이미 미트볼과 파히타를 키워서 요리하고 맛보았습니다. 가히 분수령이 될 만한 순간이었습니다. 저는 입에 넣고 겨우 몇 초 만에 그동안 잊고 있었던 고기 특유의 맛을 확실히 느낄 수 있었습니다. 이번 경험을 통해 지금껏 먹어왔던, 고기를 흉내 낸 제품이 제가 생각했던 고기 맛과는 다르다는 사실을 깨달았습니다."

2015년 12월 멤피스미트는 샌프란시스코에서 첫 시식회를 열었다. 그리고 한 달 후에 회사는 첫 보도자료를 냈다.

"이것이야말로 고기의 미래입니다. 우리의 계획은 자동차가 말과 마차를 바꿨듯이 축산업을 바꾸는 것입니다. 배양 고기는 현재 상황을 송두리째 뒤집어, 가축을 먹는 행위를 상상할 수도 없는 세상을 만들 것입니다."

전 세계가 이 사건에 주목했다.

제이컵 번지는 《월스트리트저널》 기사에서 "이제 스테이크는 실험실에서 만들어진다"고 운을 띄웠다. 《포춘》은 "당신도 5년 내에 실험실 고기를 먹을 수 있다"고 전망했다. 그중 압권은 "실험실 소고기, 지구의 구원자이자 대박 사업"이라는 제목을 붙인 《뉴스위크 Newsweek》 기사였다.

각종 기사를 접한 유명 철학자 샘 해리스Sam Harris는 자신의 유명 팟캐스트 〈웨이킹업Waking Up〉의 '고통 없는 고기Meat Without Misery' 편에 발레티를 초대했다. 이 방송에서 해리스는 축산업이 엄청난 고통을 만들어내는 원인이지만 솔직히 채식을 지속하기가 쉽지 않다는 견해를 밝혔다. 해리스는 청정고기를 환영한다면서 강한 어조로 자신이 생각하는 미래를 발레티와 시청자에게 전했다.

"최근까지 노예제도가 있었다는 사실에 우리가 분개하듯이 후손들은 우리가 어떤 식으로 공장식 사육을 했었는지를 알고 충격을 받을 것입니다. 우리는 수십억 마리의 동물을 함부로 대하고 죽이면서도 양심의 가책을 느끼지 않습니다. 왜냐하면 그 내막을 보거나 느끼려고 하지 않았기 때문이죠. 발레티 씨가 이 일을 해낸다면 그동안 숨어 있던 큰 시장이 형성될 것입니다."

해리스의 동료인 합리주의자 리처드 도킨스Richard Dawkins도 비슷한 감상을 말했다. 2013년 고기를 먹는 것에 대해 질문받자 도킨스는 직설적으로 대답했다.

"저는 모든 사람이 채식을 했으면 합니다. 앞으로 100~200년 내에 우리는 과거에 동물을 어떻게 대했는지 돌아보며 선조들이 노예를 대했던 모습을 떠올릴 것입니다."

해리스와 도킨스처럼 빈틈없는 사상가조차 현재 고기를 먹는 행위가 언젠가는 선대의 노예제도처럼 보일 것이라 믿고, 채식을 하기 위해 노력한다는 점에서(채식이 옳고 그른지는 차치하고) 청정고기 분야의 여러 논쟁이 정리될 수 있다. 동물에서 나온 고기를 먹어선 안 된다고 생각하는 사람조차 고기의 유혹을 느끼는 상황에서 우마 발레티가 개발한 음식이라면 사람들의 가치관과 행동 사이의 간극을 메워줄 것이다.

고기 없는 고기의 미래

미트볼을 만들고 《월스트리트저널》을 통해 시식회를 알리는 것은 1단계였다. 다음 단계는 시제품을 더 발전시켜서 식품 코너에 올려놓는 것이었다. 멤피스미트가 대중을 상대로 했던 모험을 현실로 만들려면 추가 자금이 필요했다. 회사의 목표는 200만 달러였지만 발레티는 기대치가 올라갔다고 한다. 미트볼이 성공하자 재빨리 300만 달러 이상으로 목표 금액을 높였던 것이다. 목표 투자자는 SOSV, 제러미 콜러Jeremy Coller, 뉴크롭캐피털New Crop Capital(좋은 식품 연구소의 프리드리히와 그의 동료 닉 쿠니Nick Cooney가 운용하는 2,500만 달러 규모의 벤처캐피털 펀드)이었다.

뉴크롭이 신생 기업에 지원한 50만 달러는 역대 최고 투자액이라는 점에서 특히 주목받았다.

프리드리히는 이렇게 말했다.

"우리는 멤피스미트를 고기의 미래로 봅니다. 투자자들은 처음부터 높은 수익을 기대하고 있습니다. 또한 세계에서 가장 급박한 두 가지 문제에 잠재적인 해결책을 제시하죠. 하나는 2050년까지 100억 명으로 늘어날 세계 인구를 먹여 살리는 것이고 다른 하나는 기후변화에 따른 파리협정 이행에 힘을 실어주는 것입니다."

더 재미있는 사실은 엄청난 영향력을 가진 영국 금융의 대부 제러미 콜러가 사비를 들여 투자에 참여했다는 점이다. 그가 초창기 멤피스미트에 투자하자 투자계의 많은 사람들이 일종의 신호로 받아들였다. 세계 최대 보험사 아슈리온Asurion의 공동 창업자이자 부회장인 척 라우에Chuck Laue는 이렇게 말한다.

"콜러가 입을 열면 투자자들이 귀를 기울입니다. 콜러가 공장식 사육과 그것이 지구에 미치는 영향에 큰 관심이 있고 배양 동물 생산물 업체의 전망을 매우 긍정적으로 본다는 점에서 많은 투자자들을 이 분야로 이끄는 계기가 되고 있습니다."

라우에와 아내 제니퍼는 자신들의 벤처펀드인 스트레이독캐피털Stray Dog Capital을 통해 멤피스미트의 초기 투자자가 되었다(라우에는 미국 동물보호협회 HSUS의 이사회에 소속되어 있으며, 아내는 같은 단체의 협의회에 속해 있다). 스트레이독캐피털은 동물의 이익을 증진시키는 스타트업에만 투자하는 펀드로 축산업의 대항마가 될 식품 업체(식물성과 세포농업 모두)에 수백만 달러 규모의 투자금을 지원한다.

170억 달러 규모의 자산을 운용하는 사모펀드의 소유자 콜러는 여러 해 동안 축산 업계의 환경 파괴를 비난해왔다. 2014년 조시 보크와의 만남 이후 햄턴크릭에 투자하기 시작한 콜러는 식물성 식품과 배양 고기 분야에서 영향력 있는 인물과의 만남을 점점 늘려가며 유망한 회사를 꾸준히 지원하기 시작했다.

"공장식 사육을 종식시키려면 해결책이 필요합니다. 해결책은 바로 이런 기업들이며, 그중 다수는 전망이 매우 밝습니다."

역설적이게도 가죽 코트를 만드는 아버지를 둔 콜러는 채식주의자이며, 축산업이 지속 가능하지 않다는 사실을 사람들에게 알리기 위해 상당한 자원을 쓰고 있다. 심지어 한 친구는 콜러의 부고를 두 번이나 썼다. 하나는 그가 44세, 다른 하나는 그가 85세일 때를 가정한 것이었다. 콜러는 첫 번째 부고가 "지루하기 짝이 없다"면서 두 번째 부고에 공장식 사육을 종식시켜야 할 핵심 이유가 담겨 있다고 말한다. 콜러는 자신의 자선단체와 개인 투자가 지향하는 공동의 목표를 다음과 같이 설명한다.

공장식 사육은 투자자에게 큰 위험 요소다. 공장식 사육에는 인간의 건강, 기후변화, 식품 안보, 지구의 자원과 관련된 네 가지 불편한 진실이 숨어 있으며, 이는 「묵시록」에 등장하는 말을 탄 네 명의 기사에 버금간다. 공장식 사육은 신선한 물을 고갈시키고, 항생제를 과잉 소비하게 하고, 삼림 파괴를 주도하며, 사람들을 먹이는 효과적인 방법도 아니다. 가축에 들어가는 곡물은 인간의 수요를 뛰어넘으며 우리는 이 광기를 멈춰야 한다.

미트볼을 공개하고 1년이 지난 2017년 3월, 발레티는 또다시 제이컵 번지를 통해 《월스트리트저널》에 청정고기로 만든 최초의 남부식 프라이드치킨과 오렌지 덕duck을 발표했다. 이제 업체들의 목표는 소고기만이 아니라 가금육으로 옮겨갔다. 공개 행사에 참가한 시식자들은 제품을 다시 먹어볼 생각이 있다고 대답하며 만족감을 드러냈다. 그리고 결정적으로 1년 전에 공개한 미트볼보다 생산 단가가 반으로 줄어들었다. 마크 포스트가 처음 햄버거를 만들 때 들어간 비용은 킬로그램당 2,300만 달러였고, 2016년 발레티의 미트볼은 킬로그램당 4만 달러였다. 2017년 발표된 가금육은 킬로그램당 1만 9,000달러의 비용이 들었다(물론 기존 가금육에 비하면 엄청나게 높은 비용이지만 발레티는 빠른 속도로 목표에 다가가고 있다).

발레티의 역작을 다루는 뉴스가 줄을 잇는 가운데 육류 업계에서 환영의 입장을 밝혔다. 3장에 언급한 미국 최대의 가족 경영 기업인 카길은 기존 육류 업체 중 최초로 청정고기 스타트업에 투자했다. 빌 게이츠, 리처드 브랜슨, 잭 웰치, 수지 웰치 같은 억만장자 투자자들도 1,700만 달러를 멤피스미트에 투자하여 상용화를 더욱 앞당기고 있다.

〈폭스비즈니스Fox Business〉와의 인터뷰에서 카길 CEO 데이비드 매클레넌David MacLennan은 자사의 새로운 투자에 대해 다음과 같이 홍보했다.

"멤피스미트는 기존 고기에 들어가는 자원 없이 닭고기와 오리고기를 생산합니다. 지속 가능성이 있는 방법이죠. 이른바 '청정고기'입니다. 이 방법은 자원 집약적이지 않은 방식으로 고기를 생산합니다."

육류 산업 내부에서 새로운 투자가 이루어지자 한때 청정고기의 적이었던 축산업연맹도 논조를 바꾸었다. 2013년 연맹의 대변인은 마크 포스트의 소고기를 '프랑켄버거'라고 불렀다. 하지만 2017년 카길이 멤피스미트에 투자를 결정하자 이 단체의 CEO는 사뭇 다른 논조로 〈식품안전뉴스Food Safety News〉와의 인터뷰에 임했다. 그는 '청정고기'라는 용어에 발끈하긴 했지만 2050년까지 식량 생산이 두 배로 늘어야 한다는 예측을 고려하면 실험실에서 키운 고기가 그 수요를 채워줄 또 하나의 방법이라고 인정했다.

카길을 비롯한 투자자들의 참여로 멤피스미트는 소비자에게 판매할 청정고기의 생산에 오롯이 집중할 수 있었다. 스테이크 같은 더 복잡한 제품을 만들 기술이 아직 없었으므로 멤피스미트도 포스트처럼 핫도그, 햄버거, 치킨너깃, 소시지 등 다진 고기 제품으로 시작하는 것을 목표로 한다. 멤피스미트는 지속적인 지원금 덕분에 가까운 시일 내에 한정된 품목을 시장에 출시하려고 한다. 발레티는 구체적인 시장 진입 시기를 정해두지 않았지만 상용화에 가까워지면 별도의 발표가 있을 거라고 밝혔다. 홍보한 대로 청정고기로 출시할지, 기존 고기와 섞어 유연한 변화를 꾀할지는 확실하지 않다.

한 가지 확실한 점은 그때까지 미완의 기술 등을 보완해야 한다는 것이다. 하지만 발레티와 동료들이 직면한 가장 큰 문제는 기술적인 부분이 아니다. 연구팀은 생산 비용을 더 낮춰서 대량생산이 가능할 것이라 확신하고 있다. 다만 이 제품이 바로 소비자들이 원하던 제품이라고 설득할 수 있을지가 관건이다.

과학 없이는 음식도 없다

멤피스미트에서 어떤 제품을 출시할지는 아직 알 수 없지만, 중요한 건 사람들이 이 제품을 먹을지의 여부다. 실제로 많은 사람들이 동물의 체외에서 키운 고기라는 말을 들으면 본능적으로 놀란다. 일반적으로 첫인상을 바꿀 기회는 두 번 찾아오지 않는 법이다. 그 대상이 사람이든 아이디어든 식품이든 처음 느낀 감정을 떨쳐버리기란 매우 어렵다. 이것이 청정고기가 직면한 큰 장애물이다.

초창기 설문조사 결과는 청정고기 지지자들에게 다소 불안감을 안겨주었다. 퓨채러티블트러스트Pew Charitable Trusts가 2014년 실시한 설문조사 결과만 보면 멤피스미트 같은 업체에 불리해 보인다. 싱크탱크에 따르면 미국인 중 20퍼센트만이 '실험실에서 키운 고기'를 먹겠다고 응답했다. 대학생 중에 '한번 먹어보겠다'고 응답한 비율이 그나마 높았지만 이마저도 3분의 1을 넘지 않았다. 남성이 여성보다 가상의 음식을 시식하는 데 더 관심을 보였지만 대학생들과 마찬가지로 3분의 2는 부정적인 반응을 보였다. 2014년 벨기에 소비자를 대상으로 했던 연구에서는 4분의 1이 '먹을 의향이 있다'고 했다. 환경에 좋은 영향을 준다는 정보를 제공했을 때는 '먹을 의향이 있다'가 43퍼센트, '먹을 수도 있다'가 51퍼센트로 올라갔다. 즉 청정고기가 환경에 도움이 된다는 내용을 알게 될수록 먹을 의향도 함께 증가하여, 멤피스미트가 상용화에 한 발짝씩 다가갈수록 메시지 전달이 매우 중요함을 알 수 있었다.

하지만 다수의 소비자가 이 제품에 반응이 없다면 과연 시장이 형성될 수 있을까? 미래를 예측할 수는 없지만 퓨채러티블트러스트의 조사를 통해 소비자들의 선호도를 정확하게 평가할 수 있다. 퓨채리터블트러스트는 청정고기의 이점이나 가격을 전혀 언급하지 않고 단순하게 "실험실에서 키운 고기를 드시겠습니까?"라고만 질문했다. 벨기에의 소비자 조사가 사람들의 결정이 정보에 따라 쉽게 흔들릴 수 있음을 보여준 반면 퓨채리터블트러스트의 질문은 다소 저돌적이었다.

또한 좋은 식품 연구소의 브루스 프리드리히도 블로그에서 지적했듯이 청정고기가 대량생산되는 장소는 실험실이 아니다. 콘플레이크나 땅콩버터를 비롯해서 모든 가공식품이 예외 없이 식품연구소에서 태어났지만 애초에 "실험실에서 만든 콘플레이크를 드시겠습니까?"라고 묻지는 않는다. 청정고기는 슈퍼마켓에 진열된 여느 식품처럼 실험실이 아니라 공장에서 생산될 것이다(양조장일 수도 있다). 당연히 식품 회사들은 별도의 연구실에서 연구개발팀의 실험을 거쳐 제조 방법이 확정되면 공장에 생산을 맡길 것이다. 마찬가지로 청정고기 공장은 실험실이 아닌 대형 배양조에서 대규모로 고기를 키우는 형태가 될 것이다.

따라서 앞선 설문조사에서 한 질문에는 오류가 있다고 볼 수 있다. 그런데도 다섯 명 가운데 한 명이 '실험실에서 키운 고기'를 먹겠다고 대답했다는 사실(순수한 호기심 외에는 다른 이유가 없어 보인다)은 청정고기 산업에 고무적인 상황으로 해석해야 한다. 우마 발레티가 소비자들에게 청정고기의 장점을 널리 알리고, 특히 청정고기가 동물을 도축한 고기보다 싸다면 소비자들이 청정고기를 선택하지 않을 이유가 없어 보인다. 물론 모든 사람이 자신이 먹던 고기를 바꾸진 않겠지만 변화를 만들기엔 충분한 숫자이며, 수익을 노려볼 수도 있다. 이렇듯 고기를 먹던 사람 중 20퍼센트만 변화하더라도 청정고기는 수십억 달러 규모의 시장을 형성하게 된다.

많은 소비자들이 청정고기를 먹게 하고 싶다는 발레티의 열정과 의지에도 불구하고 건강식품과 지속 가능한 식품 업계의 전문가들은 배양 고기의 흐름에 동참하지 않는다. 누군가는 식품 업계의 가장 큰 문제점으로 이미 너무 많은 기술이 적용되었다는 점을 지적한다. 이들은 좀 더 자연에 가까운 식문화가 미국인의 식습관에 널리 적용되기를 바란다. 또한 지역 내의 소규모 농가에서 유기농으로 생산되어 가급적 적게 가공된 식품을 먹던 시대로 돌아가길 바란다. 당연히 생명공학 기술은 사용하지 않는 편이 좋다.

뉴욕대학교 영양학 교수이자 건강식에 관한 책을 쓴 매리언 네슬레Marion Nestle는 2011년 《하비스트퍼블릭미디어Harvest Public Media》와의 인터뷰에서 모던미도가 동물의 체외에서 키운 고기를 두고 '혐오스럽다'고 표현했다. 네슬레는 오랫동안 식물 중심의 식단을 즐겼으며 가장 건강한 식사는 채식이라고 주장한다. 네슬레는 가끔 고기를 먹지만 배양 고기를 먹어볼 생각은 없다. 그녀는 인터뷰 중에 반문했다.

"음식에 무슨 문제가 있습니까? 음식에는 아무 이상이 없습니다. 세상이 어떻게 바뀔지 모르겠지만 저는 먹고 싶지 않습니다."

많은 사람들이 동물 없이 키운 고기를 먹는다는 아이디어에 네슬레처럼 혐오감을 보인다. '자연에 가까운' 음식에 나도 모르게 끌리고, 왠지 내키지 않는 '자연스럽지 않은' 먹거리에 문제를 제기하는 입장도 이해가 간다. 하지만 오늘날 우리가 먹는 것 중에 진정으로 '자연에 가까운' 식품은 없고, 사람들은 '자연에 가까운' 음식을 바라지도 않을 것이다. 일례로 먹기 편하지만 자연스럽지 않은, 씨 없는 수박보다 씨 있는 수박을 고를 사람이 얼마나 될까? 사과가 북미 고유종이 아니라는 이유로 포기할 미국인이 얼마나 될까? 자연스럽지 않은 방법으로 길러낸 크고 달콤한 사과 대신 작고 파삭파삭한 사과를 먹을 사람은 또 얼마나 있을까? '농장 없이는 음식도 없다'라는 문구가 적힌 범퍼 스티커가 유행이다. 식품 역사가이자 작가인 제임스 맥윌리엄스James McWilliams가 지적했듯이 오늘날 식품 생산 전반에 과학이 빠지지 않는다는 점을 고려하면 운전자들은 '과학 없이는 음식도 없다'라는 스티커도 붙여야 한다.

미국소비자동맹Consumers Union, CU 소속 과학자 마이클 한센Michael Hansen은 네슬레가 발레티의 고기에 역겨워하는 이유에 공감한다. 그는 미국인이 식품안전 문제를 얼마나 심각하게 받아들이는지 누구보다 잘 알고 있다. 미국소비자동맹은 2011년 오바마 대통령이 식품 오염 예방을 위한 식품안전현대화법Food Safety Modernization Act에 서명하도록 행동에 나섰던 단체 중 하나다. 또한 미국소비자동맹은 항생제 내성 문제의 원인이 되는 축산 업계의 항생제 남용을 적극적으로 비판하고 있다. 하지만 우마 발레티가 배양 동물 생산물이 식품안전상 이점이 있고 항생제 사용도 감소시킬 거라고 설득함에도 불구하고 한센은 청정고기를 좋아하지 않는다.

"시장, 특히 밀레니얼 세대(1980년대 초반~2000년대 초반에 출생한 세대를 지칭한다 - 옮긴이)가 원치 않을 겁니다. 대세는 진짜 식품이지 실험실에서 만든 합성품이 아닙니다."

한센은 배양 동물 생산물을 먹자는 운동 자체가 '말도 안 되는 것'이라며, 현재 식품 시스템의 현실과 동떨어진 공상과학소설에 가깝다고 주장한다.

"제 눈으로 본다면 믿겠습니다. 비슷한 예측이 몇십 년 전부터 있었지만 한번도 성과를 내지 못했습니다."

배양 고기를 예측만 할 뿐, 결과물이 없었다는 한센의 지적은 사실이다. 당연히 육류 산업의 위기도 먼 훗날의 이야기처럼 들린다. 하지만 포스트와 발레티가 완성도 높은 고기를 공개하고 카길의 투자가 세간의 이목을 끌면서 변화의 조짐이 엿보인다. 청정고기를 더욱 지속 가능한 방법으로 생산하는 것이 환경주의자들의 희망 사항에 지나지 않았던 날들은 이제 끝났다. 상용화 가능성이 점점 높아질수록 청정고기를 먹을 것인지를 묻는 여론조사 결과에 일희일비할 이유가 없어진다. 한센과 네슬레 같은 사람들은 도축한 동물에서 나온 고기가 아니면 먹지 않을지도 모르지만 그들의 반감에 공감하는 사람이 얼마나 될까?

2016년 세포농업협회Cellular Agriculture Society를 설립한 크리스토퍼 가스테라토스Kristopher Gasteratos는 상황을 더 낙관적으로 본다. 그는 축산업이 너무 비효율적이기 때문에 인류는 불가피하게 다른 방식으로 단백질을 생산하지 않으면 대가를 치를 것이라 믿는다. 그의 상황 분석은 다른 여지를 남기지 않는다.

"공장식 사육은 어떤 형태로든 종말이 기다리고 있습니다. 공장식 사육의 대안을 조만간 찾지 못한다면 우리 문명도 함께 종말을 맞이할 것입니다."

　가스테라토스는 대중이 생존을 위해 청정고기를 받아들일 것이라고 확신한다. 2016년 그의 주도하에 뉴하비스트와 좋은 식품 연구소가 함께했던 연구에서 이런 관점을 엿볼 수 있다. 가스테라토스 연구팀은 수천 명의 조사 대상자에게 해당 주제에 관해 질문했다. 플로리다주 애틀랜틱대학교를 중심으로 진행된 이 프로젝트는 학부생 3,200명 이상, 미국과 호주(두 국가 모두 1인당 고기 소비량이 세계 최고 수준을 자랑한다)의 성인 1,500명을 대상으로 질문을 던졌다. '실험실에서 키운 고기'를 먹겠느냐고 두루뭉술하게 질문한 과거의 설문조사와는 달리 가스테라토스는 핵심적인 질문을 통해 응답자에게 더 많은 정보를 제공하며 심도 있는 조사를 진행했다.

　과학자들은 살아 있는 동물 대신 동물세포로 고기를 생산하기 위해 노력하고 있습니다. 새로운 방법으로 생산한 고기를 '배양 고기'라고 하며 10년 이내에 제품이 출시될 것입니다. 여기서 중요한 점은 배양 고기가 진짜 동물의 고기이며 식물성 고기라는 기존 대용품과 차이가 있다는 것입니다. 장기간의 연구로 배양 고기의 안전성이 입증되고 기존 고기와 맛이 동일하며 가격이 저렴하다면 당신은 배양 고기를 드시겠습니까?

　배양 고기의 이점을 전혀 언급하지 않고 이런 질문만 했을 때는 대학생 응답자 가운데 61퍼센트가 '아마도 먹을 것이다' 또는 '꼭 먹겠다'라고 답변했다. 배양 고기의 윤리적, 신체적, 환경적 이점을 들었을 때는 동일하게 답변한 사람이 77퍼센트로 치솟았다. 성인 응답자 1,500명 가운데 62퍼센트는 이런 사실을 몰라도 배양 고기를 먹겠다고 대답했고 진실을 알고 나서는 72퍼센트가 배양 고기를 먹겠다고 대답했다.

흥미로운 점은 청정고기를 먹는 것에 가장 많은 관심을 보인 응답자 층이었다.

"사람들은 일반적으로 이 주제에 대해 잘 모르는 듯했습니다. 하지만 저는 고기를 많이 먹는다고 대답한 사람일수록 배양 고기 수용도가 높았다는 점에 충격을 받았습니다."

먹을 수 있는 고기는 전부 먹는다고 대답한 사람들이 대체품인 배양 고기에 가장 높은 수용도를 보였던 것이다. 반면 고기를 잘 먹지 않는다고 대답한 사람, 특히 채식주의자일수록 가장 관심을 적게 보였다.

즉 파머스마켓이나 지역 협동조합에서 장을 보는 사람들은 청정고기를 찾지 않을지도 모른다. 청정고기는 KFC를 즐기는 집단보다 자연식을 원하는 집단에서 선호도가 훨씬 떨어졌다. 하지만 상관없다. 지역 파머스마켓에서 장을 보는 사람보다 기존 고기를 먹는 사람의 숫자가 훨씬 많으므로 오히려 잘된 일일 수도 있다.

응답자들이 남긴 의견도 일반인들의 인식을 가늠할 수 있는 귀중한 자료다. "안전하고 맛있는 고기라면 어떻게 만들든 상관없습니다"라는 대답이 응답자들의 일반적인 자세였다. 그 외에 "고기를 먹는 행위에 마음의 짐을 느끼지만 청정고기가 해답이 될 수 있다"라고 대답한 사람도 있었다. 한 응답자는 "고기가 지구온난화에 나쁜 영향을 미치는 것으로 알고 있으며 청정고기가 죄책감 해소에 일조할 것이다"라는 답변을 적었다.

권위 있는 《플로스원PloS One》에는 2017년 미국 성인을 대상으로 실시한 새로운 설문조사 결과가 실렸다. 지금까지 실시한 조사 가운데 가장 긍정적인 결과였다. 시험관 고기라는 용어를 사용하여 질문했을 때도 응답자의 3분의 2가 "아마도 먹을 것이다" 또는 "꼭 먹어볼 것이다"라고 대답했다. 3분의 1은 "기존 가축 고기를 대신하여 시험관 고기를 먹을 의향이 있다"라고 대답했다. 전체 응답자 중 절반은 "콩으로 만든 대체품보다 시험관 고기를 먹을 의향이 있다"라고 대답했다. 흥미롭게도 상당수의 응답자가 시험관 고기는 부자연스럽지만 "전 세계의 기근 문제를 해결하고 가축 사육이 지구온난화에 미칠 영향을 줄일 잠재력이 있다"는 점에 동의했다.

이 소비자 수용도 조사에서 일관되게 남성이 여성보다 청정고기를 먹을 의향(내지는 열의)이 높다는 결과가 나왔다. 이 부분은 유전자변형식품 같은 다른 식품 기술의 수용도를 조사한 결과와 궤를 같이한다. 바스대학교 박사 과정에 재학하며 배양 고기에 대한 대중의 인식을 연구 중인 크리스 브라이언트Chris Bryant는 응답자의 성별에 따라 다른 결과를 얻었다.

"남성이 여성보다 50퍼센트는 더 먹는 편이므로 좋은 결과로 해석할 수 있습니다. 하지만 가족이 어떤 음식을 먹을지는 주로 여성이 결정하므로 여성을 대상으로 이 제품이 안전하다고 공략하는 것이 소비자 수용도를 높이는 전략입니다."

미국소비자동맹의 일원인 한센의 의견대로 아무도 배양 고기를 원하지 않을지, 아니면 학자들의 의견대로 상당수의 사람들이 청정고기에 열린 자세를 취할지는 알 수 없다. 하지만 지속 가능한 식품 운동을 주도하는 몇몇 인물은 굳이 새로운 식품을 간절히 원하는 사람은 없을 것이라 주장한다. 비영리단체인 지구의 친구들Friends of the Earth에서 식품과 기술 분야의 운동을 주도하는 다나 펄스Dana Perls는 배양 동물 생산물에 큰 우려를 표하면서 네슬레와 한센의 의견에 힘을 더한다. 펄스는 생명공학, 특히 합성생물학을 '극단적인 유전공학'이라고 칭하며 식품과 농업에 생명공학 기술을 접목시키는 상황을 가장 염려한다. 펄스는 바닐라, 스테비아, 사프란에 합성생물학을 적용한 시중 제품들이 소비자에게 위험부담을 전가한다고 여긴다(바닐라는 바닐린이라는 인공향, 칼로리 없는 설탕인 스테비아는 각종 인공감미료, 사프란은 향을 내는 주요 성분인 크로신과 피크로크로신이 원래 제품을 대신하고 있다 – 옮긴이). 유전자변형식품을 비판하는 펄스가 보기에는 이런 제품이 지속 가능성이 있는 것처럼 알려지는 건 기만에 가깝다.

펄스의 지적대로 유전공학은 식품 시스템에 널리 쓰이며, 때로는 충분한 사회적 합의조차 거치지 않는다. 하지만 펄스는 한 가지 중요한 점을 간과하고 있다. 현재까지 청정고기 업체는 단백질 생산에 유전공학을 사용하지 않았다(7장에 나오지만 달걀이나 우유는 조금 다른 기준을 적용한다). 어쩌면 더욱 중요한 점은 농축산업에서 비자연적인 공정이 쓰인다고 비난하며 자연식을 주장하는 사람들이 있음에도 소비자들은 대부분 크게 신경 쓰지 않는다는 것이다. 좋은 식품 연구소의 프리드리히가 지적하듯이 최악의 경우 청정고기 수용도가 20퍼센트에 불과하더라도 이는 엄청난 규모다.

"육류 시장에서 식물성 고기 제품이 차지하는 비중은 0.25퍼센트에 불과합니다. 한 해에 20퍼센트만 되어도 400억 달러 규모입니다."

항생제나 동물학대 없이 잘 자란 동물로부터 나온 고기를 원하는 소비자들은 앞서 확인했듯이 청정고기를 선호하지 않는다. 프리드리히는 다음과 같이 덧붙인다.

"소비자의 절대 다수가 약물에 절고 동물학대나 다름없는 대우를 받는 동물에게서 나온, 분변으로 오염된 고기를 먹고 있습니다. 청정고기가 이런 고기를 대체할 것입니다."

지속 가능한 식품을 원하는 사람들도 이 의견에 상당수 동의하는 듯하다. 밥 마틴Bob Martin은 '살 만한 미래를 위한 공중보건센터 Public Health's Center for a Livable Future' 소속 존스홉킨스블룸버그스쿨의 대표로, 공장식 축산에 강력하게 반대한다. 마틴은 펄스와 같은 관점에서 공장식 사육을 비판하는 단체인 '공장식 가축 생산에 관한 퓨 위원회Pew Commission on Industrial Farm Animal Production'의 최고 대표를 역임했다. 마틴은 오늘날 축산업이 지속 가능하지 않다고 단언한다. 그래서 그는 청정고기에 열광한다.

"세포에서 동물성 식품을 만드는 것은 매우 장래가 기대되는 방법이며, 가축 사육 모델이 그동안 일으킨 문제들을 해결해줄 것입니다."

물론 그렇다고 해서 실제 판매로 이어질지는 미지수다.

많은 사람들이 자신이 이해하기 힘든 신기술을 접할 때면 기술

공포증을 경험한다. 미국 케이블방송국인 쇼타임에서 방송한 〈펜 앤드텔러쇼: 헛소리!Penn & Teller: Bullshit〉에서 펜과 텔러는 일산화 이수소dihydrogen monoxide, DHMO를 반대하는 캠페인을 벌인다. 그들은 DMHO를 흡입하면 심각한 화상으로 목숨이 위험할 수도 있고 DMHO는 불에 잘 타지 않는 물질이라는 등 여러 이유를 들며 DHMO 퇴출 서명 운동을 어렵지 않게 해나갔다. 하지만 화학을 아는 사람에게 일산화이수소는 수소 원자 둘에 산소 원자 하나를 뜻하는 물H_2O의 화학 용어에 불과하다.

이는 세포농업이 처한 상황과 완전히 동일한 예시는 아니지만 비슷한 문제점이 있음을 보여준다. 사람들은 잘 모르는 문제, 특히 과학이 얽힌 문제를 두려워한다. 우리는 최신 의술이나 스마트폰 기술 같은 과학 혁신을 적극적으로 받아들이는 반면 식품 기술에 대해서는 본능적으로 다른 자세를 취하곤 한다.

뉴하비스트의 이샤 다타가 이런 현상을 잘 설명한다.

"사무엘아담스 맥주를 예로 들어볼까요. 이 맥주를 만든 미생물학자를 미친 과학자로 보는 사람은 없습니다. 양조 공정을 거친 제품을 우리는 자연스럽게 마실 뿐이에요. 배양 고기 생산업자의 역할도 이와 다르지 않습니다."

우리는 많은 식품을 먹고 즐기지만 공장에서 과학자들이 만들었다는 이유로 망설이지 않는다. 가령 최근 에너지 바를 먹으면서 망설인 적이 있는가? 그 에너지 바가 실험복을 입은 사람(직원)들이 공장에서 여러 재료를 섞어 대량생산한 것이라고 해도 아무도 구입을 망설이지는 않는다. 과학적인 느낌을 주는 문구 없이 원재료만

간결하게 표기된 에너지 바를 원하는 사람도 있겠지만 대부분의 소비자는 맛있고 싸고 안전하게 배고픔을 채워주는 제품으로 몸을 재충전하는 데 집중한다.

규제 장벽 너머 기술 장벽

물론 우마 발레티도 소비자 수용도를 염두에 두면서도 소비자들이 실제로 구매할 수 있는 제품을 만드는 것을 최우선 과제로 생각한다. 하지만 그는 소비자에게 평범한 고기를 내놓고 싶지 않았다. 발레티는 기존 고기보다 건강에 좋은 고기를 만들기 위해 최선을 다하고 있다. 몸에 좋은 지방을 추가하는 것도 좋은 접근법이지만 적절한 지방이 적절한 비율로 첨가되어 맛이나 식감을 해치지 않는 것이 핵심이다. 그런데 발레티의 고기에는 이미 기존 고기보다 우수한 점이 있다. 바로 청결함이다.

발레티에 따르면 청정고기는 '아마도 역사상 가장 깨끗한 고기'일 것이다. 그는 세 칸으로 나뉜 페트리접시 사진 두 장을 자랑스럽게 보여줬다. 한쪽 페트리접시에는 기존 돼지고기, 방목한 유기농 돼지고기, 멤피스미트 돼지고기의 샘플에서 면봉으로 채취한 시료를 발라두었다. 다른 페트리접시에는 소고기 시료를 쓰되, 기타 조건은 동일하게 맞추었다. 양쪽 모두 실험 결과는 명확했다. 기존 고기와 방목한 유기농 고기 시료에서는 모두 세균이 잔뜩 성장해 있었다. 반면 멤피스미트 고기의 시료는 세균이 자란 흐릿한 무늬 없이 깔끔했다.

발레티는 기존 닭고기, 유기농 닭고기, 멤피스미트 닭고기를 며칠 동안 실온에 방치하며 같은 실험을 실시했다. 결과는 앞서와 동일하게 도축된 고기에서는 세균이 상당히 성장했지만 배양 고기에는 세균이 없다시피 했다. 이처럼 청정고기가 기존 고기보다 부패가 느리다면 유통기한이 얼마나 연장될지 기대된다.

"식품안전을 원하는 사람들의 꿈이 이루어지고 있습니다. 동물 분변에 오염된 고기 탓에 식중독이 수시로 발생하는 상황에서 이 기술은 비극을 사전에 예방해줄 것입니다."

꿈이 이루어지는 속도는 앞으로 어떤 규제 장벽이 등장해 배양 고기의 발전을 저해할지에 달려 있다. 과연 식약청은 배양 고기의 판매를 승인할 것인가? 아니면 농무부에서 관리할 것인가? 주 정부마다 별도의 규제를 만들 것인가? 오늘날 유전자변형식품에 반대하듯 청정고기를 반대하는 움직임이 생겨날까?

발레티는 배양 고기에 유전자변형식품 기술이 불필요하다고 재빨리 첨언했지만 오해가 혁신의 발목을 잡는 세상인 만큼 신중을 기하고 있다. 그는 우리가 개발하는 기술이 인류와 지구에 큰 이득이 된다고 생각하는 사람과 함께 일하고 싶어 한다.

청정고기가 유전자변형식품 기술과 무관하다고 하지만 유전자변형식품에 대한 논란은 향후 발레티가 구상하는 상용화에 어떤 식으로 제동이 걸릴지를 단적으로 보여준다. 일례로 아쿠아어드밴티지AquAdvantage 연어가 있다. 이 연어는 유전자변형을 통해 최대 크기로 자라는 기간을 3년에서 16~18개월로 줄이고 2015년 미국 식약청, 2016년 캐나다에서 승인을 받았다. 동물복지 단체는 이 물고기가 급격히 성장하는 과정에서 여러 가지 문제가 생길 수도 있다면서 승인을 비난했지만 유전자변형식품 지지자들은 환호했다. 식약청에서 사람이 섭취하기에 안전한 연어라고 결론을 내렸지만 처음 식약청에 승인을 신청한 것은 무려 20년 전의 일이다. 물고기를 승인받기까지 그토록 오래 걸린다면, 동물 없이 동물 생산물을 만드는 멤피스미트 같은 업체에는 어떤 난관이 기다리고 있을까? 하지만 좋은 식품 연구소에서 일하기 전에 동물복지 단체에서 유전자변형 연어에 대한 반대 운동을 전개했던 브루스 프리드리히는 걱정하지 않는다.

"이건 완전히 다른 문제입니다. 당시 식약청은 해당 기업이 여러 동물로부터 유전자를 잘라내 완전히 새로운 동물을 만든 점 등을 감안하여 신약 승인 절차를 적용했습니다. 당시 제기되었던 동물복지와 환경 문제에 대한 온갖 의문들은 청정고기와 무관합니다. 또한 자연에 존재하는 물고기와 완전히 다른 새로운 제품이라면 건강을 문제 삼을 수도 있지만 청정고기는 기존 고기와 동일하므로 같은 잣대를 적용할 수 없습니다."

지금으로서는 농무부와 식약청 가운데 어느 쪽이 청정고기를 담당하게 될지 알 수 없다. 농무부는 살아 있는 동물과 도축 과정을 관리하고 식약청은 그 외 모든 식품과 물고기를 관리한다.

멤피스미트는 미래에 발생할 수 있는 문제에 미리 대처하기 위해 식약청에서 6년 동안 새로운 생명공학 신기술을 담당했던 에릭 슐츠를 영입했다. 슐츠는 "규제를 피해 일을 진행시킬 자신이 있다"고 밝혔다.

그가 자신감을 갖는 이유 중에는 규제 담당자가 해당 제품의 출시를 막기에는 식품안전상의 이득이 너무 크다는 점이 있다. 분변 투성이의 고기도 소비자에게 판매되는데 전혀 오염이 없는 고기의 판매를 막을 이유가 없다. 분변에 오염된 고기를 없애는 것이 불가능할 정도로 만연하다는 사실을 업계도 인지하고 있다. 그래서 그들은 여러 해 동안 로비 활동을 통해 판매 전에 방사선조사 처리(이온화 방사선으로 고기를 살균하는 것)만 하면 되도록 제도를 바꿔버렸다. 육류 업계 대변인도 지적했듯이 살아 있는 동물에는 분변과 다른 세균이 묻어 있을 수밖에 없고 당연히 이는 고기에 옮겨 붙게 된다. 고기 생산과 동물 사육을 분리할 수 있다면 이 문제는 한번에 해결된다.

낙관론의 또 다른 근거로 정부는 의약 분야 등에 쓰이는 유사한 기술을 이미 안전하다고 인정한 선례가 있다. 치즈에 들어가는 레닛(7장에서 더 자세히 다룬다)도 그중 하나로, 일상에서 흔하게 섭취하는 식품에 이미 생명공학을 이용한 제조법이 승인되었다. 생명공학이라는 거대한 배가 이미 닻을 올린 셈이다. 의약품이든 식품이든 우리는 진일보된 과학을 일상생활에서 누리고 있다. 배양 기술로 기존 고기와 동일한 고기를 만들 수만 있다면 관련 제품이 규제를 통과할 수 있을 것이다.

멤피스미트는 규제 장벽 외에 기술 장벽도 극복해야 한다. 앞서 언급한 소태아혈청을 사용하지 않는 것도 그중 하나다. 그럼에도 멤피스미트는 많은 발전을 이루었다. 2017년 2월 제노비스는 동물성 원료가 전혀 포함되지 않은 합성 혈청으로 근육세포를 키우는 법을 《사이언티픽리포트Scientific Reports》(네이처 출판부에 속한다)에 실었다. 이 연구의 책임자이자 멤피스미트에서 사업 분석을 담당하는 데이비드 케이David Kay는 "고기를 만드는 과정에서 동물을 완전히 배제하는 것이 우리의 목표"라고 말한다. 초창기 멤피스미트는 세포 성장을 촉진하기 위해 동물의 혈청으로 연구했지만, 이를 동물 유래 물질이 없는 더 저렴한 영양배지로 바꾸지 못한다면 상용화를 통해 기존 고기와 경쟁할 수 없음을 인지하고 있다.

좋은 식품 연구소의 선임연구원인 크리스티 라갤리Christie Lagally는 내게 이렇게 말했다.

"이미 동물 없는(혈청이나 동물 생산물이 없는) 배양액이 시중에 나와 있어서 여러 세포주들을 키울 수 있습니다. 이는 인간이 동물 없이 배양액을 만드는 법을 이미 터득했음을 보여주는 좋은 예시입니다."

하지만 세포 배양의 조건은 사업가, 특히 고기를 만드는 사람들이 직면한 여러 문제 중 하나에 불과하다. 모던미도의 안드라스 포르가스는 다음과 같이 설명한다.

"콜라겐으로 가죽을 만들기는 어렵습니다. 페트리접시에 자리 잡은 콜라겐이 시간이 지난다고 '짜잔' 하고 가죽 코트로 변하지는 않아요. 하지만 생산 난이도가 고기보다는 훨씬 낮습니다."

동물 생산물 없이 닭 가슴살이나 스테이크를 만들기까지 분명 갈 길이 멀다. 하지만 멤피스미트와 모사미트 같은 스타트업에서 만든 결과물을 만지고 먹을 수 있는 지금은 누구도 동물 생산물을 실험실에서 만드는 것이 기술적으로 불가능하다고 여기지 않는다. 배양 고기의 성공 여부는 경쟁 상대인 동물 생산물과 동일한 가격대로 생산이 가능할지에 달려 있다.

현재 상업용 우주여행이 기술적으로 가능하지만 아주 부자만이 우주로 나갈 수 있다. 마찬가지로 워런 버핏이 청정고기를 사고 싶다면 지금이라도 우마 발레티가 만들어줄 수 있다. 하지만 발레티가 고기를 대량생산하려면 지금보다 비용을 더욱 절감해야 한다. 인간 유전자를 최초로 완전히 해독하는 데는 30억 달러가 들었지만, 15년이 지난 지금은 수천 달러면 개인 유전자 지도를 만들 수 있다. 완전한 해독이 아닌, 기본적인 유전자 검사는 200~300달러의 비용과 약간의 타액만 있으면 된다. 이것이 발레티의 자신감의 원천이다.

"아이폰이 처음 나올 때 개발 비용은 배양버거보다 비싼 26억 달러였습니다. 모든 기술은 초기 단계에 막대한 돈이 들어갑니다."

프리드리히가 말하려는 바는 명확하다. 실제로 아이폰은 좋은 사례다. 아이폰에 집약된 기술력은 1세대 컴퓨터를 수백만 배 뛰어넘지만 생산 비용은 수백분의 1에 불과하다. 마찬가지로 인스타그램 편집 기능 수준의 기술을 수십 년 전의 소비자가 이용하려면 200만 달러를 지불해야 했다. 지금은 누구나 무료로 사용할 수 있다. 마크 포스트의 33만 달러짜리 버거도 그보다 먼저 배양 고기를 시도한 사람에 비하면 80퍼센트 이상 저렴하다. 포스트의 생산 기법은 모사미트가 소유한 하나의 기술일 뿐, 기존 고기와 경쟁하려면 갈 길이 멀다. 하지만 프리드리히는 지금까지의 추세를 낙관적으로 보고 있다.

한편 배양 고기가 합리적인 가격대까지 떨어지지 않을 거라고 비관적으로 보는 사람도 있다. 합성생물학자 크리스티나 아가파키스Christina Agapakis도 그중 하나다. 하버드대학교에서 의용과학 박사 학위를 취득한 아가파키스는 배양 고기를 헛된 희망이라고 맹비난하며 다음과 같이 경고한다.

"세포 배양은 현대 과학에서 가장 비용과 자원이 많이 들어가는 기술 중 하나입니다. 세포의 온도와 건강, 영양을 유지하고 오염을 방지하려면 엄청난 노동력과 에너지가 들어갑니다. 치료용이라면 어느 정도 비용을 감수할 수 있습니다. 하지만 음식에 그만한 돈을 쓸 사람은 없습니다. 대단한 해결책으로 보이는 기술의 이면을 들여다보면 현실적인 문제가 숨어 있습니다. 시험관 고기도 별반 다르지 않으며, 반짝 기술로는 고기를 둘러싼 문제를 해결할 수 없습니다."

아가파키스는 인간이 고기를 덜 먹는 방법만이 유일한 해결책이라고 생각한다.

이것은 아가파키스 혼자만의 의견이 아니다. 기부자들이 비용에 대비해 가장 효과가 높은 자선단체를 고를 수 있도록 평가해주는 비영리단체 기브웰GiveWell은 배양 고기가 공장식 사육을 대체할지에 대해 자체적으로 분석했다. 이 조사에서 배양달걀과 배양 우유는(7장에 소개한다) 전망이 더 밝았지만 육류 업체에 대해서는 "가격 경쟁력이 있는 배양근육조직 제품을 개발하는 것은 극히 어려우며, 목표를 달성해줄 만한 구체적인 방법을 찾을 수 없었다"라고 결론 내렸다.

하지만 부딪혀보지 않으면 승패를 알 수 없는 법이다. 2015년 기브웰은 기술적으로 준비가 되어 있지 않았다고 지적했지만 2년 후에는 많은 대형 투자자들이 청정고기의 가격 경쟁력을 확신한다고 말했다. 투자자들의 마음이 바뀐 데는 좋은 식품 연구소의 선임연구원인 리즈 스펙트Liz Specht 박사가 중요한 역할을 했다. 스펙트 박사는 25개가 넘는 벤처캐피털 회사와 투자자를 상대로 청정고기의 경제성을 분석하여 자문을 제공했다. 특히 멤피스미트의 투자자들은 대부분 그녀의 분석을 참고했다.

청정고기 업계에서는 누구나 가격대를 낮춰야 한다는 사실을 인지하고 있으며, 배양 고기가 관심을 받은 지도 얼마 되지 않았다는 점에서 불가능을 이야기할 단계가 아니라고 말한다. 실제로 모던미도가 잠깐 내놓은 스테이크 칩을 제외하면 최초의 청정고기 업체는 2015년 말에 세워졌으며, 지금까지 연구개발에 들어간 비용 중 절반 이상이 최근 몇 년 사이에 사용되었을 정도다.

그렇다면 왜 아직 가격이 내려가지 않을까? 동물 대신 고기만 키우는 멤피스미트 같은 기업이 근본적으로 효율성 면에서 유리하다는 사실은 변하지 않는다. 아직 업체들의 자금력과 지식이 일정 수준에 이르지 못했지만, 동물 사육에 필요한 토지, 물, 연료 등 막대한 자원을 감안하면 결국 가격 경쟁력이 생길 것이라는 사실을 쉽게 짐작할 수 있다. 현재 필요한 것은 그 방법을 찾기 위한 연구개발 자원이다.

고기 가격의 정치학

청정고기 업체인 멤피스미트 등은 기존 육류 업체처럼 연방정부로부터 보조금 혜택을 받는 경우가 드물다. 농가 지원책은 대개 5년 내외를 주기로 갱신되는 농업법에 따라 국가 단위의 농업정책하에 진행된다. 개방형 자선 프로젝트Open Philanthropy Project 소속 정책 전문가인 루이스 볼라드Lewis Bollard의 설명을 들어보자.

"농업법의 핵심은 농가에서 작물 보험을 들도록 지원하는 농가 보조금입니다. 보조금 덕분에 옥수수 등 작물 가격이 낮아지면 생산 비용의 최대 70퍼센트가 사료비로 나가는 공장식 가축 사육 농가에 도움이 됩니다. 매년 농가지원금으로 나가는 200억 달러는 미국 납세자가 부담하며, 이는 미국 환경보호국EPA 예산의 두 배가 넘습니다."

하지만 볼라드는 200억 달러가 큰 금액처럼 보여도 생각만큼 육류 가격 하락에 영향을 주지는 않는다고 덧붙였다.

1930년대에 농무부장관 헨리 월리스Henry Wallace는 농업보조금 제도를 실시하며 "비상 정국을 타개하기 위한 임시방편"이라고 설명했다. 여기서 비상 정국이란 대공황을 지칭한다. 그런데 이 임시방편이 농가의 사정이 좋을 때나 나쁠 때나, 심지어 농가의 평균소득이 미국 전체 가정의 평균소득을 훨씬 뛰어넘는 지금까지 100년 가까이 지속되고 있다.

가축 사료의 주재료인 옥수수는 연방정부로부터 수입억 달러를 지원받는다. 가히 보조금의 왕인 셈이다. 참고로 우리가 뒷마당에서 바비큐 판에 구워먹는 옥수수는 미국 전체 수확량의 극히 일부에 지나지 않는다. 대두와 마찬가지로 재배되는 옥수수의 상당량이 뒷마당의 바비큐 판이 아닌, 닭과 칠면조, 돼지, 소의 뱃속으로 들어간다.

즉 육류 업계는 그들의 사업에서 가장 큰 비용이 들어가는 사료용 옥수수와 콩을 통해 간접적으로 농업지원금을 받는 셈이다. 이 지원금이 끊길 경우 고기 가격이 얼마나 올라갈지는 미지수다. 퍼듀대학교 소속 제이슨 러스크Jayson Lusk 등 일부 농업 경제학자는 가격 상승률이 1퍼센트에 불과할 것이라 주장한다. 하지만 농무부의 축산업 지원책은 그밖에도 더 있다. 예를 들면 잉여수매surplus buy-up는 초과 생산된 달걀, 돼지고기 등을 정부가 사들이는 제도다. 이때 구입한 식품은 연방정부 시설에 있는 식당을 비롯해서 각종 식품 프로그램에 떠넘겨진다. 게다가 환경위생과 공중보건 등 축산업에서 큰 비용을 야기하는 요소는 대개 내부적으로 해결하지 않으므로 고기 가격에 반영되지 않는다.

농업지원금이 고기 가격에 큰 영향을 미치든 아니든 금방 사라질 기미는 보이지 않는다. 조지 부시와 버락 오바마 대통령 모두 농업지원금 개혁에 찬성했고 《워싱턴포스트》와 《뉴욕타임스》 등 영향력 있는 매체도 이를 지지했다. 상식적으로 이런 지원금은 왜곡되고 불공평한 시장 환경을 조성하지만 농업법은 대개 의회의 여러 농업위원회에서 초안이 만들어진다. 농업위원회는 기업형 농가의 이익에 목을 매는 농촌 관련 입안자들이 장악하고 있으며, 기업형 농가는 지역 내의 사업에 관여하고 정치자금을 댄다. 이런 세태도 언젠간 바뀌겠지만 지금 당장은 100년 가까이 기업형 농가에 보조금을 퍼주던 농업법이 사라질 일은 없다.

하지만 세포농업은 효율성이 높기 때문에 기존 육류 생산업자처럼 농업법의 혜택을 받지 않고도 대등한 모습을 보여줄 것이다. 특히 거대 육류 기업이 세포농업에 동참한다면 시장점유에 크게 기여할 것이다. 발레티는 다음과 같이 주장한다.

"생각해보면 육류 생산업자도 일종의 단백질 생산업자입니다. 우리처럼 윤리적, 환경적 이점을 신경 쓰지 않는 사람이라도 고기 생산이 훨씬 효율적인데다 더 청결하고 안전하고 품질까지 좋다면 마다할 이유가 없습니다."

발레티는 청정고기가 출시되는 초반에는 가격에 프리미엄이 형성되겠지만 이는 곧 사라질 것으로 전망한다.

"소고기 1칼로리를 생산하는 데 23칼로리가 들어갑니다. 우리는 3칼로리를 들여 소고기 1칼로리를 생산하는 기술을 목표로 합니다."

결국 자원 집약적인 동물성 단백질은 설 자리를 잃을 것이다. 동물의 뼈, 뇌, 장처럼 우리가 원하지 않는 부위를 만들 걱정 없이 우리가 원하는 부분만 키워낼 수 있다면 그만큼 많은 자원을 들일 필요가 없다.

물론 성공 여부는 소비자가 멤피스미트의 제품을 실제로 먹을지에 달려 있다. 이 점에 대해 발레티는 자신감을 보인다.

"현재 사람들은 부작용을 외면하면서 고기를 먹고 있습니다."

발레티는 2014년 퓨채리터블트러스트의 조사 결과를 반박하며 소비자 수용도를 새롭게 해석한다.

"사람들은 비효율성, 더러움, 잔인함, 기후변화에 무관심합니다. 하지만 더 건강하고, 병원균이 없으며, 동물을 해치지 않는 방법을 선택할 수 있다면 당연히 기존의 고기를 바꾸리라 봅니다."

이미 클렘의 가족이 운영하는 테네시주의 바비큐 체인점은 멤피스미트의 고기가 판매되기를 학수고대하고 있다. 클렘에게는 비전이 있다.

"마스코트처럼 동물을 한 마리 세워놓을 겁니다. 동물을 가리키며 '네 고기가 저 기계에서 나왔다'고 말하는 거죠. 우리 가게의 마스코트는 돼지가 좋겠네요. 물론 살아 있는 돼지입니다."

클렘은 첫 기자 회견 당시 마크 포스트가 돼지와 배양 소시지를 함께 가져다놓자는 아이디어를 냈다는 사실을 알지 못한 채 웃음을 터트리며 말했다.

수많은 난관이 멤피스미트 같은 업체의 앞길을 가로막고 있다. 기술이나 규제의 장벽을 비롯해 비용이나 소비자 수용도까지 무엇 하나 성공이 보장되지 않았음을 발레티도 알고 있다. 하지만 발레티는 30년 전의 운명적인 생일/사망일 이후 자신이 걸어왔던 길을 돌아보며 미래에 대해 다음과 같이 낙관한다.

"20년 내에 미국에서 먹는 고기의 대부분은 도축장에서 생산되지 않은 고기일 것입니다."

클렘도 자기 나름대로 예상하는 모습이 있다.

"오늘날 많은 식당이 매장 한쪽에 맥주 탱크를 구비하고 IPA 맥주를 양조하고 있습니다. 마찬가지로 고기 탱크에서 소고기나 돼지고기 또는 닭고기를 직접 배양하는 날이 올 것입니다."

깊은 풍미와 질감이 구현된 청정고기

각종 연구 지원과 쏟아지는 지원금에 고무된 발레티와 제노비스는 베이에어리어 본사에서 점점 커지는 연구팀과 함께 긴밀히 연구하며 최첨단 고기 생산을 전담하는 소규모 시설에서 상당한 양의 고기를 배양해냈다. 2017년 8월 나는 사무실에 앉아서 벽에 걸린 큰 천을 보고 있었다. 그 천에는 다양한 멤피스미트 제품이 그려져 있었다. 그때 앞치마를 두른 직원이 부엌에서 나와 웃음을 띠며 내게 권했다.

"청정오리 한번 드셔보시겠어요?"

그가 내민 접시에는 따뜻한 오기고기 두 조각이 놓여 있었다. 그 고기를 키운 곳은 우리가 앉은 장소에서 1미터도 떨어져 있지 않다. 접시 옆에는 실란트로치미추리 소스가 있었다.

"설마 맛을 제대로 느끼지 못하게 하려고 소스를 내온 건가요?"

나는 농담을 던졌다. 그리고 비용이 얼마나 들었는지 물었다. 발레티는 이 고기 두 조각에 비용이 얼마나 들었는지 정확하게 계산하지 않았다면서 내 생각보다는 낮을 거라고 귀띔했다. 첫 번째 고기 조각을 천천히 포크로 찌르자 기존 고기와 마찬가지로 육즙이 나오는 것이 보였다. 혀와 입천장 사이로 고기를 밀어 넣자 깊은 풍미와 고기의 질감이 느껴져 씹는 맛을 돋우었다. 내가 어린 시절 먹었던 오리고기 맛 그대로였다. 두 번째 고기 조각을 손가락으로 찢어 단면을 보니 평범한 고기처럼 살결이 고기 사이를 잇고 있었다. 고기는 사진을 찍은 후 바로 입안에 넣었다. 발레티는 휴대전화로 이 장면을 찍으면서 흐뭇하게 미소 지었다.

발레티는 인도에서 학교에 다니던 시절 보았던 동물 시장의 기억이 몇 년간 자신의 뇌리를 떠나지 않았다고 말했다. 발레티는 수술용 칼로 환자를 살리고, 도축장의 칼로부터 동물을 살리겠다는 꿈에 매일 조금씩 다가가고 있다. 특별했던 이날 오후는 곧 다가올 미래가 오리고기 두 조각으로 바뀌어 현실이 된 날이었다. 참 맛있는 오리고기였다.

6장

제이크 프로젝트

과연 청정고기를 출시할 수 있을지 많은 의문이 드는 것은 사실이다. 멤피스미트 등이 생산 가격을 낮춰 기존 육류 업체와 경쟁할 수 있을까? 정부 규제나 농축산업 분야의 로비가 업계의 발목을 잡지 않을까? 기술적으로 준비는 되었는가? 그리고 낙관론자의 예상대로 청정고기가 매장에 나온다고 해도 과연 사람들이 먹을까? 여기에 식품 혁신이나 세포농업을 지지하는 사람들조차 제기하는 의문이 하나 더 있다. 식물성 단백질 분야의 발전으로 진짜 같은 고기가 나온다면 청정고기가 불필요하지 않을까?

처음 식물성 버거를 먹었던 순간이 기억난다. 동물복지에 대해 윤리적으로 고민하다가 채식주의자가 되었던 1993년의 어느 날이었다. 내심 지금까지 즐겨 먹던 식사와 크게 다르지 않을까 생각했었다. 패티를 한 입 물고 씹기 시작했는데 과연 진짜 햄버거와는 맛이 달랐다. 버거를 먹는 내내 당시 대통령이었던 클린턴도 백악관에서 같은 브랜드인 보카버거Boca Burger를 먹었다는 사실이 생각났다. 맛이 나쁘진 않았고 내 마음에도 들었다. 다만 그것은 햄버거가 아닌 다른 음식이었다.

그로부터 20년 이상 지나 비욘드미트와 임파서블푸드에서 만든 식물성 버거와 가데인Gardein 등에서 만든 닭고기(1993년 당시에는 이 업체들이 존재하지 않았다)는 고기가 주식인 인간도 속일 정도로 정교해졌다. 가데인, 비욘드미트 등 일부 브랜드는 자사 제품을 주요 슈퍼마켓에 유통시키고 있다. 이 제품들은 단백질을 사려는 사람이라면 본능적으로 손이 가지 않을 냉동식품 코너 구석에 처박혀 있는 경우가 많다. 먹어본 사람들은 대개 만족하는 편이다. 친구들과 가족을 대상으로 블라인드 테스트를 해본 결과 대부분은 어느 쪽이 동물에서 나온 고기가 아닌지 쉽게 구분하지 못했다. 빌 게이츠, 리카싱 등 투자자가 주도하는 식품과학의 혁신으로 식물성 단백질은 1세대 식물성 버거 생산자가 상상도 못할 수준으로 발전했다. 신제품 중에는 씹으면 장난처럼 '피'가 나오는 버거가 있어서 나를 깜짝 놀라게 했다.

식물성 고기가 지난 10년간 얼마나 발전했는지 돌아본다면 다음 10년 동안 얼마나 더 발전할지 어렵지 않게 가늠할 수 있다. 의회에서 채식주의 식품 기업을 대변하는 식물성식품협회Plant Based Foods Association의 이사 미셸 사이먼Michele Simon은 다음과 같이 말한다.

"소비자의 인식에 혁신이 더해지면서 식물성 고기의 인기가 높아지고 있습니다. 많은 기업들이 버거의 다양성을 넓혀감에 따라 다음 10년 동안 또 어떻게 발전할지 기대됩니다."

지금처럼 식물성 단백질로 고기나 우유와 비슷한 제품을 만들 수 있다면 배양 동물 생산물이 꼭 필요할까? 청정고기가 저렴한 가격으로 시장에 나올 때쯤 식물성 제품이 고기를 즐기는 사람들의 입맛을 이미 사로잡았을 가능성도 충분하다.

마크 포스트는 다음과 같은 의견을 펼친다.

"식물성 버거가 고기 섭취 인구의 95퍼센트를 만족시킬 수 있다면 잘된 일 아니겠습니까? 저도 환영합니다. 하지만 그렇게 되지 않을 경우를 대비해야 합니다. 진짜 고기인 청정고기야말로 훌륭한 대비책입니다. 지구에 부정적인 영향을 미치지 않고도 사람들은 고기를 먹을 수 있습니다."

포스트의 말에도 일리가 있다. 만약 고기를 먹는 사람들이(사실상 포스트를 포함한 거의 모든 사람들) 식물성 고기를 먹을 의향이 있다면 청정고기는 무의미해지겠지만 이는 어디까지나 만일의 경우일 뿐, 실제 가능성은 낮다.

하지만 사람들이 고기 대신 식물성 단백질을 먹을 정도로 식물성 단백질이 아주 잘 만들어진다면 어떨까? 과연 어느 쪽이 더 현실적일까? 실험실에서 만든 고기가 대비책으로 힘을 발휘할 것인가? 아니면 식물성 고기가 깐깐한 사람의 입맛까지 만족시킬 수준으로 발전할 것인가? 생명윤리를 다루는 사람 중에도 배양 고기라는 선택지를 덜 선호하는 사람이 있다. 합성생물학자 크리스티나 아가파키스는 청정고기의 상업적 성공을 회의적으로 보고는 "식물성 고기 대체재에 훨씬 더 관심이 가고 이쪽이 실현 가능성도 크다"고 오래전부터 주장했다.

식물성 대체재는 이미 미국 주요 슈퍼마켓에서 판매 중인 반면, 청정고기는 아직 어떤 의미 있는 형태로도 판매되지 않는다는 점에서 식물성 대체재의 상용화 가능성이 높다고 주장할 수도 있다. 그리고 100퍼센트는 아니지만 청정고기 회의론자들이 제기하는 많은 우려들이 식물성 단백질에는 해당되지 않는다. 식물성 고기에도 식품공학이 적용되지만 조직공학, 합성 혈청 등 청정고기 업체가 의학 분야에서 빌려온 여러 혁신적인 기술과는 거리가 있다.

참고로 임파서블 버거의 식물성 고기에는 유전공학 효모로 만든 헴heme 분자가 들어 있어 버거에서 피가 나온다(헴은 철분이 포함된 분자로 혈액 내에서 산소를 운반하며 고기다운 고기 맛을 내는 핵심 기법이라고 임파서블푸드 측은 설명한다). 유전자변형 효모는 최종 생산물에 남지 않지만 유전공학으로 만든 단백질이 전체 공정에 쓰인다는 점에서 일부 생명윤리가는 이 식물성 버거에 대해서도 경고를 날리고 있다. 일부 자연식 지지자는 '너무 가공되어 천연식품으로 볼 수 없다'면서 식물성 닭고기도 반대한다.

그럼에도 식물성 고기는 동물 없이 키운 고기만큼 거부감을 심하게 일으키지 않는다. 고기가 아닌 두유 같은 제품은 거부감이 더더욱 없다. 식물성 고기가 눈부신 발전을 이루는 동안 소 없는 우유는 더 큰 발전을 이루어 이미 액상 우유 시장의 10퍼센트 이상을 차지하고 있다(반면 식물성 고기는 육류 매출의 1퍼센트 이하를 차지한다). 우유 대체품을 만드는 실크Silk 같은 브랜드는 유제품 코너에서 우유 바로 옆에 당당히 자리 잡았으며 종종 경쟁력 있는 가격으로 판매된다. 콩, 아몬드, 쌀, 코코넛 밀크 같은 대체품의 인기가 얼마나 좋은지 벤앤제리스Ben & Jerry's, 하겐다즈Häagen Dazs, 브레이어스 Breyers는 채식 느낌이 나는 다양한 맛으로 아이스크림을 출시할 정도다.

식물성 제품의 상승세 이면에는 거물 투자자들이 버티고 있다. 빌 게이츠가 비욘드미트의 식물성 닭고기로 만든 치킨타코를 처음 먹고 "식품의 미래를 맛보았다"라고 한 일화는 유명하다. 심지어 비욘드미트는 맥도날드의 전 CEO 돈 톰슨Don Thompson을 이사회에 영입하는 강수를 두고 동물보호협회에 소속된 인사들 그리고 레오나르도 디카프리오 같은 사회적 영향력이 큰 인물들을 투자자로 두고 있다.

관련 업체의 장래성과 성장세가 돋보이지만 아직 동물의 고기와 비교하기엔 이르다는 의견도 있다. 채식주의자와 육식주의자를 모두 만족시킨 비욘드미트 제품에 대해《뉴욕타임스》칼럼니스트 니컬러스 크리스토프Nicholas Kristof는 2015년 "내가 소라면 비욘드미트의 미트볼과 비스트버거에 황당함을 느낄 것"이라고 했다. 이후 비욘드미트는 현존하는, 가장 고기에 가까운 차세대 버거인 비욘드버거를 출시해 주요 식료품점과 냉동고기 코너 바로 옆에서 판매하고 있다.

비욘드미트의 경쟁사 임파서블푸드는 2012년 스탠퍼드대학교 유전학자 팻 브라운Pat Brown이 '식품의 미래'가 될 제품을 출시하는 것을 목표로 설립한 회사다. 2억 달러 이상 모인 벤처캐피털 투자금이나 '축산업이 오늘날 지구 환경에 유일하면서도 가장 큰 위협을 끼친다'라는 브라운의 신념에서 배양 고기 사업과 비슷한 기운이 느껴진다.

"우리는 채식 버거를 만들지 않습니다. 우리는 동물이 없는 고기를 만듭니다."

브라운 자신도 채식주의자이지만 동료 채식주의자들을 잠재적 구매자로 여기지 않는다. 브라운의 목표는 육식을 하는 사람들이 자신이 만든 식물성 고기를 먹음으로써 목초지와 경작지를 숲으로 돌려놓는 것이다. 그의 표현을 빌리면 '우주에서 보이는 지구의 모습을 바꾸는' 것이다.

다른 청정고기 업체들처럼 임파서블푸드도 제품주기분석lifecycle analysis을 실시했다. 2015년 자체적으로 실시한 환경영향평가에서는 자사의 식물성 버거를 실제 소에서 만들어낸 제품과 비교했다. 결과는 청정고기에 대한 환경영향평가만큼이나 놀라웠다. 브라운은 〈복스Vox〉(미국의 인터넷 뉴스 사이트 - 옮긴이)의 에즈라 클라인Ezra Klein에게 자사의 식물성 버거가 소고기에 비해 토지를 99퍼센트 덜 차지하고 물을 85퍼센트 덜 사용하고 온실가스를 89퍼센트 덜 배출한다고 밝혔다. 평가 결과만 보면 브라운이 청정고기에 비관적인 이유가 충분히 설명된다. 2017년 브라운은 식물성 고기로 인해 배양 고기가 불필요해질 것이라면서 "세포에서 진짜 고기를 키운다니 지금껏 들어본 가장 멍청한 발상"이라고 열을 올렸다.

브라운은 중요한 환경 문제를 생명공학으로 해결하는 것에 찬성하는 입장이지만, 청정고기를 비판한다는 점(물론 이유는 다르다)에서 사뭇 놀랍다. 그리고 의외의 인물이 브라운의 의견에 동의하며 놀라움을 안겨주고 있다. 뉴하비스트를 창업한 제이슨 매시니조차 배양 동물 생산물이 식물성 제품보다 장래성이 있다는 확신이 없다고 말한다. 매시니는 이렇게 반문한다.

"투자 금액에 대비해본다면 배양 고기가 나을까요, 식물성 제품이 나을까요? 솔직히 모르겠습니다. 지금 선택해야 한다면 저는 식물성 제품이 더 큰 변화를 가져온다는 데 걸겠습니다. 그 산업은 이미 자리를 잡았으니까요."

하지만 그는 식물성 제품 분야에 돈과 성장 동력이 너무 몰려 있다고 주장한다. 그리고 축산업이 너무 큰 문제들을 안고 있는 상황에서 한 가지 방법에 투자하는 실수를 저지를 필요가 없다고 말한다. 매시니는 육류 공급업자에게 투자하여 대형 육가공 업체가 고기를 덜 사용하게 하는 제3의 전략을 고민하고 있다. 그는 다진 고기에 식물성 고기를 첨가하는 것이 "아마도 다진 고기의 수요를 줄이는 가장 효율적인 방법"일 거라고 말했다.

이샤 다타도 매시니의 의견에 찬성하며 자신의 생각을 덧붙인다.

"'배양 고기가 아니면 식물성 제품'이라는 식으로 이분법적으로 생각할 필요가 없습니다."

다타는 임파서블푸드가 분자를 활용하듯이 가까운 미래에 배양 고기와 식물성 식품이 융합되는 모습을 그리며 이렇게 제안한다.

"우유나 달걀에 배양된 제품을 반반 섞어서 비용을 낮추는 방법도 쉽게 생각할 수 있습니다. 어느 한쪽일 필요 없이 두 가지 방법 모두 쓸 수 있습니다."

분명 장래에는 배양 동물 생산물과 식물성 단백질의 경계가 흐릿해질 것이다. 하지만 아직 현실적인 문제가 남아 있다. 청정고기를 가장 낙관적으로 보는 사람들조차 다진 고기가 기존 동물 생산물에 비해 가격 경쟁력을 가지려면 아직 몇 년은 더 걸릴 거라고 내다본다. 하지만 가데인 같은 식물성 제품 업체는 이미 주요 식료품점에서 진짜와 구분하기 힘든 닭 가슴살을 정육 형태로 판매 중이다. 다른 부위도 식물성 제품이 훨씬 먼저 출시될 것이다.

좋은 식품 연구소의 브루스 프리드리히만큼 청정고기에 낙관적인 사람도 없다. 하지만 실제 투자가 이루어지는 양상을 살펴보면 좋은 식품 연구소의 직원과 자원 가운데 배양 제품 업체에 투입되는 비율은 절반이 되지 않으며, 나머지는 모두 식물성 제품 업체에 투입된다. 이렇게 세포농업보다 식물성 제품에 더 많은 투자가 이루어졌다는 것은 식물성 제품에 그만큼 장래성과 영향력이 있다고 본다는 의미다. 프리드리히는 다음과 같이 설명한다.

"식물성 고기가 아무리 진짜에 가까워져도 언제쯤 진짜 고기로 취급받을지 모릅니다. 저도 식물성 고기가 시장을 평정해서 청정 동물 생산물이 불필요해지기를 바랍니다. 하지만 동물의 고기를 원하는 인간의 욕망은 강합니다. 그리고 저는 실제 고기가 아닌 다른 무언가가 뼛속까지 육식을 즐기는 사람들을 만족시킬 수 있을지 확신이 없습니다."

햄턴크릭의 CEO 조시 테트릭Josh Tetrick도 개인적인 경험에 비춰 프리드리히의 의견에 동의한다. 테트릭은 제조 공정상 달걀이 들어가는 제품에서 달걀을 대체해줄 식물성 제품을 만들기 위해 조시 보크와 함께 2011년 햄턴크릭을 공동 창업했다.

2014년 헬만스 마요네즈를 만드는 거대 기업 유니레버Unilever는 햄턴크릭이 달걀이 들어가지 않은 자사 제품에 '저스트 마요'라는 이름을 붙였다고 고소했다. 알고 보니 미국 식약청은 제2차 세계대전 무렵 정해진 기준에 따라 마요네즈를 달걀이 포함된 제품으로 정의 내리고 있었다. 언론의 조롱을 받은 유니레버는 재빨리 고소를 취하했지만 햄턴크릭은 식약청의 입장을 고려해 저스트 마요 포장지에 '달걀 없음'이라는 문구를 추가했다.

"유니레버, 식약청과 싸우면서 느낀 바가 많았습니다."

회사는 그때까지 마요네즈는 물론 쿠키 반죽, 샐러드드레싱 등 기존의 달걀과 우유 식품에 들어갈 식물성 대체재를 만드는 데 100퍼센트 힘을 쏟고 있었다. 이 사건을 계기로 햄턴크릭은 육류 시장으로 관심을 돌리게 된다. 지금까지 그래왔듯이 햄턴크릭의 강점에 주력하며 비욘드미트, 임파서블푸드, 가데인처럼 식물성 제품을 (어쩌면 더 경쟁력 있는 가격으로) 개발하는 회사의 미래가 어렵지 않게 그려진다. 하지만 테트릭은 이 방법으로 변화를 일으키기에는 본질적 한계가 있다고 느꼈다.

현재 시중에 나온 고기 없는 치킨들의 제품명은 하나같이 새에서 나온 고기가 아님을 암시하고 있다. 가데인, 모닝스타팜스MorningStar Farms, 토푸키 등에서 나온 제품에는 치크인chik'n, 비욘드치킨Beyond Chicken, 칙 패티스Chik Patties 같은 이름이 붙어 있다. 이런 이름이 탄생한 배경에는 햄턴크릭이 자사 제품을 마요라고 부른다는 이유로 유니레버에게 고소당했던 영향이 크다. 연방정부의 규정에 따라 닭에서 유래하지 않았다면 해당 이름(치킨)을 쓸 수 없다(국내 표시 기준으로도 원재료로 사용하지 않은 명칭을 제품명의 일부로 사용할 수 없다─옮긴이).

"저는 맛있고 저렴한 식물성 치킨이 이 세상에 좋은 영향을 끼친다고 봅니다. 어쩌면 닭고기 소비 중 10~15퍼센트, 아니 그 이상도 대체할 수 있을지 모릅니다. 그것만 해도 엄청난 양입니다. 하지만 치킨을 '치킨'이라고 부를 수 없다면 공장식 축산을 끝낼 수 없습니다."

애완견 제이크

모던미도는 가죽 출시로 노선을 바꾸었지만 멤피스미트와 모사미트 같은 스타트업은 청정고기 영역을 지키고 있었다. 테트릭은 햄턴크릭이 식물성 단백질에만 집중하기보다는 청정고기, 특히 닭고기에 전력을 다할 것이라고 2016년에 선언했다. 현재 햄턴크릭의 기업 가치는 10억 달러 이상으로, 테트릭은 청정고기의 상업화 연구에 매년 수백만 달러를 투자할 계획이다. 2016년 말 테트릭은 이렇게 말했다.

"현실적으로 맨해튼 프로젝트 정도의 투자 없이는 이 연구의 끝을 볼 수 없습니다. 장벽이 너무 높아요. 다들 가능하다고는 믿지만 대규모의 자원 투자 없이는 불가능합니다. 그리고 우리 햄턴크릭이 아니면 누가 하겠습니까? 제이크 프로젝트는 이렇게 시작되었습니다."

제이크 프로젝트는 최초의 비공개 청정고기 프로젝트다. 제이크는 테트릭이 8년 동안 길렀던 골든레트리버의 이름이다. 제이크는 초창기 5년 동안 햄턴크릭의 마스코트 같은 존재로서 늘 사무실을 지키며 누구든 반갑게 맞아주었다. 샌프란시스코를 찾는 사업가나 면접자가 제이크의 선물을 가져올 정도였다.

햄턴크릭의 협력팀장 제나 캐머런Jenna Cameron은 미소를 지으며 제이크를 회상했다.

"제이크는 마치 왕처럼 사무실을 방문하는 사람들에게 존중받았습니다. 사람들은 반지 대신 목걸이에 입맞춤하며 애정을 표현했죠. 제이크는 애완견이 아니라 햄턴크릭 가족의 아주 특별한 구성원이었습니다."

햄턴크릭은 2011년 창업 이후 폭발적인 성장을 거듭하여 겨우 6년 만에 10억 달러 이상의 가치를 지닌 유니콘 기업(설립 10년 안에 기업 가치 10억 달러 이상으로 성장한 비상장 스타트업을 지칭한다 - 옮긴이)이 되었다. 제이크도 수많은 뉴스와 기업 이력에 빠지지 않고 소개되었다. 햄턴크릭의 직원 중 한 명은 제이크가 실험실 주방에 종종 들어와서 시식을 앞둔 쿠키 시제품을 훔쳐 먹었다며 기자에게 투덜거리기도 했다.

테트릭은 이 사건을 폭로한 기자에게 2015년 8월 서면으로 답변했다.

"사실입니다. 이후 제이크는 2년 반 동안 실험실 접근이 금지되었지만 지금도 달콤한 쿠키를 좋아합니다."

제이크는 연구소를 방문한 손님과도 여러 일화를 남겼다. 또한 제이크는 햄턴크릭의 탄생과 분투 과정을 목격한 산증인이기도 하다. 제이크는 로스앤젤레스의 작은 아파트에 있던 회사의 통합본부가 연구개발 시설과 실험 공간을 겸하던 시절부터 함께였다. 저스트 마요가 처음 생산되어 2012년 홀푸드마켓Whole Foods Market(미국 유기농 식품 슈퍼마켓 체인점-옮긴이)에 납품될 때도 자리를 지켰다. 제이크는 세계 최대의 식품 납품 업체인 콤파스 그룹Compass Group이 2014년 수천 곳의 급식소에서 달걀이 들어간 헬만스 마요네즈를 햄턴크릭의 저스트 마요로 바꾸는 과정도 지켜보았다.

햄턴크릭은 헬만스와 표시 기준을 둘러싼 다툼에서 승소한 이후 마요를 넘어, 달걀 없는 쿠키·컵케이크·머핀·케이크·브라우니·팬케이크 분말부터 유제품이 포함되지 않은 샐러드드레싱까지 타깃Target과 월마트 등 대형 할인 매장에 입점시키기에 이르렀다. 이 모든 과정에는 제이크가 함께했다. 식물로만 만든 달걀 패티는 이제 대학에 납품되고 있다.

테트릭은 제이크가 죽고 한 달도 지나지 않은 2016년 당시를 이렇게 회상했다.

"제이크가 하늘나라로 갔을 때의 상실감은 말로 표현할 수 없을 정도입니다. 제이크는 암으로 우리 곁을 떠났지만 그의 영혼은 지금도 우리 곁에 남아 동물에게 더 좋은 일을 하라고 우리에게 영감을 불어넣고 있습니다. 제이크 프로젝트는 그를 위해 시작했습니다."

1초에 300개의 생명이 사라진다면

햄턴크릭이라는 회사명도 조시 보크가 길렀던 개 햄턴에서 딴 것이다. 제이크 프로젝트가 시작되면서 테트릭은 그 어떤 업체도 도전하지 못한 대담한 비전에 집중했다.

제이크 프로젝트의 실험실 입구 바로 안쪽에는 "목표: 2030년까지 세계 최대의 육류 업체로 성장"이라는 구호가 걸려 있다. 햄턴크릭이 동물세포를 냉동 보관하기 위해 새롭게 단장한 실험 공간에서는 실험용 플라스틱 고글을 쓰고 있는 제이크의 그림이 방문객을 반긴다. 제이크 프로젝트가 성공을 거둔다면 많은 소비자들이 동물성 고기를 식물성 고기로 대체할 필요 없이 공장식 사육과 도축장을 거치지 않은 닭고기를 마음껏 먹을 수 있을 것이다.

햄턴크릭은 이제 막 육류 생산에 뛰어들었지만, 회사의 설립 목적이 기술 진보를 통해 식품 지형도를 더 지속 가능하고 건강한 형태로 빠르게 바꾸는 것임을 감안하면 세포농업 분야를 활용하는 것이 당연하다. 달걀과 우유를 식물성 제품으로 바꾸는 것도 큰 그림의 일부다. 테트릭은 "육류와 생선 문제를 해결하기 전까지는 망가진 시스템을 완전히 고친 것이 아니다"라고 말한다.

햄턴크릭은 스스로를 식품 업체가 아닌 식품 기술 업체로 정의하면서 자사의 경쟁력은 수천 가지 식물로부터 자사 제품의 원료로 쓰일 기능성 단백질을 분리해내는 연구개발 시스템에서 나온다고 주장한다. 예를 들면 저스트 마요에 넣은 캐나다산 노란 완두콩의 변종은 일종의 유화제처럼 작용하므로 저스트 마요에 달걀을 첨가할 필요가 없다. 이런 작업을 위해 햄턴크릭은 머신러닝 알고리즘이 있는 데이터베이스를 자체적으로 구축하고 50명 이상의 연구원이 다양한 식물종의 특성을 분류 정리하고 있다.

따라서 고기를 연구하는 제이크 프로젝트도 밑바닥이 아니라 이미 탄탄하게 다져진 기술적 기반 위에서 유리하게 시작할 수 있었다. 2016년 말 햄턴크릭은 완벽한 화학분석이 가능하고 스크리닝과 특성 분류의 작업 속도를 한껏 높여줄 거대 로봇을 갖춘 최신 실험실 두 곳을 완공했다. 또한 연구개발팀에 수십 명을 신규 채용했다. 하나같이 단백질 발견, 생명공학 기술 개발, 생산성 향상, 엔지니어링에서 수십 년의 경력을 자랑하는 인재들이었다. 이들이 가진 역량은 청정고기 개발에도 적용 가능하다.

처음부터 엄청난 물량이 투입된 제이크 프로젝트는 햄턴크릭을 식물성 마요 업체로만 알았던 이들에게 충격으로 다가갔지만, 회사의 이력을 알던 사람들에게는 새삼스러운 일이 아니었다. 햄턴크릭은 늘 닭의 복지를 최우선에 두고 있었다. 보크와 테트릭은 제과점이나 식당에서 주로 쓰이는 달걀을 대체할 제품을 만들어 달걀 산업의 영향력을 줄이고자 했다.

동물애호가들은 수십 년 동안 달걀 산업에 변화를 요구해왔다. 특히 닭장은 닭이 날개를 펼 수 없을 정도로 좁다. 닭장의 닭들은 1년 넘게 옴짝달싹 못한 채 알만 낳는다. 보크도 이 상황을 인지하고 있다.

"문제는 닭장을 없애면 비용이 더 들어간다는 것입니다. 하지만 저는 식품 제조사들이 쿠키나 케이크에 꼭 달걀을 넣을 필요는 없다는 사실을 알고 있었습니다. 우리는 똑같은 제품을 달걀 없이 더 저렴하게 만들 수 있습니다. 원래 대두 단백질 같은 식물성 단백질은 달걀보다 싸니까요."

제이크의 죽음으로 테트릭은 완전히 다른 사람이 되었다. 그는 건강해 보였던 반려견이 한 달 만에 죽는 모습을 보고 삶이란 무엇인지 심각한 고민에 빠졌다. 테트릭 자신도 겨우 6년 전에 심장질환으로 죽음의 문턱을 밟은 적이 있어서 격렬한 운동을 자제하고 있던 터였다.

테트릭은 의문을 품었다.

"내게 남은 삶이 5년이라면 무엇을 할까?"

달걀 산업을 대체하면 매년 미국에서만 수억 마리의 비참한 닭들을 구하고 환경적으로도 막대한 이점이 있다는 생각이 들었다. 동물의 규모로 따졌을 때 닭만 한 것이 없었다.

"헨리 포드는 거리에 있던 일부 말만 대체한 것이 아니었습니다. 말 전체를 역사의 뒤안길로 보내버렸죠."

햄턴크릭은 청정고기 사업을 시작하며 닭들의 고통도 함께 없어지길 소망한다. 지금까지 청정 동물 생산물의 상당 부분은 소를 환경 친화적이고 인간적인 방법으로 대체하는 것에 중점을 두었다. 업계 전반에서 청정소고기(모사미트, 멤피스미트), 청정우유(무푸리 Muufri, 퍼펙트데이), 청정가죽(모던미도) 등 소를 중심으로 연구가 이루어지고 있으므로 언젠가는 자동차의 발명으로 말이 혜택을 받았듯이 소도 구원받을 것이다. 물론 멤피스미트도 2017년 청정닭고기와 오리를 만들었지만 그전까지는 대외적으로 멤피스미트의 주요 관심사가 아니었다.

마크 포스트 같은 청정고기 지지자가 일차적으로 소에 집중하는 이유는 환경 문제 때문이다. 소고기는 우리가 먹는 고기 중 가장 환경을 많이 파괴하므로 소고기가 식단에서 빠질수록 환경보호 효과가 커진다. 하지만 엄밀하게 가축복지 관점에서 본다면 공장식 사육으로 고통받는 동물은 대부분 닭이다. (공장식 사육에 수산업도 포함시킨다면 어류는 닭을 훨씬 뛰어넘는다. 다행히 물고기 분야는 청정고기 스타트업 핀레스푸드가 예수의 오병이어 가르침에 따라 청정물고기 출시에 힘을 쏟고 있다. 핀레스푸드의 CEO 마이크 셀든Mike Selden은 2017년 9월 자사 제품을 시식하는 자리에서 '돌고래를 보호한 참치dolphin-safe tuna'로는 부족하고 '참치를 보호한 참치tuna-safe tuna'라고 해야 한다고 농담을 했다.)(돌고래 보호dolphin safe는 돌고래의 사망을 최소화하는 규정을 준수하여 잡은 참치라는 의미에서 참치캔에 붙이는 인증 라벨이다 - 옮긴이)

청정소고기가 미국 내의 모든 소고기를 대체하더라도 영향력은 미국 내 전체 가축 두수의 1퍼센트 미만이다. 단순하게 계산하면 미국 내의 거의 모든 육상 생물은 가금이다. 매년 미국에서 식용으로 도축되는 소는 3,500만 마리인 반면 닭은 90억 마리다. 도축장에 소 한 마리가 들어갈 때마다 닭은 257마리가 들어가는 셈이다. 칠면조까지 포함시키면 미국에서만 매일 1초에 300마리 가까운 숫자가 도축되고 있다.

하지만 수치로만 환산할 문제는 아니다. 육우는 생애 초반을 방목지에서 보내고 비육장에 들어간 후에도 야외에서 돌아다닐 수 있다. 하지만 육용 닭, 칠면조, 오리는 주로 창문 없는 창고에 수만 마리씩 평생 동안 갇혀 있다. 또한 도축 시기를 앞당기기 위해 유전자를 변형한 탓에 급격하고 부자연스러운 체중 증가가 일어나 상당수는 만성 질환에 시달리고 있다.

소와 닭 모두 중요하지만 가금 대체품을 만들 경우 동물의 고통 감소에 더욱 기여할 수 있다는 사실에는 의심의 여지가 없다. 오죽

하면 청정고기 스타트업에 투자하는 스트레이독캐피털의 CEO 리사 페리아Lisa Feria는 이렇게 말한다.

"동물을 덜 죽이고 고통도 줄여주고 싶지만 고기도 꼭 먹고 싶다면 닭 대신 소를 선택하세요. 소 한 마리에서 생산되는 고기가 수백 배 더 많기도 하고, 소가 닭보다 훨씬 나은 대우를 받고 있으니까요. 물론 둘 다 안 먹으면 더 좋습니다."

어떤 방법으로 닭을 대체해야 할지 확신이 부족했던 테트릭은 더 깊이 고민하고 자료를 찾기 시작했다. 식물성 우유는 시장에서 잘나가는 반면 식물성 고기는 아득하게 뒤처져 있었다. 뭔가 좋은 방법이 없을까?

테트릭은 2007년 미시간대학교 로스쿨 재학 시절에 배양 고기에 관해 처음 들었다.

"조시 보크가 저를 뉴하비스트의 제이슨 매시니에게 소개해줬습니다. NASA의 금붕어 논문도 매시니에게 받았습니다. 수업 시간에 논문을 읽은 기억이 나요. 아이디어가 멋지고 흥미가 일었지만 언젠가 제가 이쪽 일을 하게 될 줄은 상상도 못했습니다."

테트릭은 변호사 일을 하던 2009년 《리치먼드 타임스 디스패치Richmond Times-Dispatch》에 공장식 사육의 잔인함을 비판하는 표현이 들어간 논평을 올렸다가 직장에서 해고되었다. 테트릭은 그 사건을 이야기하며 웃음을 터뜨렸다.

"알고 보니 우리 회사가 그 표현을 좋아하지 않는 대형 육류 업체를 위해 일하고 있었어요. 피라미 변호사가 대형 고객의 심기를 불편하게 하니 법조인 경력에 문제가 생겼죠. 하지만 제 직업을 걸고 논평을 올리지 않았다면 저는 절대 햄턴크릭을 시작할 수 없었을 겁니다."

2016년 제이크가 죽은 이후 하루는 테트릭과 보크가 샌프란시스코 아파트 주방에서 치포틀레 두부 소프리타스를 저녁으로 먹고 있었다. 우리에게 남은 시간이 얼마나 부족한지 인생의 덧없음을 이야기하던 보크가 갑자기 의견을 냈다.

"네게 남은 시간이 5년뿐이라면 무엇을 할지 고민한 적 있어?"

"글쎄, 고기 중에 우리가 가장 큰 영향력을 미칠 수 있고 남들이 다루지 않는 것이 바로 닭고기지. 우리가 해볼까?"

밤늦게까지 이 아이디어를 파고들던 테트릭은 왜 아무도 이 일을 하지 않는지 궁금해졌다. 진입 장벽이 너무 높아서일까? 아니면 아무도 그만큼 중요하다고 생각하지 않는 걸까? 보크는 해당 분야의 다른 CEO들이 자사 제품을 기존 고기보다 저렴하게 만든다는 확실한 목표를 세웠으며, 소고기가 닭고기보다 비싸므로 가격을 맞추기가 더 쉽다고 설명해주었다. 하지만 닭이든 물고기든 어차피 모든 고기가 만들기 어렵고 아무도 닭에게는 신경 쓰지 않는다는 점이 테트릭에게 더 매력적으로 다가왔다.

"한번 정리를 해보자. 우리는 다른 사람에게 없는 자원을 가지고 있어. 우리가 아니라면 누가 할 수 있을까? 이것보다 햄턴크릭을 크게 성장시킬 것이 또 있을까?"

오늘날 햄턴크릭은 전체 예산 중 무려 3분의 1을 연구개발에 지출하고 있다. 전통적으로 식품 산업은 예산의 1퍼센트 이하를 연구개발에 투자할 정도로 연구개발에 인색한 분야로 정평이 나 있다.

이는 컴퓨터(25퍼센트), 건강제품(21퍼센트), 자동차(16퍼센트) 등 연구개발비 비중이 높은 분야와 대조를 이룬다. 원래 식품 산업은 신제품 개발보다 기존 제품의 마케팅에 훨씬 힘을 쏟았다. 하지만 테트릭의 표현을 빌리자면 햄턴크릭은 '작고 멋진 마요 회사'를 목표로 삼았던 적이 없다. 햄턴크릭의 설립 목표는 오늘날 식품 시스템의 큰 문제점들을 고치는 것이다. 회사가 마요의 맛을 한 가지에서 열 가지 이상으로 늘린 이유도 여기에 있다.

테트릭은 원래 연구 중심 회사였던 햄턴크릭이 청정고기에 높은 연구비를 책정한다면 어떤 일이 벌어질지 궁금해졌다. 우선 임시로 팀을 구성해 실행 가능한 아이디어인지 확인해야 했다.

보크가 청정고기 현실화에 온전히 집중하는 부서를 새로 만들어야 할지 물었을 때 에이탄 피셔Eitan Fischer는 이렇게 대답했다.

"한 시간에 100만 마리 이상의 생명이 고통받는 현실을 바로잡을 다른 방법이 있다면 제게 알려주시기 바랍니다."

실천적인 이타주의자 피셔가 대답할 법한 공리적인 계산이었다. 피셔의 믿음대로 청정고기가 공장식 사육을 종식시킬 기폭제가 된다면 그 시점이 빠르면 빠를수록 더 많은 생명을 고통에서 구할 수 있다.

피셔는 아이비리그에서 법학박사와 이학박사 학위를 따고 비영리 동물복지 사업에 종사한 이력이 있기 때문에 얼핏 제이크 프로젝트의 리더로는 어울리지 않아 보인다. 하지만 보크는 피셔를 이렇게 평가한다.

"정말 머리가 좋아요. 피셔는 어떤 일이든 순식간에 추진하는 사람입니다."

따로 청정고기 스타트업을 준비하고 있던 피셔는 보크의 연락을 받고 이런 생각을 했다.

"수백만 달러를 지원받고 맨바닥에서 시작하느냐, 수십억 달러 짜리 회사에서 꿈을 이룰 기반 시설과 여러 실적이 완비된 상태로 시작하느냐. 너무 쉬운 결정이었어요. 고민할 필요조차 없었죠."

하지만 충분한 자원이 주어진 상황에서도 피셔는 눈앞에 놓인 과제를 과소평가하지 않는다.

"당장 우리가 해결해야 할 일이 수백만 가지나 됩니다."

햄턴크릭 내의 사무실을 지나 '관계자 외 출입금지'라는 표지가 붙은 제이크 프로젝트 실험실 쪽으로 걸어가며 피셔가 말했다. 실험실에 들어간 피셔는 '기밀'이라고 적힌 엑셀 스프레드시트를 열어 온갖 예측을 반영한 가격 모델 등 각종 데이터를 보여준다. 첫 두 달간 스무 명이 넘는 업계 과학자들과 이야기를 나눈 끝에 피셔는 햄턴크릭이 해낼 수 있다고 확신하게 되었다.

닭과 칠면조

노스캐롤라이나주립대학의 가금학 교수인 폴 모즈디악Paul Mozdziak은 이렇게 말한다.

"아침에 눈을 뜨면 저는 배양 중인 조류의 위성세포satellite cell(근 섬유가 파괴되었을 때 활성·분화되어 복구시키는 성체 줄기세포 – 옮긴이)를 생각합니다. 잠자리에 들 때도 조류의 위성세포를 생각합니다. 전 세계에서 이 세포를 저보다 잘 아는 사람은 아마 없을 것입니다. 장담하건대 소나 다른 포유류 세포보다 다루기 쉽습니다."

그가 속한 부서의 공식 명칭은 프레스티지팜스Prestage Farms를 소유한 프레스티지 가문의 이름을 딴 프레스티지가금학부Prestage Department of Poultry Science다. 프레스티지팜스는 노스캐롤라이나에 본사가 있는 칠면조와 돼지고기 대기업으로 미국 전역에 생산 시설을 두고 있다.

비록 미국의 청정고기 스타트업 사이에서 닭고기가 주류는 아니지만 모즈디악은 평생을 닭과 칠면조의 근육세포를 키우는 데 바쳤다. 따라서 햄턴크릭이 배양닭고기에 투자를 시작할 무렵 피셔가 1순위로 초빙한 인물은 모즈디악이었다.

중년에 접어든 모즈디악 교수는 '동물 없이 닭고기와 칠면조 고기를 만들기 위해' 뉴하비스트에서 수십만 달러의 지원금을 받기도 했다. 모즈디악은 이 자금으로 대학원생 마리 기번스Marie Gibbons와 함께 연구를 시작했다. 두 사람의 목표는 간단하다. 다른 대학의 연구자들이 일반적인 연구 도구로 사용할 동물 세포주를 확립하는 것이다. 이샤 다타는 연구를 원하는 사람 누구에게나 조류 스타터 세포를 제공한다면 "처음 세포를 구하기 위해 동물을 도축할 필요가 없어질 것"이라고 설명한다.

모즈디악은 1992년 친구들과 함께 고기 연구에 사용할 세포를 찾아 배양하던 때를 회상한다. 평범한 실험실에서 세포를 키우면서 그는 친구들에게 "이 배양이 성공하면 실험실에서도 고기를 키울 수 있겠지?"라고 농담을 했었다. 친구들은 모두 "너무 이상한 발상이라서 아무도 시도할 생각조차 하지 않을 것"이라며 웃어 넘겼다.

그리고 아무런 일 없이 10년이 지났다. 모즈디악은 매일같이 조류 배양세포에 파묻혀 살면서도 자신의 연구가 식품에 적용될 가능성에 대해서는 한번도 생각하지 않았다.

그런데 2004년 이 아이디어가 다시 떠올랐다.

"수업 중에 세포 배양을 가르쳤어요. 일부 학생들이 너무 오랫동안 배양을 하면서 닭의 근육이 만들어졌습니다. 학생들은 자신이 '고기'를 만들었다는 생각조차 하지 않았어요. 그들에게는 그저 근육조각이었으니까요. 하지만 저는 그것을 계속 자라게 내버려둔다면 얼마나 닭고기에 가까워질까 하는 생각이 들었습니다."

시식할 마음이 없었고 생각을 실천에 옮길 자금도 없었던 그는 스스로 실험해볼 엄두를 내지 못한 채 그 고기 조각을 그대로 버려버렸다.

"당시 저는 실제로 누군가 그런 일에 관심을 가질 거라고는 상상도 못했습니다. 제 생각이 짧았죠."

20년 이상 지난 지금 모즈디악에게는 이 아이디어가 더 이상 농담거리가 아니다. 모즈디악은 뉴하비스트의 지원금을 받고 햄턴크릭의 자문으로 활동하는 것 외에도 타이슨푸드 등 '이런 파괴적인 기술에 실제로 관심을 가진 업체'와 의견을 나누었다.

모즈디악은 기술적 관점에서만 본다면 소와 돼지의 세포로 소고기와 돼지고기를 키우기보다는 닭이나 칠면조 세포가 훨씬 다루기 쉽다고 말한다.

"중요한 점은 이거죠. 조류 세포는 포유류 세포보다 배양액에서 훨씬 잘 자랍니다. 가소성(외력을 가했을 때 변형된 형태가 외력을 제거

해도 남아 있는 성질. 여기서는 외부 요인으로 세포의 환경을 바꿔도 그 상태로 잘 적응함을 의미한다 – 옮긴이)이 더 좋아서 원하는 대로 다룰 수 있어요."

재미있는 점은, 모즈디악 자신도 이유를 설명하지 못하지만, 포유류는 어린 개체일수록 생검으로 채취한 세포를 다루기 쉬운 반면 조류는 성체에서 채취한 위성세포일수록 배양을 시작하기 좋다고 한다.

모즈디악은 앞으로 2~3년 내에 배양액에 항생제를 전혀 넣지 않거나 혈청 없이 배양하는 등 세포 배양에 일대 혁신이 일어날 것이라 예상한다. 하지만 그는 죽지 않는 세포주를 구축하여 다른 과학자들이 큰 문제 해결에 더 쉽게 다가가도록 하는 것이 중요하다고 본다.

그의 연구가 성공하면 가금농가들이 파산할 수도 있는데 프레스티지가금학부에서 일하는 동료들은 어떤 반응을 보이느냐고 물어보자 모즈디악은 어깨를 으쓱하며 미소를 지었다.

"동료들은 저를 조류학자보다는 생물학자라고 생각합니다. 그리고 제 연구 내용을 제대로 아는 사람이 얼마나 될지도 모르겠네요. 하지만 이해하는 사람은 멋지다고 말해줍니다."

모즈디악이 뉴하비스트로부터 받은 지원금 덕분에 기번스는 지금까지 큰 성과를 내고 있다. 기번스는 이제껏 누구도 시도하지 않았던 칠면조고기 배양을 시도하게 되었다. 기번스는 생리학 대학원생이자 영원한 동물애호가로 이 프로젝트를 통해 꿈을 이루고 있다. 옥시토신 분자구조 목걸이를 하고 '사랑'이라는 단어를 여러 나라 언어로 문신해 넣은 기번스는 자신이 얼마나 동물을 좋아하는지 설명한다.

"저는 노스캐롤라이나에서 가족이 운영하는 작은 농장에서 자랐습니다. 한 시간 정도 떨어진 곳에 세계 최대 규모의 도축장이 있었어요. 다른 농장과 달리 우리 가족은 돈벌이가 아닌 애완용으로 동물을 키웠습니다. 저는 개나 말을 좋아하듯 닭과 칠면조를 좋아했고 지금도 좋아해요!"

십대 시절 기번스는 동물복지를 배우고 축산업이 초래한 환경 문제를 인지하게 되자 모든 동물 생산물을 영원히 멀리하기로 결심한다. 동물을 사랑하고 과학에 흥미를 느낀 기번스는 노스캐롤라이나주립대학 수의대에 진학했다.

"솔직히 수의사가 하는 일이 저와 어울린다는 생각을 한번도 해본 적이 없어요. 하지만 동물과 과학을 좋아하니 최선의 선택이라 생각했습니다."

수의학 수업에 대비하기 위해 기번스는 수의사와 함께 지역 내의 농장을 돌아다니며 여러 동물을 치료하기 시작했다.

"대부분은 유기농이고 동물복지 단체의 인증도 받은 소규모 가족 농장들을 돌아다니면서 가축과 애완동물 치료의 차이점에 눈을 떴습니다. 동물을 자유롭게 방목한다고 해서 진통제나 수의사의 감독 없이 이루어지는 거세나 뿔 제거 또는 낙인이 없다고 할 수 없습니다."

기번스는 중요한 점을 지적한다. 소규모 유기농 축산업으로 돌아가자는 사람들은 공장식 사육이 없던 옛날이 좋았다면서, 당연히 대규모 농장은 나쁘고 소규모 농장은 인간과 자연이 조화를 이룬다는 환상이 덧씌워진 이분법적 사고를 한다. 하지만 실상은 공장식 사육이 일반화되기 전에도 동물학대가 빈번하게 자행되고 있었다.

또한 방목농장 주변 야생생태계에도 상당한 문제가 발생한다. 미국에서 소를 방목하는 농장은 늑대 사냥과 야생마 포획을 위한 로비에 상당한 공을 들이는 편이다. 대개 소 근처로 천적이 접근하는 것을 막거나 국유지에 소를 방목할 때 다른 동물이 함께 풀을 먹지 못하게 하려는 의도가 숨어 있다. 방목이 공장식 사육보다 못하다는 의미가 아니라(동물 입장에서 방목이 훨씬 낫다) 지역 내의 생산이나 유기농이라고 해서 동물학대가 없다는 결론은 잘못된 것이라는 의미다.

기번스는 목장 실습 중에 의식이 있는 소의 안구 제거 수술을 하고는 수의사라는 직업이 자신이 원하는 길이 아니라는 확신을 가지게 된다.

"수의사가 된다면 동물을 더욱 인도적으로 치료하고 가축주들을 교육하여 수천 마리의 동물을 도울 수 있습니다. 하지만 배양 고기 과학자가 된다면 수십억 마리의 동물을 고통에서 구할 수 있습니다."

2016년 말 기번스는 모즈디악과 함께 최초의 칠면조 너깃을 단돈 1만 9,000달러에 배양했다(포스트의 33만 달러짜리 버거에 비하면 거저나 다름없다). 더 놀랍게도 기번스는 학술 연구를 하는 사람이라면 누구에게나 자신이 만든 MGI(본인의 이니셜을 땄다) 스타터 세포를 한 병씩 보내주었다. 누구든 2주 만에 직접 칠면조 너깃을 키울 수 있도록 말이다. 참고로 말하면 공장식 사육의 경우 칠면조는 대개 14~19주 만에 도축 중량에 이른다.

세포 배양에 최적의 환경을 조성한다면 천문학적인 양의 고기를 생산할 수도 있다. 기번스는 칠면조 근육을 생검할 때 참깨 한 알만큼만 채취했다. 이 정도의 양이면 대략 1,200만 개의 위성세포가 포함되어 있는 셈이다. 단순 계산으로도 기번스와 모즈디악은 생산 능력만 받쳐준다면 생검 한 번으로 전 세계 고기 수요를 2,000년 이상 충족시킬 수 있는 칠면조 근육(우리가 칠면조 고기만 먹는다고 가정할 때)을 만들어낼 수 있다.

한편 2016년 말 《MIT 테크놀로지 리뷰MIT Technology Review》는 모즈디악과 기번스의 연구에 대해 다음과 같이 평가했다.

"이론상 성장 잠재력이 엄청나다. 영양소와 배양 공간이 무한하다면 칠면조 한 마리에서 나온 위성세포 하나가 3개월 동안 75세대까지 분열한다. 즉 세포 하나면 칠면조 너깃을 20조 개 이상 만들 수 있다."

기번스는 자신의 연구에 잠재된 가능성을 떠올리며 미소를 지었다.

"물론 전체 과정을 체계화하려면 아직 할 일이 많습니다. 지금 당장 냉동실에 배양 칠면조 고기를 수십 톤 만들어놓은 것도 아니고요."

동물이 없는 지속 가능한 배양액(그녀는 가까운 미래에 이루어질 거라고 믿는다), 세포를 배양조의 배양액에 순치시키는 일, 생산 시스템의 규모를 키울 방법 등 기번스는 여러 장벽을 언급한다. 그리고 최종 결과물에 붙일 이름에 대한 이야기가 나오자 기번스가 농담하듯 덧붙인다.

"저는 개인적으로 '부트레그 터키레그(밀조된 칠면조 다리 - 옮긴이)'라는 이름이 마음에 듭니다."

배양너깃의 효율적인 생산은 기번스를 무궁무진한 가능성으로 인도한다. 그녀는 청정고기가 가축 외에도 지구상에 있는 동물 전체에 긍정적인 영향력을 가져온다는 점에 흥분한다.

"식품과 이익을 얻기 위해 동물에 의존하던 것을 중단한다면 우리 사회가 모든 동물을 존중하리라 확신합니다."

기번스의 연구는 많은 기사 제목을 장식했고 햄턴크릭 연구개발팀의 찬사를 받았음은 물론이다. 햄턴크릭은 기번스 측에 연구 협력이 가능한지를 물었다. 하지만 MGI 세포주의 소유권은 노스캐롤라이나주립대학에 있으므로 영리 기업에서 라이선스(일반적으로 고가의 사용료나 로열티를 지불) 없이 사용할 수 없다. 최소한 이 부분이 해결되지 않으면 기번스의 연구는 학계에 종속되게 된다.

모즈디악에게 지금 상황은 조류학자들이 오랜 세월 연구해온 효율성이 한 단계 향상된 것에 지나지 않는다. 하지만 그는 효율성 향상에 머물지 않고 수많은 생명공학 분야 동료들이 품고 있는 과학적 판타지를 자극한다.

"사람들은 청정고기가 장기간의 우주여행 중에 고기를 먹을 유일한 방법이라는 점에 동의합니다. 노아의 방주처럼 동물을 싣고 우주여행을 갈 수는 없잖아요?"

우주여행 중에 섭취할 단백질이 인류의 최우선 과제는 아니지만 어쨌든 미래를 바라보는 일부 사람들에게 분명 중요한 문제다.

"우주에 식민지를 개척한 인류가 고기를 먹고 싶다면 분명 우주선에 실은 배양조 비슷한 기구에서 만들어낼 것입니다. 이 연구는 이를 이루기 위한 첫걸음입니다."

물론 현실적인 문제가 있다. 햄턴크릭의 제이크 프로젝트가 성공한다면 우리는 인류가 태양계 식민지를 개척하기 전에 일찌감치 청정고기를 발명하는 셈이다. 만약 그렇게 된다면 프레스티지Prestage, 필그림스프라이드Pilgrim's Pride 외 대형 축산 기업에 납품하던 가금 농가에게는 불운한 상황이다. 뉴하비스트의 보도 자료에서 노스캐롤라이나주립대학에 대한 연구비 지원을 발표하며 함께 언급했듯이 "이 프로젝트의 성과로 인간이 고기를 얻기 위해 키우는 닭과 칠면조 숫자가 크게 줄어들 것"이다.

육식은 러시안 룰렛

한편 햄턴크릭에서는 제이크 프로젝트의 구체적인 연구 과제가 신속하게 정해졌다.

"세포를 혈청 없이 배양하는 것이 첫 번째 과제입니다."

피셔는 세포 배양 시에 어떤 형태로든 동물성 혈청을 사용한다면 모든 시도가 윤리적으로나 경제적으로 무의미해진다고 본다. 그는 세포 배양 시에 더 저렴한 영양원이 필요한 이유도 설명했다.

"지금보다 훨씬 저렴한 성장인자 혹은 유사 물질을 찾아야 합니다. 의학용 조직이라면 그럭저럭 사용해도 무방하지만 상업용 식품에 적용하려면 비용을 더 낮춰야 합니다."

이 문제를 해결하기 위해 햄턴크릭은 자사가 특허를 냈던 식물 기반 기술 플랫폼, 일명 블랙버드Blackbird를 활용하여 청정고기를 연구할 계획이다(실제로 블랙버드 인형 하나가 햄턴크릭 본사 천장에 매달려 있다). 블랙버드는 지난 3년 동안 구축된 정보를 활용하여 청정고기 개발에 걸림돌이 되는 고난도의 기술적 문제들을 해결해줄 것이다. 세포가 붙어 자랄 뼈대와 파이토미메틱스phytomimetics(세포 성장에 필수적인 고가의 성장인자를 식물 유래 물질로 대체한 것) 외에도 햄턴크릭은 동물이 없는 세포 배양액을 개발하기에 유리한 위치에 있다.

"비용 대비 효과가 높고 동물에서 유래하지 않은 배양액이 없다면 청정고기가 절대 나올 수 없습니다. 이 점은 확실합니다."

피셔가 말한다.

청정고기는 최근 몇 년 동안 여러모로 주목받았지만 세포를 키울 저렴하고 풍부한 영양원을 개발하지 않는다면 동물과 지구에 더 나은 미래를 안겨주려는 꿈은 한낱 몽상으로 끝날 것이다. 오늘날 상업용으로 출시된, 동물 없는 배양액으로 만든 고기는 청정고기 비평가들의 눈에 값비싼 사치품이나 다름없다.

햄턴크릭은 이 부분을 바꾸고자 한다. 자사의 다른 제품과 마찬가지로 제이크 프로젝트의 목표는 돈을 지불할 능력이 되는 일부 고객을 위한 고급 제품이 아니다. 테트릭의 목표는 다른 청정고기 생산업자와 마찬가지로 꾸준히 경쟁력 있는 비용을 유지하는 것이다. 그리고 테트릭에 따르면 현실적으로 청정고기를 대량생산할 수 있는, 동물이 없는 단백질원 개발에 기술적으로 유리한 기업을 하나 꼽으라면 아마 햄턴크릭일 것이다. 햄턴크릭은 수백 가지 식물성 단백질의 기능과 분자구조의 특성을 담은 전용 데이터베이스뿐만 아니라 지금도 수백 가지 물질을 분석 중인 대량의 신속한 분석 기법을 보유했기 때문에 세포 성장에 필요한 단백질을 찾게 해줄 물리적 정보와 디지털 정보를 총동원할 수 있다고 한다.

테트릭의 계획은 원료의 발견과 과학의 진보를 통한 새로운 먹거리 생산에 그치지 않고 식품 시스템 전체를 파괴하여 다른 업체들의 동참을 유도하는 것이다. 햄턴크릭이 식물성 단백질에 라이선스를 붙여서 거대 식품 기업들이 자체적으로 달걀 없는 제품을 생산하게 하듯이, 테트릭은 식물성 배양액 원료를 개발하여 다른 청정고기 업체들이 활용하게 할 작정이다. 어쩌면 타이슨푸드와 퍼듀도 언젠가 이런 업체가 될지도 모른다. 즉 햄턴크릭은 자신들이 개발한 기술로 경쟁 업체가 청정고기를 저렴하게 생산하기를 원한다.

테트릭에 따르면 지금까지 논의된 대형 육류 기업은 "사람들의 생각보다 역량 있는 업체들이며 다만 한정된 도구와 편협한 사고방식에 얽매여 있었을 뿐"이라고 한다. 현재 고기를 생산하는 방식이 얼마나 구시대적인지를 지적하며 테트릭은 이렇게 말한다.

"축산업으로 인해 동물은 고기 공장이 되어버렸습니다. 문제는 이 고기 공장이 감정을 느끼고 지극히 비효율적이라는 점입니다. 우리가 목표로 하는 방식은 훨씬 더 효율적이고 지속 가능하고 인간적입니다. 그리고 최종 생산물도 고기와 완전히 동일합니다."

어쩌면 테트릭의 시선은 닭고기 등의 고기 제품 생산에 머물지 않고 더 큰 발전을 향해 있는지도 모른다.

"우리 고기와 기존 고기의 가장 큰 차이점은 기존 고기로 인해

병이 날 가능성이 훨씬 크다는 점입니다."

2014년 《컨슈머리포트Consumer Reports》는 미국 식료품점에서 구입한 닭 가슴살 300개를 조사한 결과, 거의 모든(97퍼센트) 닭고기에서 살모넬라균, 캠필로박터균, 대장균 등 위험한 세균이 검출되었다고 발표하며 다음과 같이 경고했다.

"샘플 중 절반 이상에서 분변 오염물이 발견되었다. 그리고 절반 가까이는 일반적으로 처방되는 세 가지 이상의 항생제에 내성이 있는 세균을 한 종 이상 가지고 있다. 왜 우리는 가금육을 충분히 조리해야 하며 다른 식품들과의 접촉에 주의해야 한다는 경고를 귀가 아프게 들어야 할까? 원인은 바로 분변이다."

조사 결과 미국 가금 산업이 비위생적인 사육 환경에서 닭들을 더 많이, 더 빠르게 성장시키기 위해 항생제를 엄청나게 남용하는 바람에 몇몇 중요한 항생제는 더이상은 인간에게 통하지 않게 되었다고 한다. 《컨슈머리포트》는 매년 미국에서 발생하는 200만 건의 질병과 2만 3,000건의 사망이 항생제 내성과 관련이 있다고 추정했다. 이런 이유로 《컨슈머리포트》를 발행하는 미국소비자동맹은 축산업에서 치료 목적 이외의 항생제 사용을 금지하기 위해 강력한 로비를 펼치고 있지만 아직 성과는 없다.

가금 산업과 관련하여 항생제 내성만큼이나 걱정스러운 문제가 하나 더 있다. 바로 식중독이다. 안타깝게도 매년 4,800만 명의 미국인이 살모넬라균 등 병원균으로 오염된 식품을 섭취하고 병에 걸린다. 그리고 가장 큰 식중독 원인은 닭고기와 칠면조 고기다. 미국 질병통제예방센터Centers for Disease Control and Prevention, CDC의 보고에 따르면 식중독에 의한 사망은 가금이 원인인 경우가 가장 많다고 한다. 테트릭은 이렇게 외친다.

"닭고기를 부엌에서 방사능 폐기물처럼 조심스럽게 다루지 않아도 된다면 얼마나 좋을까요? 살모넬라균은 장내에 존재하므로 우리가 먹는 고기에는 당연히 없습니다. 내장이 없는 고기를 생산하니까요. 사람들은 우리가 평범하게 먹었던 고기가 사실은 재수 없으면 죽는 러시안 룰렛이나 다름없었다는 사실에 놀라워할 것입니다."

푸아그라, 동물복지가와 미식가의 전쟁터가 되다

기번스가 성과를 낸 와중에 이스라엘의 어느 스타트업도 배양고기 연구를 조류에 집중해야 할 필요성과 그 잠재력을 깨달았다. 2016년에 설립된 슈퍼미트는 햄턴크릭과 마찬가지로 청정닭고기 생산을 최종 목표로 삼고 있다. 하지만 슈퍼미트는 여느 업체들처럼 벤처캐피털을 물색하는 대신 처음부터 회사의 탄생과 자신들이 만들려는 도축 없는 고기의 전망을 담은 바이럴 영상을 만들었다. 이 작품은 전개가 빠르고 코믹한, 평범한 과학 영상이었다.

하지만 한 달 만에 조회 수 1,000만 이상을 기록했고 5,000명이 넘는 사람이 25만 달러를 기부했다. 이 기부자들은 향후 업체가 만들어낼 제품의 고정 고객이나 다름없으므로 슈퍼미트 CEO 이도 사비르Ido Savir는 이 사람들이 제일 먼저 청정고기를 구입할 것 같다고 농담을 던졌다.

바이럴 영상의 성공으로 자금을 확보한 사비르와 그의 팀(코비 버락Koby Barak과 시어 프리드먼Shir Friedman 포함)은 자신들이 실제 제품을 만들 능력이 있음을 어떻게 증명하여 수백만 달러 대의 지원금을 따낼지 고민하기 시작했다. 이미 이스라엘 주요 육류 업체의 이목이 이들에게 집중된 가운데, 소글로웩은 투자 의향이 있음을 공개적으로 표명했다.

슈퍼미트가 온라인에서 돌풍을 일으키며 투자처를 찾기 시작할 무렵 햄턴크릭에서는 피셔와 데이비드 보먼David Bowman(팀에 두 번째로 합류했다)이 첫 연구과제를 선정하고 있었다. 보먼은 이런 제안을 했다.

"기술적으로 제조가 쉬운 제품으로 시장에 먼저 진입하는 것도 좋지만 셰프와 미식가가 찾는 최고급 제품을 만드는 것은 어떨까요?"

햄턴크릭에 들어오기 전에 간세포를 연구했던 보먼은 푸아그라(지방이 낀 거위의 간)가 이 연구에 딱 들어맞는다고 추천했다. 푸아그라는 시중에서 고가로 판매되기 때문에 일반 닭고기를 만드는 것보다는 가격 경쟁력이 있었다. 테트릭과 보크는 솔깃해졌다. 피셔도 이 의견에 동의했다.

"푸아그라도 첫 제품으로 손색이 없는 가금생산물입니다. 세포주나 배양 조건도 우리가 앞으로 만들어낼 오리고기, 닭 간 등 가금제품과 비슷하고요."

간은 혈청 없이도 키우기가 쉬워서 생산 단가를 낮출 수 있다. 다시 말해 근육세포보다 실험실에서 배양하기가 쉽다. 뿐만 아니라 간세포에 당을 과다 투입하면 점점 지방이 축적된다. 이렇게 만든 조직은 오리와 거위에 강제로 사료를 급여하여 지방간을 인위적으로 만들어낸 푸아그라와 비슷하다.

푸아그라의 문화적 배경은 동물복지 분야에서 몇 년 동안 논쟁거리였다. 사육사는 원래 식사량 이상의 사료를 파이프를 통해 새의 목구멍에 억지로 밀어 넣어 간에 지방축적을 유도한다. 그 결과 간은 정상보다 10배 이상 커진다. 막바지에 이르면 오리와 거위의 사망률이 치솟고 살아남은 새도 발걸음을 옮기기 힘들 정도로 뚱뚱해진다.

시험관 푸아그라를 구상한 회사는 햄턴크릭이 처음이 아니다. 2008년 《뉴욕타임스》 칼럼니스트 앤드루 레브킨Andrew Revkin은 '조류 없이 푸아그라를 만드는 여정'이라는 제목으로 블로그에 글을 올렸다. 그는 미식가와 동물복지론자 사이에서 격렬한 논쟁이 끊이지 않는 현실에서 간만 취하고 새는 포기하는 방법을 제시하며 이렇게 덧붙였다(시카고에서는 한때 푸아그라 판매를 금지했다가 철회했다).

"저는 푸아그라야말로 배양 고기 업계에서 도전해볼 만한 완벽한 제품이라고 생각합니다."

참고로 당시는 배양 고기 업체가 하나도 없던 시절이다.

레브킨의 주장을 요약하면, 다루기 쉬운 간세포로 고가의 제품인 푸아그라를 만들면 가격 경쟁력을 확보하기 쉽다는 것이었다.

햄턴크릭의 목표는 푸아그라 업계를 바꾸는 것에서 더 나아가 가금을 중심으로 수많은 제품을 개발할 완벽한 기술 플랫폼을 구축하는 것이다.

하지만 아직 갈 길이 멀다. 첫 번째 의문은 전통적인 방식으로 만든 식재료에 큰 의미를 부여하는 푸아그라 소비자가 실험실에서 만든 제품을 실제로 먹을까 하는 점이다. (실험실 다이아몬드 제조자도 같은 문제점을 안고 있다. 채굴된 다이아몬드와 완전히 동일하지만 사람들은 의미에서 차이를 둔다.) 하지만 피셔는 낙관적이다.

"비인간적이기 그지없는 방법으로 생산된 기존 푸아그라에 비해 우리 제품은 소비자들이 윤리적으로 부담 없이 즐길 수 있습니다."

잔인하게 생산되지 않은 푸아그라를 선호하는 소비자가 있을 수도 있지만, 일반적으로 사람들은 동물학대 논란이 있음을 알면서도 푸아그라를 먹는다. 사람들은 대개 치킨너깃이 맛있고 안전하고 싸다면 어떻게 만들어졌는지에 신경 쓰지 않지만 푸아그라 소비층은 맛 외에도 푸아그라의 '유산'이나 전통을 따지곤 한다. 이렇듯 갈 길이 먼 상황에서 사람들에게 기존 푸아그라와 대등한 제품으로 확실하게 눈도장을 찍지 못한다면 햄턴크릭의 제품은 윤리적인 이유로 사료를 강제 급여한 푸아그라를 먹지 않는 사람의 관심밖에 끌지 못할 것이다.

푸아그라는 철분 함량과 혈관이 적을수록 높은 등급을 받는다. 새로운 생산 방식을 적용하면 이 두 가지 요소를 조절할 수 있을 뿐만 아니라 햄턴크릭의 제품을 '세계 최고 등급의 푸아그라'로 만들수 있다.

청정푸아그라가 전 세계적으로 30억 달러에 달하는 푸아그라 시장에 혁명을 가져올 제품일지는 아직 알 수 없다. 하지만 이 제품이 니치 전략(전체가 아닌 틈새시장을 노림 – 옮긴이)으로 금방 베스트셀러가 되지는 않겠지만, 피셔는 청정고기 제품의 첫 상용화가 앞당겨지면서 햄턴크릭이 엄청난 주목을 받게 될 것으로 내다보았다. 그렇게 된다면 청정고기가 더는 이론에 그치지 않음을 사람들이 알게되어 더 많은 연구자금이 모일 것이다.

또한 캘리포니아에서 푸아그라 사업을 하면 이점이 있다. 당시 주지사였던 아놀드 슈왈제네거Arnold Schwarzenegger는 동물복지를 이유로 캘리포니아에서 푸아그라 판매를 금지했다. 그가 2004년 서명한 법안에는 오리나 거위에게 강제로 사료를 먹여 생산한 푸아그라를 2012년까지 단계적으로 금지하는 내용이 들어 있었다. 이 법안은 여러 소송에 휘말리기도 했지만 2017년 9월 연방법원이 금지 처분을 그대로 인정함으로써 캘리포니아주 내에서 강제로 사료를 먹여 기른 오리나 거위에게서 나온 푸아그라는 금지되었다. 피셔는 농담조로 이야기한다.

"햄턴크릭이 캘리포니아에서 푸아그라를 합법적으로 생산하고 판매하는 유일한 업체가 된다면 화제가 되지 않을까요?"

어차피 닭고기

몇 달이 지난 2017년 1월, 내가 앉아 있는 햄턴크릭의 주방 너머에서 연구팀이 세계 최초의 청정푸아그라를 만들기 위해 다양한 세포주로 열심히 연구하고 있었다. 아파르나 수브라마니안Aparna Subramanian은 15년 경력의 줄기세포 과학자로 매주 남편과 자녀가 있는 로스앤젤레스에서 샌프란시스코로 출근해 가축의 세포주를 키우고 관리한다. 두 달 전 링크드인(세계 최대의 비지니스 인맥 SNS –

옮긴이)을 통해 피셔가 연락했을 때 그녀는 누군가 자신에게 장난을 치는 줄로만 알았다.

"듣도 보도 못한 정말 말도 안 되는 연구였습니다. 진짜일 리가 없다고 생각했어요."

채식주의자로서 회사의 설립 목적에 깊이 공감하는 수브라마니안은 처음 제이크 프로젝트에 합류했던 때를 떠올리며 이렇게 이야기한다.

"세포주를 새로 만들기 위해서는 진짜 새를 잡아 스타터 세포를 얻어야 했습니다."

햄턴크릭은 지역 내의 방목농장과 협력하여 최고의 새로부터 고통 없이 세포를 확보하기로 했고(줄기세포는 빠진 깃털의 뿌리에서 구할 수도 있다), '이언'이라는 닭이 영광스럽게도 실험용으로 선정되었다.

"우리는 이언을 농장에서 데려와 다른 가정의 뒷마당에 새로운 보금자리를 마련해주었습니다. 이언은 몇 주 만에 도축될 운명에서 벗어나(이 대목에서 수브라마니안은 눈물을 글썽거렸다) 이곳에서 죽을 때까지 닭다운 삶을 살게 될 것입니다. 실험실에서 밤늦게 일한 날도 많았지만 이언을 만나니 이 모든 일이 헛되지 않을 것이란 생각이 들었어요. 다 닭을 위해 하는 일입니다."

수브라마니안은 세계 최초의 동물 없는 고기를 선도한 주역이지만 종교적인 이유로 채식을 하므로 자신이 만들어낸 고기를 맛볼 수 없다.

"왜냐하면 진짜 고기니까요. 이것은 동물성 제품입니다."

수브라마니안 팀의 연구가 몇 달 동안 성과를 낸 제이크 프로젝트는 이제 단순한 프로젝트가 아니다. 40만 리터 규모의 배양조 생산 라인을 감독했던 제이슨 라이더Jason Ryder, 배양액 원료로 쓰일 식물성 단백질의 분자 특성을 수백 개나 분류하고 정리한 비비안 랭커Viviane Lanquar 등 내로라하는 과학자들이 연구개발팀에 합류하면서 청정고기는 햄턴크릭의 중심을 떠받치는 기둥이 되었다. 제이슨 프로젝트는 두 가지 접근방식을 쓴다. 하나는 '씨앗'으로, 온갖 식물에 숨겨진 능력을 찾아 이용하는 것이고, 다른 하나는 '세포'로, 이렇게 발견한 식물 성분을 배양에 활용해 동물세포를 기하급수적으로 증식시키는 것이다.

초반의 난관을 일부 해결한 햄턴크릭은 드디어 동물의 혈청 없이 만든 첫 샘플을 시식할 준비를 마쳤고, 나는 회사 외부 인사로는 처음으로 시식에 참여했다. 제이크 프로젝트의 수석 셰프 토머스 보먼Thomas Bowman은 형제인 데이비드와 함께 10년 가까이 이 순간을 기다려왔다. 토머스가 요리사가 되고 데이비드가 간세포를 배양할 때부터 두 사람은 푸아그라 배양을 꿈꿔왔으며 이제 기대해 마지않던 프로젝트를 세상 사람들에게 선보이게 되었다. 토머스가 설명을 시작했다.

"오늘날 최고의 셰프들은 가장 진귀한 동물 생산물 중 하나로 푸아그라를 꼽습니다."

초창기 시제품은 지방이 낀 거위 간에 다른 재료가 뒤섞인 전형적인 푸아그라 무스로, 적어도 내 눈에는 거위 간으로 보였다. 피셔가 말을 이었다.

"이 푸아그라 파테(파이 반죽에 고기, 생선, 채소 등을 갈아서 채운 다음 오븐에 구운 프랑스 요리 - 옮긴이)는 소매가로 0.45킬로그램당 100달러가 넘습니다. 우리는 이미 이 제품을 대량생산이 가능한 공정으로 만들고 있으며, 목표 단가에 이르는 것은 시간문제입니다." (근육으로 구성된 고기를 혈청 없이 생산하는 것은 아직 요원한 일이지만 앞서 말했듯이 간세포를 생산하기는 더 쉽다.)

세포 성장에 필요한 동물 유래 영양분을 지속적으로 공급하지 않고도 고기를 만들기 위해서는 핵심적인 문제를 해결해야 했다. 과거 마요와 쿠키에 들어가는 달걀 원재료를 대체했듯이 동물 유래 영양분을 다른 물질로 대체해야 했던 것이다. 다행히 햄턴크릭 연구팀은 동물세포 배양 성분의 기능을 깊이 이해하여 이 문제를 해결했다.

나는 평생 푸아그라를 먹어본 적이 없고, 10년 전 동물보호협회에 있을 때는 시카고에서 푸아그라 판매 금지 캠페인을 벌이기도 했다. 2012년 캘리포니아에서 푸아그라 금지 법안이 시행되면서 나는 푸아그라를 옹호하는 요리사와 정기적으로 공개 토론을 하기도 했다. 푸아그라를 열심히 옹호하는 그들을 보면서 조지 부시 대통령의 연설문 작성을 담당했던 매튜 스컬리Matthew Scully의 말을 떠올렸었다. 스컬리는 "식탁에 올라오는 음식 하나에 이렇게 열을 올리시는 분이 다른 사람의 사업에 진지하게 조언할 자격이 있는지 의문이다"라고 꼬집은 바 있다. 그런데 내가 진짜 푸아그라를 먹기 위해 지금 이곳에 있다.

흰 도자기 접시에 당당히 올라간 베이지 빛깔 푸아그라를 중심으로 포크와 나이프 그리고 고급 냅킨이 양쪽에 놓여 있다. 마치 고급 프랑스 레스토랑에 온 기분이었다. 내 반응을 지켜볼 햄턴크릭 직원들이 내 주위로 둘러앉자 나는 지금부터 할 행동에 속이 살짝 울렁거렸다. 실제로 오리를 죽이지 않았다고 이성적으로는 이해했지만 본능적으로 강렬한 느낌이 멈추지 않았다. 몇 년 전에 먹은 스테이크 칩처럼 나는 아무렇지 않게 푸아그라를 포크로 잘라 한 조각을 집었다. 그리고 입안에 넣은 다음 한번 숨을 들이쉬고는 혀와 입천장 사이에서 푸아그라를 으깼다.

놀라운 풍미가 났다. 파테는 풍성한 버터 맛이 나고 특유의 풍미에서는 강한 퇴폐미가 느껴졌다. 상상했던 바로 그 맛이었다. 나는 맛을 판정하기에는 적임자가 아니었음에도 눈을 감고 기름진 간을 혀 위에 굴리자 상당한 기쁨을 맛볼 수 있었다. 이 지방덩어리에는 사람을 행복하게 해주는 무언가가 있는 듯했다. 개인적인 경험에 빗대자면 과카몰리(으깬 아보카도로 만든 멕시코 요리의 소스 – 옮긴이) 같은 기름진 음식을 먹는 행복감과 비슷하면서도 다른 느낌이었다.

햄턴크릭 시식 팀이 하나둘 푸아그라에 도전하면서 놀라움에서 안도감까지 다양한 반응이 나왔다. 피셔는 농담도 던졌다.

"저는 대학 시절 푸아그라를 반대했는데 이 회사에 와서는 매주 먹고 있습니다."

내 긍정적인 반응에도 불구하고 연구팀은 원래 목표에 미치지 못한다는 판정을 내렸다. 어쩌면 상용화될 최초의 제품이 될지도 모르기 때문에 모든 면에서 완벽하지 않으면 만족하지 못하는 것이다. 토머스는 이렇게 말한다.

"강제적으로 새를 키워 만든 제품보다 높은 평가를 받지 못한다면 어떤 소비자도 우리 제품을 구입하지 않을 것입니다."

하지만 테트릭의 목표는 더 높은 곳을 향한다. 시식이 끝나고 햄턴크릭의 다른 청정푸아그라 제품을 맛본 후에 테트릭은 이렇게 말했다.

"푸아그라는 잘 만들어졌습니다. 자랑스러워해도 좋을 성과이며 다음 단계로 넘어가는 가교가 되어줄 제품입니다. 하지만 이 가교가 어디로 향하는지 우리 모두 알고 있습니다. 우리는 현재의 육류 시스템을 완전히 구시대의 유물로 만들려고 합니다."

테트릭은 3만 7,161제곱미터에 달하는 미래의 햄턴크릭 육류 생산 시설의 스케치들을 컴퓨터 화면으로 보여주었다. 이 시설은 200개의 배양조에서 참다랑어를 초당 34.5킬로그램씩 생산하고 교베규(고베 소고기 - 옮긴이)는 물론 최종 목표인 세계 최초이자 최고의 닭고기도 생산할 것이다. 그는 계속 설명했다.

"우리 목표는 누가 봐도 좋은 제품을 만들어서 기존 고기를 사먹을 이유를 없애는 것입니다. 우리는 2025년까지 첫 시설을 착공할 예정입니다. 2030년이면 햄턴크릭은 세계 최대의 육류 업체가 되어 있을 것입니다."

현재의 계획은 어떤 동물성 재료도 사용하지 않은 동물 생산물을 기존 고기와 '아주 비슷한' 가격으로 판매하는 것이다. '아주 비슷한' 것이 어느 정도냐고 묻자 테트릭은 첫 상용 제품은 30퍼센트가량 가격을 높게 잡는다고 대답했다. 하지만 그는 청정고기의 가격이 기존 고기보다 낮아지지 않는 한, 문제가 해결된 것이 아니라고 주장한다. 그러자면 햄턴크릭은 식물성 배양액에 들어가는 비용을 낮추기 위해 더 많은 연구를 해야 한다. 테트릭은 앞으로 5년 내에 그 정도 수준에 이를 것으로 예상한다. 그들은 이미 청정치킨너깃 시제품을 만들어 실험용 닭 이언이 보는 앞에서 먹은 적이 있다 (그들은 이 장면을 짧은 영상으로 남겨두었다).

어떻게 그렇게 긍정적일 수 있느냐고 묻자 테트릭이 말했다.

"지구상의 인구는 이미 75억 명이 넘었습니다. 이 인구를 먹이는 동안 또 수십억 명이 더 태어날 것입니다. 저는 우리 제품이 기존 고기보다 더 싸다면 개발도상국들도 (식품안전 문제도 많이 해결해주므로) 환영할 거라고 꽤나 확신합니다. 유럽연합이 청정고기를 먼저 받아들이지 않더라도 이스라엘, 브라질, 중국 등에서 원할 것입니다. 우리가 파는 것은 어차피 닭고기입니다."

테트릭은 잠시 말을 멈추고 생각에 잠겼다.

"'어차피 닭고기'라는 제품명도 괜찮네요. 제이크도 분명 좋아할 겁니다."

7장
식품 양조와 논란

축산업이 지구에 초래하는 막대한 피해를 인지하는 사람들은 공장식 사육으로 만든 제품을 어떻게 식물성 제품으로 대체할 것인지, 실제 동물의 생검으로 얻은 세포로 키운 동물성 제품에 투자해야 할지 등 해결책을 중심으로 논의를 진행한다. 하지만 양쪽 선택지에 해당되지 않는 완전히 새로운 영역이 존재하며, 이 분야는 청정고기보다 좀 더 상업화에 근접해 있다. 사실 어떤 면에서는 이미 상업화되었다고 볼 수도 있다. 해당 업체들은 세포농업의 하위 분야인 무세포농업acellular agriculture에 힘을 쏟고 있다.

세포농업은 근육세포나 피부세포 등 살아 있는 세포의 증식을 유도하여 식품이나 의복을 만드는 것으로 익히 알려져 있다. 무세포농업은 효모, 세균, 조류, 진균 등 미생물을 다루며, 지방이나 단백질 등 살아 있지 않은 특정 유기물 분자를 생산하는 영역을 포함한다. 무세포농업에서는 동물 생산물을 제조하는 과정에 동물이 쓰이지 않는다. 실제 동물의 생검으로 세포를 얻는 방법을 지양하고 효모나 기타 미생물에서 출발하기 때문이다. 이들 업체들이 동물 없이 만드는 단백질은 동물 생산물에 포함된 목표 단백질과 완전히 동일하다.

달리 표현하면 청정고기 생산자들은 세포를 '원료'로 식품을 만들지만 무세포 식품 업체들은 세포를 '이용'해 식품을 만든다.

무세포 식품 업체들의 역사는 멤피스미트, 햄턴크릭, 모사미트 등의 업체들과는 사뭇 달라 같은 범주에 들어가는 것조차 꺼린다. 그들은 자신들이 육류 제조업체보다 맥주 양조업체에 훨씬 가깝다고 생각한다. 왜냐하면 그들은 맥주처럼 원하는 성분을 만들어내기 위해 디자인된 미생물만 사용하기 때문이다. 이 업체들은 효모로 알코올을 만드는 대신 우유, 달걀, 콜라겐 단백질 등을 대량으로 만들어낸다.

제빵사가 효모와 설탕을 섞어 이산화탄소로 빵을 발효시키고 양조효모가 설탕을 만나 알코올이 만들어지듯이, 이 업체들은 특별한 자체 효모에 당을 주입하여 우유나 난백에 있는 단백질로 변환시킨다. 결정적인 차이가 있다면 양조효모로 만든 최종 생산물에는 효모가 그대로 남아 있지만, 새로운 기술은 효모를 분리하여 순수하게 우유 또는 난백 단백질만 남긴다는 것이다. 유전공학으로 만든 자체 효모는 분리되어 최종 생산물에 남지 않으므로 이 식품은 GMO가 아니다. 이 기술을 지지하는 사람들은 '개선된 발효'(혹은 그냥 발효)로 부르는 반면 반대하는 사람들은 합성생물학 내지는 GMO 2.0으로 부른다.

무세포농업 업체들이 사용하는 배양 기법은 이 책에 언급된 다른 업체들이 배양 고기 기술을 사용하기 훨씬 전부터 존재했다. 가령 수십 년 전에 당뇨병 치료제로 쓰이던 거의 모든 인슐린은 돼지나 소의 비장에서 추출됐지만, 과학자들은 1970년대 말 유전공학으로 만든 세균으로 시험관 환경에서 사람 인슐린을 생산해냈다. 오늘날 거의 모든 당뇨병에 사용되는 인슐린은 실험실에서 만들어지지만 환자에게 더 안전하고 체내에서 아무 차이가 없다. 비슷한 사례로, 1990년까지는 소의 위장에서 나온 레닛으로 커드(우유에 산, 레닛, 키모신 등을 넣으면 만들어지는 유단백질 덩어리로, 커드를 숙성시켜 치즈를 만든다–옮긴이)를 만들었지만 오늘날에는 유전공학 세균이 거의 모든 레닛의 핵심 구성 물질인 키모신을 생산해낸다. 자신의 역할을 다한 유전공학 세균은 버리고 키모신만 따로 분리하므로 최종적으로 치즈는 'GMO 없음'으로 표기된다.

기술적으로는 한계가 있지만(예를 들면 이 방법으로 청정고기를 생산할 수는 없다), 이 제품들은 군이 분류하자면 식물성 대체재보다 동물 생산물에 훨씬 가깝다. 그중 한 업체인 퍼펙트데이를 살펴보자.

퍼펙트데이의 완벽한 우유

햄턴크릭 본사와 불과 17.7킬로미터 떨어진 남부 샌프란시스코 공동사무지역의 막다른 길에 위치한 어느 사무실에는 페루말 간디 Perumal Gandhi와 라이언 판드야Ryan Pandya를 필두로 수십 명의 직원이 일하고 있다. 두 사람은 채식을 하는 20대 중반의 인도계 미국인으로 효모에서 진짜 우유를 만들어 소를 축사에서 해방시키고자 한다. 1층 사무실 위에 있는, 고가의 시설을 갖춘 실험실에서 현미경으로 관찰하면 퍼펙트데이가 만든 우유와 일부 문화권에서 수천 년 동안 마셔온 '소의 우유'를 구분하기 힘들다(퍼펙트데이라는 회사명은 가수 루 리드Lou Reed가 부른 〈퍼펙트데이〉처럼 마음을 진정시키는 노래를 젖소에게 들려주면 우유 생산량이 늘어난다는 특이한 연구에서 유래했다).

조직공학으로 만드는 고기가 기술적으로 극복해야 할 문제가 많다면 액상 우유는 훨씬 제조가 간단하고 조직공학도 필요없다. 겨우 여섯 개 남짓한 핵심 단백질은 훨씬 제조가 쉬워서 청정고기에 비하면 땅 짚고 헤엄치기나 다름없다.

원래 몸에 좋은 우유지만 더 좋아질 가능성이 있다. 가령 우유에 포함된 콜레스테롤은 맛이나 식감과 무관하므로 콜레스테롤이 전혀 없는 우유를 생각해볼 수 있다. 꼭 유당불내증이 아니더라도 우유를 쉽게 소화하는 사람이 거의 없으므로 유당 없는 우유를 만들 수도 있다. 그 외에 세균이 없기 때문에 우유의 유통기한이 훨씬 길어진다는 이점도 있다.

퍼펙트데이는 인슐린이나 레닛의 생산 기법과 유사하게 버터컵이라고 이름 붙인 효모에서 레닛 성분 대신 우유 단백질을 만들어낸다.

"효모는 눈물을 흘리지 않으므로 우유가 다 만들어지면 부담 없이 제거할 수 있습니다."

소가 원래 우유를 만드는 동물이라고 생각하기 때문인지 많은 사람들이 별다른 고민 없이 유제품을 섭취한다. 하지만 우유는 사람이 아니라 송아지를 위한 것이기 때문에 현실적으로 소는 여느 포유류와 마찬가지로 임신 상태에서만 젖이 나온다. 우유를 계속 짜내기 위해 농가에서는 인공수정으로 소의 임신기, 착유기를 유지하고 우유를 팔기 위해 송아지가 태어나자마자 어미로부터 떼어놓는다. 이후 송아지는 성숙기에 이르렀을 때(최소 한 살) 기존 젖소를 대신해 착유우로 쓰이거나 육우로 사육된다.

오늘날 소는 유전자 집중 선별 프로그램으로 과거보다 몇 배나 많은 우유를 생산하며, 유가공 업계는 정기적으로 호르몬과 항생제를 투입하여 착유량을 더욱 늘린다. 이런 식으로 우유 생산을 증가시키면 절뚝거림, 유방염 등 동물복지와 관련된 여러 문제가 발생한다.

퍼펙트데이가 지적하듯이 인류의 식단에 우유가 자리 잡은 것은 전체 진화 기간에서 상당히 최근이기 때문에 대부분의 인간은 유당을 제대로 분해할 능력을 진화시키지 못했다. 그런 이유로 비유럽 지역의 전통 식품에는 유가공품이 드물다. 하지만 유럽인들은 발효되지 않은 우유를 섭취한 역사가 깊기 때문에 유아기가 지나서도 유당을 소화하도록 진화한 사람이 많다. 그들은 평생 우유를 마시는 데 지장이 없다.

라이언 판드야는 코네티컷주에서 십대 시절을 보냈고, 대학 시절 조너선 사프란 포어Jonathan Safran Foer의 저서 『동물을 먹는다는 것에 대하여』에서 유가공 업계의 문제점을 읽고 채식주의자가 되었다.

"저는 동물에게 폭력을 가하지 않겠다는 신념으로 단순 채식을 시작했다가 모든 동물 생산물을 먹지 않는 비건vegan이 되었습니다.”

판드야가 미국 이스트코스트(대서양과 접한 미국 동부의 주들 – 옮긴이)에 살던 무렵, 인도 뭄바이에서 학교를 마치고 돌아오던 6학년 페루말 간디는 닭 학대를 고발하는 전단지 한 장을 받았다. 그는 자신이 읽고 있는 내용을 믿을 수가 없었다. 닭은 크게 자라도록 유전자가 조작되어 걷지도 못할 정도였다. 과밀한 사육장에 갇힌 닭도 있었다. 채식주의자 부모 밑에서 고기를 먹으며 자란 이 아이는 자신도 부모님처럼 살겠다는 생각을 품고 고기를 끊기로 결심한다.

동물에 엄청난 열정을 보이는 간디를 위해 아버지도 그가 동물과 함께 지낼 방법을 알아봐주었다. 간디는 뭄바이에서 유기견을 돌보는 비영리단체 웰페어오브스트레이독Welfare of Stray Dogs에 대해 알게 되었고 시간이 날 때마다 개를 돌보기 시작했다.

간디는 복지단체에서 만난 다른 자원봉사자들을 통해 난생처음 비건을 접했다. 인도 젖소의 운명을 목격한 고등학생 간디는 비건이 되는 것이 옳은 선택이라는 생각을 하게 된다.

“소는 인도에서 성스러운 존재로, 힌두교도들은 소를 죽이지 않습니다. 하지만 인도에 힌두교도만 있는 것이 아니기 때문에 많은 소들이 고통받을 뿐만 아니라 육식을 위해 도축되고 있습니다.”

실제로 인도는 브라질과 함께 세계 최대 소고기 수출국이다.

대학 진학을 결심한 간디는 부모님이 만족하실 두 가지 진로 중에 하나를 골라야 했다. 그에게는 의사나 공학자라는 선택지가 있었다. 간디는 공학자를 선택했지만 몇 년 전에 받은 전단지를 잊을 수 없었다.

"저는 무기력함을 느끼기 시작했습니다. 도움이 필요한 동물은 수십억 마리지만 저는 한 마리씩밖에 도울 수 없었어요. 더 큰 영향력을 발휘하고 싶었지만 방법을 몰랐습니다."

소를 키우지 마세요. 그래도 우유는 마실 수 있습니다

한편 판드야는 2013년 뉴잉글랜드에서 학교를 졸업하고 생물의약품 분야에 뛰어들었다. 그는 건강하게 장수하는 삶을 위해 약물과 치료법에 생명공학을 적용하기 시작했다. 하지만 그는 만족할 수 없었다. 판드야는 동물 없는 고기를 만들기 위해 학부생 때부터 소 줄기세포의 배양을 시도했다. 이런 발상을 이미 알고 있던 그는 자신이 해당 분야를 주도하지 못하는 것에 답답함을 느꼈다.

판드야는 햄턴크릭이나 비욘드미트 등 식물성 제품을 만드는 스타트업이 각각 달걀 없는 제품과 고기 없는 닭고기를 만드는 중이며, 대중들이 식물성 제품을 더 편리하고 친근하게 받아들일 방법을 개발하기 위해 식품 과학자를 모집한다는 것도 알고 있었다. 하지만 그 대상에 달걀이나 고기가 아닌 유제품이 없다는 사실이 아쉬웠다.

"저는 평생 고기를 먹지 않아도 괜찮습니다. 하지만 유제품을 너무 좋아하는데 기존 유가공 업계가 제 가치관과 맞지 않았습니다."

그러던 어느 날 판드야는 베이글 전문점에 전화하여 베이글과 비유제품 크림치즈(보스턴 델리 제품)를 주문했다.

"갈색 포장지를 벗기자 물컹하고 우울하게 생긴 크림치즈 비슷한 것이 베이글에서 흘러내려 청바지가 갈색으로 얼룩졌습니다. 저는 너무 기분이 나빠져서 베이글을 먹지 않았어요."

속이 울렁거린 판드야는 크림치즈에서 벌어지는 일을 분자 수준에서 재구성하기 시작했다.

"저는 어떤 유단백질이 부족해서 콩으로 만든 저질 크림치즈가 그렇게 흘러내렸는지 대충 가늠할 수 있었습니다. 그러자 제가 의약품을 만들던 기술로 유단백질을 만들 수 있지 않을까 하는 생각이 들었습니다."

조직공학이 적용되는 고기보다 훨씬 쉽겠다는 생각이 들자 판드야는 흥분에 휩싸여 인터넷으로 자세히 알아보았다. 하지만 이런 생각을 하는 사람이 아무도 없는 것으로 확인되자 직접 실행해야겠다는 생각이 들었다.

어떻게 시작해야 할지 감을 잡을 수 없었던 판드야는 도움을 청할 만한 인물이 떠올랐다. 터프츠대학교 재학 당시 그는 데이비드 캐플런David Kaplan 교수 밑에서 동물세포로 고기배양을 시도한 적이 있었다. 또한 판드야의 배경지식은 당시 이샤 다타가 고향 캐나다에서 운영하던 뉴하비스트의 온라인 도서관을 참고한 것이었다. 해당 주제에 큰 흥미를 느꼈던 판드야는 언젠가 다타가 자신의 커리어에 중요한 역할을 하리라 반쯤 기대하면서 지속적으로 연락을 취하던 중이었다. 판드야는 자신의 아이디어가 가진 무궁무진한 잠재력을 깨닫고 다타에게 기획안을 보내며 관련 콘셉트로 운영되는 회사가 있는지 물어보았다.

한편 간디는 유기견 한 마리가 아닌 많은 동물을 도울 방법이 없을까 깊이 고민하고 있었다. 2012년 인도에서 공학을 공부하던 그는 뉴하비스트의 이메일 소식지를 구독하며 마크 포스트가 네덜란드에서 배양 햄버거를 만들었음을 알았다.

"소 없이 진짜 버거를 만들다니. 이 분야야말로 제가 가야 할 길이라는 느낌이 왔습니다."

간디는 자신을 박사 과정으로 받아달라고 포스트에게 연락했다. 안타깝게도 포스트는 간디를 받아줄 자원이 부족했다. 간디는 이에 굴하지 않고 미국 내의 대학원에 재빨리 지원한 끝에 뉴욕주 북부에 있는 스토니브룩대학교에 들어갔다.

간디는 포스트의 연구를 동경했지만 왜 다른 동물 생산물이 아니라 배양 고기에만 관심이 집중되는지 의문이 들었다. 그는 액상 우유처럼 고기보다 구조가 훨씬 간단한 물질이라면 배양도 쉬울 거라고 생각했다.

2014년 3월 판드야가 뉴하비스트에 연락한 지 겨우 몇 주가 지나 운명의 장난처럼 간디도 뉴하비스트를 찾았다. 다타는 같은 아이디어를 가진 두 사람을 서로에게 소개해주고는 아일랜드에서 신생 스타트업에 액셀러레이터 프로그램을 지원하는 신바이오액셀러레이터SynBio Axlr8r에 대해 알려주었다. 이 업체는 생명공학 기업가에게 3만 달러와 실험 공간을 무료로 제공하여 자신만의 아이디어를 연구할 수 있게 돕는다.

뉴하비스트의 CEO 다타는 세 사람이 함께 새로운 업체를 세워 효모에서 우유를 만들어보자고 제안했다. 그들은 자신들이 최근 유명해진 마크 포스트의 고기 연구와 크게 차별화될 수 있으리라 생각했다. 세 사람에 따르면 배양 고기 생산과의 가장 큰 차이점은 어떤 공정에든 동물세포는 물론 조직공학자도 필요 없다. 효모를 잘 다룰 수만 있다면 어떤 종류의 단백질이든 얻을 수 있기 때문이다. 우유는 여러 가지 단백질, 지방, 당으로 구성된 액체이다. 분자를 잘 배합한다면 우유를 만드는 건 불가능해보이지 않았다.

지원 요청이 승인되었다는 이메일을 받자 판드야는 한껏 기분이 고조되어 어머니에게 전화를 걸었다. 고향 밀포드에서 아들 소식을 들은 어머니가 되물었다.

"이거 사기가 아닌 것이 확실하니? 내 귀에는 사기처럼 들리는구나. 혹시 신용카드 번호를 알려줬니?"

"어머니, 그들이 돈을 달라는 것이 아니라 제가 돈을 받는 거예요. 다음 주에 돈을 받으러 아일랜드로 갈 거예요."

아일랜드에서 거창한 데뷔를 앞두고 다타는 이들과 모던미도의 CEO 안드라스 포르각스와의 만남을 주선했다. 당시 리카싱의 호라이즌벤처스로부터 10억 달러를 투자받은 포르각스는 배양 동물 생산물 업계에서 영웅 같은 존재였다. 포르각스의 생각은 달랐다. 그는 아일랜드에 가서 의미 없는 프로그램에 시간을 낭비하기보다는 뉴욕으로 가서 모던미도와 함께 해나가는 것에 대한 아이디어를 제안했다. 겨우 20대 초반이었던 판드야는 포르각스의 말에 귀를 의심했다.

"제가 너무나도 좋아하고 존경하는 포르각스가 기회를 준 덕분에 몇 년 후에 출시될 가죽 배양을 도울 기회가 왔어요! 그리고 또 다른 기회도 왔죠. 최근까지 알지도 못했던 사람들과 함께 제대로 굴러갈지도 모를 프로그램과 획기적인 아이디어만으로 회사를 차리는 거예요. 하지만 솔직히 말해 포르각스와 함께 일하는 것이 안전한 선택이었습니다."

세 사람이 어떻게 할지 의논하는 동안 간디는 자신이 판드야의 입장이라면 원래 계획을 포기하고 모던미도에서 일할 것이라고 했다. 의견이 서로 엇갈리고 있었다. 하룻밤 더 고민한 후 다타는 호라이즌벤처스가 지원하는 또 다른 업체인 햄턴크릭과 이야기해보자고 제안했다.

조시 보크는 워싱턴DC 인근에 있는 동물보호협회 본부에서 스카이프 영상통화로 자신의 의견을 밝혔다.

"이봐요, 라이언. 나이도 젊은데 무슨 상관인가요? 멋진 아이디어잖아요. 당신이 하지 않으면 도대체 누가 합니까? 이미 준비는 다 되었습니다. 본인 타석인데 방망이를 한번 휘둘러보지도 않고 내려올 건가요? 삼진 아웃당할 수도 있지만 홈런을 칠 수도 있겠죠. 타석에 올라와 한번 휘둘러보지 않으면 모르는 일입니다."

그렇게 새로운 우유 회사를 세우는 것으로 결론이 났다. 몇 주 후에 드디어 세 사람은 한자리에 모였다.

간디, 판드야, 다타는 실제로 효모세포를 만들어 우유 단백질을 생산할 방법을 연구하기 시작했다. 세 사람은 세포를 이리저리 만져보고, 영양소를 바꿔보고, 온도에 변화를 주는 등 밤낮으로 실험을 거듭했다. 아직 완벽해지려면 멀었지만 목표에 다가갈수록 뉴하비스트 소식지를 통해 연구 성과를 알렸다. 이 소식지를 본《뉴사이언티스트》편집자는 큰 인상을 받고 그들에게 연락하여 그들의 연구 기사를 실을 기회를 주었다. 판드야는 당시 상황을 회상한다.

"우리 연구와 회사에 대해 글을 싣고 원고료까지 준다니 달리 고민할 필요도 없었어요."

그리고 2014년 6월, 판드야는 《뉴사이언티스트》의 '빅 아이디어' 코너에 "소를 키우지 마세요, 그래도 우유는 마실 수 있습니다"라는 제목으로 글을 실었다. 부제는 더욱 도발적으로 "우유를 맥주처럼 제조할 수 있다면 환경에 엄청난 이득"이라고 붙였다.

이 글에서 판드야는 카제인 단백질 네 가지와 유청 단백질 두 가지가 수분, 당, 무기질과 함께 뒤섞인 상태가 우유의 핵심이라고 했다. 그가 설명한 제조 과정은 사실 그다지 새로운 것은 아니다. 실제로 우유 핵심 단백질의 아미노산 서열은 인터넷에 무료로 공개되어 있다. 해당 서열을 DNA 염기서열로 바꾼 다음 여러 의료 서비스를 제공하는 연구 회사에 주문한다. 이 DNA에 유전공학 기술을 적용한 다음 화학물질이나 전기자극을 통해 효모에 주입한다. 나머지 단계는 맥주 효모가 알아서 알코올을 뽑아내듯이 효모가 알아서 목표 단백질을 뽑아낸다.

그런데 사실 일반적인 맥주 생산에는 유전공학 효모가 쓰이지 않는다. 하지만 와인 제조자는 캐나다와 미국에서 승인받은 유전공학 효모로 와인 맛을 개선하고, 두통의 원인인 히스타민 발생을 방지한다. 와인 제조 시에 사용하는 또 다른 유전공학 효모는 와인 발효 과정에서 생성되는 발암물질인 에틸카바메이트를 줄여준다.

퍼펙트데이는 효모로부터 핵심적인 우유 단백질을 만들어내지만 우유는 단백질로만 구성된 것이 아니다. 예를 들면 지방도 포함되어 있다. 하지만 지금도 유가공업자는 품질 차이가 없는, 균질한 제품을 만들기 위해 우유에서 지방을 추출한 뒤 재주입하는 공정을 넣는다. 퍼펙트데이도 같은 공정이 있지만 동물성 지방 대신 더 건강한 식물성 지방을 사용한다.

전 세계 과학자들이 글을 읽고 자신들의 아이디어를 알게 된다는 생각에 세 사람은 가슴이 벅차올랐다. 하지만 정작 감동한 사람은 따로 있었다.

호라이즌벤처스의 얼굴인 솔리나 차우가 기사를 읽고 이 스타트업에 흥미를 가진 것이다. 이미 모던미도와 햄턴크릭을 지원하고 있던 차우는 《포브스》가 선정한 세계에서 가장 영향력 있는 인물 중 하나다. 그녀는 수익성이 기대되면서도 세상에 선한 영향력을 끼칠 만한 기술 벤처에 주로 투자한다.

차우는 퍼펙트데이에 투자하기 위해 당시 호라이즌벤처스의 식품 기술 투자 고문으로 있던 보크에게 연락했다. 보크는 당연히 이 신생 기업을 지지했고 그들과 연락해볼 것을 권했다. 곧이어 차우는 호라이즌벤처스의 이사이자 벤처캐피털 업계의 거물 여성인 프랜시스 캉Frances Kang에게 판드야와 연락해보게 했다.

퍼펙트데이는 최신 생명공학 기술을 사용하면서도 중요한 순간에 기초적인 기술을 제대로 활용하지 못했다. 투자를 위한 만남을 요청한 캉의 이메일은 그대로 판드야의 스팸메일함으로 들어갔다. 캉은 페이스북과 링크드인 계정으로 개인 메시지도 보냈지만 아무런 응답이 없어서 단념하려던 참이었다.

운이 없던 판드야는 캉이 보낸 내용을 10일 만에 페이스북에서 필터링된 읽지 않은 메시지 중에서 확인했다. 판드야는 호라이즌벤처스가 관심을 가졌고 자신이 오랫동안 답장을 하지 않았다는 사실에 놀라 소리를 질렀다.

"세상에! 호라이즌벤처스가 우리의 피치덱(투자자를 대상으로 하는 사업계획서 발표 - 옮긴이)을 원하고 있어!"

안타깝게도 액셀러레이터 자금으로 막 사업을 시작한 스타트업에 남에게 보여줄 만한 피치덱이 없었다. 그들은 피치덱을 서둘러 작업하여 햄턴크릭의 CEO 조시 테트릭에게 보내 피드백을 요청했다.

"이렇게 보내면 망합니다."

호라이즌벤처스와 일한 경험이 있는 테트릭의 눈에는 퍼펙트데이의 피치덱에 부족한 부분이 많았다. 테트릭은 샌프란시스코에 있는 사무실에서 그들에게 말했다.

"금요일에 다시 그쪽과 연락하기로 했죠? 72시간 내에 지금 이상으로 만들어야 합니다."

테트릭은 기술 지원 사이트에 프로젝트를 올려두면 업자들이 견적을 보내주는 역경매 방식을 제안했다.

"5,000달러짜리 피치덱으로 솔라나 차우로부터 100만 달러를 지원받는다면 그만큼 의미 있는 투자가 어디 있겠습니까."

판드야와 간디는 테트릭의 의견대로 컨설턴트에게 5,000달러를 주고 사업계획서를 맡겼다. 다행히도 결과물은 캉의 마음에 들었고 다음 주 홍콩에서 보크와 함께 만나자는 제안이 들어왔다. 캉은 우유 샘플도 하나 가져오도록 요청했다.

간디와 판드야, 다타는 실감나지 않았지만 문제는 다음 주였다.

진행 중인 실험 때문에 그들은 자리를 비울 수 없었고 각자 개인적인 사정도 있었다. 더 편한 날에 만나자고 말하기가 망설여졌던 그들은 어떻게 해야 할지 보크와 의논했다.

"분명히 말씀드리죠. 만약 다음 주가 제 결혼식인데 솔리나 차우가 홍콩에서 저를 보자고 한다면 저는 결혼식을 미루고 홍콩으로 갈 겁니다."

효모가 만든 우유

"아일랜드에서 중국까지 우유를 가져가야 하는데 어디에 담아갈지 몰랐어요. 냉장은 불필요해 보였지만 혹시 또 모르잖아요. 너무나도 중요한 미팅인데 확실하게 해야죠."

간디가 말했다.

괜찮은 장비가 없었던 두 사람은 철제 워터배스(실험실용 항온수조 – 옮긴이)로 우유를 살균온도(섭씨 72도 이상)까지 가열했다. 출발이 한 시간도 남지 않았을 때 그들은 샘플 우유를 완성하고 임시로 만든 살균기에 최대한 오래 넣어두었다.

마지막으로 우유를 플라스틱 병에 넣고 뚜껑을 닫은 다음 드라이아이스와 함께 상자에 넣었다. 판드야는 이 상자를 가지고 기내에 탑승해야 한다고 주장했다.

"그들은 햄턴크릭과 모던미도에 수천만 달러를 지원하는 사람들입니다. 우리가 그 주인공이 될 수도 있어요. 상자는 확실하게 지켜야 합니다."

한 가지 문제가 있었다. 바로 런던 히드로 공항의 보안요원이었다. 판드야가 웃으며 이야기했다.

"피부색이 짙은 두 남자가 우유가 담긴 작은 실험실 병을 상자에 넣고 다닌다? 그건 좀 아니었죠. 자녀도 없는데 누가 이런 식으로 우유를 가지고 다니겠어요."

다타가 캐나다에서 날아오는 동안 판드야와 간디는 보안요원에게 잡혀 한 시간 넘게 병 속의 내용물을 설명해야 했다. 마침내 히드로 공항 측은 우유가 아무리 위험해도 짐칸에 두면 아무 일도 없을 것이라면서 두 사람에게 샘플 반입을 허락했다. 하지만 두 사람은 항공사 수속 데스크가 열릴 때까지 두 시간을 더 기다려야 했다. 항공사는 두 사람이 겪은 난리법석에 미안함을 표하며 판드야의 좌석을 비즈니스석으로 무료 업그레이드해주었다(안타깝게도 간디는 이코노미석을 타고 갔다).

홍콩에 도착한 보크, 다타, 판드야, 간디는 호라이즌벤처스가 마련해준 호텔에 모였다. 보크는 이 자리를 통해 판드야와 간디를 처음 만났고, 두 사람이 얼마나 긴장할지도 알고 있었다.

"그거 알아요? 몇 년 전에 저도 이곳에서 햄턴크릭의 투자를 받기 위해 발표를 했습니다. 지금 심정이 어떨지 저도 잘 압니다."

보크는 차우가 투자하는 수백만 달러의 자금이 햄턴크릭에 얼마나 큰 힘이 되었는지 떠올라 그들을 다독여주었다.

"지금까지 당신이 만난 어떤 상대보다 돈이 많은 사람들입니다. 하지만 매일같이 보는 친근한 사람과 다를 바가 없으니 평소처럼 행동하세요. 왜 당신의 회사에 투자를 하는 것이 현명한 판단인지 솔직하게 설명하세요."

"잘할 수 있습니다."

창업자들은 긴장감이 역력한 얼굴로 대답했다.

"그리고 마지막으로⋯."

세 사람이 안도할 때쯤 보크가 손가락을 펴며 강조했다.

"솔리나를 죽이면 안 됩니다. 우유를 마시고 솔리나가 죽는다면 앞으로 우리 인생이 힘들어집니다."

다음 날 호라이즌벤처스는 우선 북미에서 날아온 손님에게 간단한 점심을 대접했다. 우유는 냉장고에 있었다. 정식 프레젠테이션은 아니지만 간디와 판드야는 화이트보드에 여러 가지 화학식을 그려가며 제조 과정을 차우와 캉에게 설명했다. 차우는 두 사람이 말하는 내용을 잘 이해하는 듯 세부적인 질문을 하며 적극적으로 대화에 참여했다. 하지만 정치학을 전공한 보크는 당황한 기색을 감추며 구경만 했다.

"제 눈에는 그들의 화학식이 이집트 상형문자로 보였습니다."

몇 분간 질문과 답변이 오간 다음 차우는 바로 본론으로 들어갔다.

"좋습니다. 실제로 어떤 맛인지 한번 볼까요?"

판드야가 긴장하며 플라스틱 병을 꺼냈다. 보크는 미소를 짓고 머리를 가로저으며 말했다.

"멋진 병까지는 기대하지 않았지만 우유를 후줄근한 용기에 담아온 것을 보고 깜짝 놀랐습니다."

판드야는 그들이 만든 작품을 그 자리에 앉은 사람들이 마시도록 커피잔에 따랐다. 다들 잔을 들어 올리자 차우가 이 업체를 자신에게 소개해준 보크부터 먼저 맛을 보라고 했다. 보크는 마치 "왕이 먹을 음식을 먼저 맛보는 신하가 된 기분"이었다고 당시를 떠올리며 말했다.

그의 첫 반응은 우유를 먹은 반응이 아니었다(사실 채식을 오래한 사람은 우유 맛이 어떤지 판단을 내리기에 적합하지 않다). 그는 어떻게 반응해야 좋을지 고민하는 모습이었다.

"제가 맛을 과장하면 그들이 직접 우유를 마셔보고 실망할 수도 있었습니다. 그렇다고 맛이 없다는 말로 편견을 안겨주고 싶지도 않았고요. 실제로 중간쯤의 맛이었거든요."

그리고 가장 중요한 순간이 왔다. 차우가 잔을 들어 한 모금 마셨다. 그리고 벤처캐피털계의 거인은 우유를 삼키기도 전에 얼굴을 찡그렸다.

"정말 맛이 없네요."

솔직한 표현이었다.

퍼펙트데이가 준비한 제품이 퍼펙트하지 않아서였다기보다는 중국인들이 초고온살균 우유에 익숙하기 때문이었다. 초고온살균 우유는 달콤하며 캐러멜향이 나서 미국인의 입맛에는 맞지 않는다. 당연하게도 판드야와 간디는 미국인의 입맛에 맞춘 우유를 만들었던 것이다.

"중국에서 판매한다면 향은 쉽게 첨가할 수 있습니다."

간디가 재빨리 차우와 캉을 안심시켰다. 호라이즌벤처스는 계약 체결을 원했다.

"믿을 수 없었어요."

판드야가 머리를 흔들었다.

"방금 맛이 없다고 말하고는 바로 투자 금액과 지분 이야기로 넘어가다니 이런 전개는 상상도 못했습니다."

미팅 막바지에 이르자 겨우 몇 주 전에 큰 힘이 되었던 3만 달러는 푼돈으로 느껴졌다. 호라이즌벤처스는 퍼펙트데이에 200만 달러를 투자하기로 했다.

몇 달 전만 해도 이 세 명의 젊은 이상주의자들은 만난 적도 없는 사이였다. 온라인 대화 몇 번만에 유가공 업계를 파괴할 회사에 대한 아이디어가 나왔다. 그리고 그들은 미국에서 아일랜드를 거쳐 중국에까지 왔다. 이제 출장을 성공적으로 마치고 홍콩 공항에 대기 중인 그들은 100만 달러 규모의 회사를 가진 주인공이 되어 있었다.

배양 우유로 만든 요구르트

2년이 지난 2016년, 퍼펙트데이는 베이에어리어에 위치한 자체 시설에서 10명이 넘는 직원과 함께 초바니Chobani, 비욘드미트 등 브랜드 기업에서 영입한 경험 많은 과학자들을 거느리고 우유를 만들고 있다.

컴퓨터에 연결된 투명한 유리 배양기 네 대(내부적으로 젖통 네 개와 뇌라고 부른다)에는 우유 같은 액체가 들어 있고 그 액체 속에서 효모가 우유를 생산한다. 간디가 웃으며 말한다.

"효모에서 우유가 나오기까지 72시간이 걸립니다. 소는 생후 2~3년이 되어야 우유를 생산합니다. 그리고 발굽, 장, 뿔, 눈 등 우리가 원치 않는 부위도 달려 있고요. 퍼펙트데이에서는 젖통과 뇌만 있으면 됩니다."

여기서 '젖통'은 멀티비타민, 치즈용 레닛 등 일상생활에 쓰이는 수많은 제품들을 만들어내는 배양기(발효조)를 의미한다. 하지만 퍼펙트데이는 몇 리터의 우유밖에 채워지지 않는 젖통이 아니라 사무실 크기의 젖통을 목표로 한다. 그 정도 크기의 젖통이 있다면 공장식 유가공업과 당당하게 경쟁할 수 있다.

현재 효모 세포는 당을 섭취하며 우유 단백질을 뽑아낸다. 하지만 퍼펙트데이가 계속 공정을 다듬다 보면 언젠가 세포에 풀을 먹이는 날이 올 것이라고 판드야는 상상한다.

"동물도 없는데 풀을 먹여 우유가 나온다니 생각만 해도 멋지지 않나요?"

판드야는 이 방법으로 만든 제품이 최고는 아닐지라도 환경적 측면에서 이익이라고 생각한다.

2016년 말 퍼펙트데이는 환경단체의 지지를 기대하며, 기존 유가공 업계와 자사의 우유 생산을 비교한 환경영향평가를 실시했다. 결과는 놀라웠다. (업계 인물들의 평가를 거치지 않았지만) 분석에 따르면 소를 기르는 대신 우유 단백질만 생산하는 그들의 공정은 에너지 소비량을 24~84퍼센트, 물 소비량을 98퍼센트, 토지 점유율을 77~91퍼센트, 온실가스 배출량을 35~65퍼센트 낮춰주었다.

퍼펙트데이는 액상 우유 외에 요구르트 같은 유제품 생산도 염두에 두고 있다. 다양한 요구르트를 실험실에 있는 유동성 판독기(유체의 흐름을 연구하는 장비)로 조사하면 고급과 저급 요구르트의 차이가 한눈에 보인다. 이제 우유는 여러 소에서 나온 것을 합친 제품이 아니라 소 없이 가공된 제품이다. 퍼펙트데이의 요구르트는 아직 우유로 만든 요구르트와 완전히 동일하지 않지만 판독기 화면상으로는 아몬드, 콩, 코코넛 등 식물성 원료로 만든 요구르트보다 훨씬 진짜에 가깝다.

퍼펙트데이의 공동창업자들은 내게 식물성 요구르트와 자사의 제품을 비교할 기회를 주었다. 그들이 샘플을 준비하는 동안 마크 포스트가 농담을 하며 들어왔다.

"여기서 실험실 요구르트를 시식한다는 소문을 들었습니다만?"

포스트는 뉴하비스트가 주관한 최초의 세포농업회에 참석하기 위해 이곳에 왔다. 포스트와 나는 각각 다른 제품을 스푼에 담았지만 어느 쪽이 콩으로 만든 것이고 어느 쪽이 배양한 우유로 만든 것인지 육안으로도 즉시 구분되었다. 그리고 시식을 하면 결과는 더 명확하다. 식물성 요구르트는 단맛이 강했던 반면(부족한 맛을 감추려 했을 수도 있다) 배양 우유로 만든 제품은 더 달콤하고 부드러우며 진했다. 기존 요구르트를 먹어본 지 오래되어서 어떻게 비교를 하면 좋을지 모르겠지만 퍼펙트데이가 요구르트를 만든 지 얼마 되지 않았다는 점을 감안하면 더 다듬어야 할 부분이 있었다. 하지만 분명히 발전을 거듭하고 있었다. 포스트가 이 점을 잘 표현했다.

"젖소를 계속 키우려는 사람은 이 회사가 마음에 들지 않겠지만, 지구를 위해서 이 제품은 시장에 나와야 합니다."

마법의 탄환을 찾다

판드야가 매사추세츠주에서 아직 학교에 다니고 있었을 무렵, 매사추세츠 출신의 학부생 아르투로 엘리존도Arturo Elizondo 역시 식품 생산에 쓰이는 동물이 고통받고 있음을 알게 되었다. 하버드대학교에서 정치학을 전공하고 오바마 1기 행정부에서 백악관 인턴으로 일하는 동안 엘리존도는 중국이 빈곤에서 벗어나면서 고기 소비가 폭발할 것을 예측하는 기사를 읽었다. 엘리존도는 중산층으로 올라서는 중국인이 늘고 있다는 점에 고무되었지만 그 많은 사람들이 고기 섭취를 늘리면 어떤 환경적 문제가 발생하는지를 알고는 엄청난 충격에 빠졌다. 당시 오바마 행정부는 자동차의 연료 효율성 개선에 힘을 쏟고 있었다. 하지만 엘리존도는 의문이 끊이지 않았다.

"이 중요한 얘기를 왜 아무도 하지 않을까요? 폭발적으로 치솟을 동물 생산물의 수요를 환경 친화적인 방법으로 충족시키지 않는다면 자동차의 연비가 리터당 20킬로미터든 30킬로미터든 아무 소용이 없을 것입니다."

후일 제네바에서 UN식량농업기구FAO 소속으로 식품 안보와 식량 부족에 관한 일을 하던 엘리존도는 제이슨 매시니의 글을 읽고 그의 글에 "집착하게 되었다"고 한다. 그는 소비자의 취향, 특히 동물성 제품에 대한 기호를 바꾸기가 너무나도 어렵다는 것을 알고 있었다.

"소비자에게 무언가 대체재를 줘야 합니다. 그런데 매시니의 글을 읽으며 이 기술이 마법의 탄환(오랫동안 불치병이었던 매독을 치료하는 살바르산 606에 붙은 별명으로 극적인 해결책을 의미한다 - 옮긴이)이라는 생각이 들었습니다. 같은 고기인데도 모든 문제를 해결해주잖아요. 그래서 배양 고기 분야의 동향을 알고 싶었습니다."

다른 여러 사람들처럼 엘리존도는 매시니에게 개인적으로 연락하게 된다. 때는 2012년으로 판드야와 간디가 연락하기 몇 년 전이었다. 당시 자원봉사자들로만 이루어진 단체를 운영하던 매시니는 스카이프 영상통화로 엘리존도와 만나기로 했다.

"그 한 번의 대화가 제게 엄청난 영향을 주었습니다. 매시니 때문에 저는 다음 학기에 철학 수업을 신청했습니다. 그리고 외교관이 되기 위해 시간을 투자하는 것이 정말 최선인지 고민하기 시작했습니다."

(자신에게 가능한, 가장 영향력 있는 진로를 찾기 위해) 공리주의와 효율적 이타주의에 관한 글을 닥치는 대로 찾아 읽던 엘리존도는 생명윤리학자이자 철학자인 피터 싱어Peter Singer의 글과 그의 역작 『동물해방』을 접하게 된다.

"바로 그거였어요. 저는 하룻밤 사이에 비건이 되었습니다. 우리는 그동안 도구, 언어, 마주 보는 엄지 등이 인간만의 특별한 요소라고 배웠습니다. 하지만 다른 동물에게도 같은 특징이 있음이 속속 밝혀지고 있습니다."

세상을 바라보는 관점이 변한 엘리존도는 식물성 제품을 만드는 스타트업 햄턴크릭, 배양 업계의 개척자 모던미도에 대해 알게 되었다. 그는 재빨리 관련 기사를 최대한 찾아보고 구글 뉴스 알림 설정으로 최신 동향에 귀를 기울였다.

"저는 고기를 먹는 사람에게 동일하거나 어쩌면 더 나은 만족감을 주면서도 지구와 동물에게는 해를 적게 끼친다는 아이디어가 너무 마음에 들었습니다. 기업의 힘이 지구에 좋은 영향을 주는 사례였죠. 저도 동참하고 싶었습니다."

엘리존도는 대학을 졸업하고 진로를 선택해야 했다. 하버드 학위, 백악관과 대법원 인턴 경력으로 장식된 그의 이력서라면 공직을 노릴 수도 있었다. 하지만 하버드에서 그의 친구이자 멘토였던 벤 햅Ben Happ은 식품 혁신의 길로 그를 계속해서 유도했다.

"아르투로, 네가 지금 빠져 있는 것이 식품공학이야. 외교관이 되기보다는 환경 문제 해결에 일조하는 편이 세상에 도움이 되지 않을까?"

그럴듯한 주장이었지만 엘리존도는 기술이나 공학을 전공하지 않았기 때문에 그 분야에서 어떤 변화를 만들어낼 수 있을지 의심스러웠다. 햅은 친구를 이렇게 설득했다.

"벤처캐피털은 어때? 업체들이 네게 원하는 것은 전문 기술보다는 자금이니까."

마음이 한결 가벼워진 엘리존도는 대형 벤처캐피털에 입사하기 위해 편도 비행기표를 끊고 아무 연고도 없는 베이에어리어로 향했다.

엘리존도에게 관심을 보인 벤처캐피털은 없었다. 대신 어느 헤지펀드가 그에게 수십만 달러대의 연봉을 제시하며 입사를 제안했다.

"그냥 그곳에서 일하며 고액 연봉으로 동물이나 환경 보전 활동에 기부할까도 생각했습니다. 하지만 그것이 최선일까 하는 의문이

들더군요."

자신의 진로를 고민하는 젊은 식품 이상주의자들과 마찬가지로 엘리존도는 조시 보크와 연락이 닿았다.

"솔직히 말해 햄턴크릭의 사업 분야에서 제가 할 만한 일이 있을지 살펴보고 싶었습니다. 하지만 어느 한편으로는 어떤 길이 내게 의미가 있을지 조시의 조언을 받고 싶었어요."

보크는 기꺼이 상담을 해주었고 곧 다가올 베이에어리어 식품 기술 회의에 함께 참석하자고 제안했다. 보크와 엘리존도가 회의에 참석하려던 날에 마치 운명처럼 유니레버가 마요의 포장지 건으로 햄턴크릭을 고소했다. 덕분에 엘리존도는 홀로 회의에 참석해야 했다.

회의장에서 주변을 돌아보자 대부분의 사람들이 엘리존도보다 열 살은 많아 보였다. 또한 참석자들은 서로 아는 사이 같았다. 다행히도 한 테이블에 젊은이 두 명이 앉아 있었다. 한 명은 뉴하비스트의 새로운 CEO이자 퍼펙트데이의 공동창업자인 이샤 다타였고, 다른 한 명은 다타의 친구였던 분자생물학 박사 데이비드 안첼David Anchel이었다.

20대로 보이는 두 사람은 식품공학으로 공장식 사육에 맞서 싸우는 이야기를 열정적으로 나누었다. 엘리존도는 안첼이 암탉의 난관(난자가 난소로부터 이동하는 경로)에서 채취한 세포로 달걀을 배양하려 한다는 사실을 알게 되었다. 이어서 다타가 퍼펙트데이의 효모 기술로 우유를 만든다고 설명하자 안첼은 같은 방법으로 난백을 만들 수는 없을지 궁금해하기 시작했다(노른자는 흰자에 비해 복잡한 구조물이 많기 때문에 효모로 배양하기 어렵다). 우유가 사실상 물에 몇 가지 간단한 단백질이 포함된 물질이라는 점을 퍼펙트데이가 확인했듯이, 달걀흰자도 액상 물질이기 때문에 고기처럼 복잡한 조직공학을 적용할 필요가 없다.

회의가 끝나고 일주일 후에 다타가 엘리존도에게 전화를 걸었다. 그리고 퍼펙트데이가 처음으로 3만 달러를 지원받았던 인디바이오 액셀러레이터 신청 기간이 다가오고 있음을 알리며 이렇게 물었다.

"효모에서 난백을 만드는 회사를 우리가 세우면 어떨까요?"

엘리존도도 다타의 생각이 마음에 들었지만 자신이 어떤 역할을 해야 할지 미심쩍었다. 다타가 계속해서 설명했다.

"데이비드가 과학 분야를 맡을 거예요. 저는 투자자와 VIP를 상대로 회사를 소개하여 지원금을 끌어올 거고요. 당신은 CEO가 되어 사업 부문을 맡으세요. 어때요?"

CEO라니? 그는 벤처캐피털에서 일하기 위해 베이에어리어에 왔다. 그게 어렵다면 햄턴크릭에서 달걀을 식물성 제품으로 대체하는 업무를 맡고 싶었다. 그런데 이제 겨우 23세인 그에게 달걀을 배양하는 회사를 세우고 CEO가 될 기회가 생기다니, 깊이 생각할 필요도 없었다. 그는 스마트폰에다 소리쳤다.

"당연하죠! 제가 하겠습니다."

엘리존도는 당시 기분을 이렇게 표현한다.

"저는 어느 하나에 깊이 빠진 적이 없었어요. 그런데 그 제안을 듣자마자 태어나 처음으로 제 안에서 무언가 불타는 것처럼 너무 흥분되었습니다. 난백 시장을 조사하느라 새벽 3시까지 기사를 읽는 데도 시간 가는 줄 모르게 즐거웠습니다."

세 사람의 목표는 명확했다. 기본적으로 그들은 효모, 물, 당을 원료로 바이오리액터(그들도 퍼펙트데이도 발효조라고 부르길 선호한다)에서 난백의 맛과 질감을 이루는 단백질을 뽑아낼 것이다. 알 가공 산업에서 액상 난백 시장의 일부분만 확보해도 엄청난 이윤이 돌아온다. 난백은 단백질 바에 들어갈 뿐만 아니라 콜레스테롤을 피하려는 소비자가 달걀 코너에서 상자 단위로 구입하는 등 미국 내에서만 수십억 달러에 이르는 시장을 형성하고 있다.

새로운 기업이 선택한 시장은 동물복지라는 관점에서도 중요했다. 왜냐하면 달걀 생산(액상 난백 등)이 목적인 산란계야말로 최악의 환경에서 살기 때문이다. 일반 달걀(식료품점에서 상자에 담아 판매)을 낳는 산란계가 주로 지내는 닭장은 마리당 면적이 432제곱센티미터에 불과해 서로 날개가 닿는다(A4 용지의 넓이가 600제곱센티미터임을 감안하면 얼마나 좁은 면적인지 알 수 있다). 대부분의 슈퍼마켓은 432제곱센티미터라는 규격을 준수할 것을 달걀 공급업자에게 요구한다. 그래야 판매 중인 달걀이 산업인증을 준수했다고('미국 알 가공업계 인증') 주장할 수 있기 때문이다.

하지만 액상 달걀을 공급하는 알 가공업자에게는 그나마 적용되는 규제도 없는 경우가 많다. 대부분의 소비자는 쿠키나 케이크 또는 단백질 바 등 달걀이 들어간 제품을 구입할 때 암탉의 복지를 넘어 달걀에까지 신경 쓰지 않는다. 그 결과 액상 달걀용 산란계는 마리당 겨우 310제곱센티미터라는 더 좁은 공간에 갇혀 산다. 이는 사육장 바닥에 제대로 서 있기도 힘들 정도의 넓이다.

해야 할 일이 명확해지자 공동창업자들은 인디바이오에 발표할 기획제안서 초안을 잡았다. 이제 회사 이름을 정해야 했다. 자연환경에 둘러싸인 햄턴크릭을 떠올리며 오크브리지팜, 오크팜, 리버밸리 등이 물망에 올랐지만 최종 회사명은 클라라푸드로 결정됐다. 클라라는 두 가지 중요한 의미를 지닌다. 클라라는 스페인어로 달걀흰자를 의미하고(멕시코와 텍사스에서 자란 엘리존도에게 의미를 가진다), 또한 안첼이 키웠던 애견의 이름이기도 했다. 햄턴크릭이라는 이름이 보크의 애견 햄턴에서 유래한 것처럼 세 사람도 클라라라는 이름이 자신들에게 행운을 가져다줄 것 같았다. 실제로 초창기 클라라푸드의 로고에는 개가 들어가 있었다.

"하지만 로고에서 개는 빼야 했습니다. 괜한 모험을 할 수는 없었어요. 혹시라도 사람들이 우리를 개 사료 회사라고 생각하면 곤란하니까요."

엘리존도는 이 점이 못내 아쉬웠다.

최종 로고는 밝은 노란색 태양이 녹색 들판에 햇살을 내리쬐는 모양이지만 자세히 보면 태양은 달걀노른자고 햇살은 흰자다. 자연스러운 글자체를 선택해 편안한 느낌을 주었다. 의도적으로 홀푸드마켓의 로고와 동일한 폰트를 선택했기 때문에 어쩌면 당연한 결과였다.

엘리존도는 인디바이오 액셀러레이터에서 클라라푸드의 설립 취지를 이렇게 설명했다.

"우리 회사는 자신의 가치관과 환경 의식에 맞는 제품을 소비하려는 사람에게 대체재를 제공하고, 궁극적으로는 마음의 짐을 덜어주는 좋은 원료로 단백질을 만드는 것을 우선순위에 두었습니다.”

퍼펙트데이가 콜레스테롤이나 유당 없는 우유를 만들어 마음의 짐을 덜어주듯이, 클라라푸드는 효모 공정의 장점을 충분히 활용하여 닭이 낳은 달걀보다 더 나은 제품을 만들고자 한다. 엘리존도가 웃으며 강조했다.

“단백질 비율은 늘어나고 살모넬라균은 당연히 없습니다.”

사업 초반에 투자자를 설득할 때는 클라라푸드 제품이 기존 달걀에 비해 효율적이라는 점을 강조했다. 달걀을 단 하나만 생산하려고 해도 우선 병아리(그리고 병아리가 태어나기까지 필요한 모든 시설도)가 필요하다. 그다음에는 병아리가 알을 낳을 정도로 성숙해질 때까지 네 달 동안 병아리를 먹일 사료와 닭장이 필요하다. 그 외에 조명, 온도조절기, 물, 보충제, 약품, 노동력도 필요하다. 막상 알을 낳기 시작해도 평균 산란율은 하루에 한 알이다. 하지만 클라라푸드 제품은 발효공법에도 여러 가지 자원이 들어감에도 불구하고 경쟁자인 알 가공업계에 비해 비용이 저렴하다고 한다. 또한 엘리존도는 클라라푸드가 액상 난백이 필요한 소비자에게 조만간 안정적으로 제품을 공급할 수 있을 거라고 주장했다.

설득은 성공적이었다. 2014년 12월 인디바이오는 클라라푸드를 지원하기로 결정하고 초기 자금으로 현금 5만 달러는 물론, 사무실과 실험 공간도 제공해주었다. 인디바이오를 지원하는 SOSV에 소속된 벤처캐피털리스트이자 멤피스미트에 처음부터 투자했던 라이언 베센코트는 이렇게 회상한다.

“우리는 클라라푸드가 난백 단백질 대여섯 개만 만들면 된다고 파악했습니다. 결과를 장담할 수는 없지만 성공할 수 있다고 판단했어요. 우리는 과학적인 원리보다 실제로 나올 결과물이 궁금했어요. 빨리 난백을 보고 싶었습니다."

클라라푸드는 첫 번째 과제로 자신들이 구상한 내용을 증명할 물질을 만들어야 했다. 목표는 실제 난백을 단백질 구성물로 환원시켰다가 재구성하여 기존 난백과 같은 맛이 나게 하는 것이었다. 클라라푸드는 근처 퍼펙트데이 실험실에 있는 젖통형 발효조와 같은 장비를 사용하여 한 달 내에 목표를 달성했다. 달걀 단백질을 따로 분리했다가 난백을 만들 수 있다면 이제 남은 것은 효모로 해당 단백질을 만드는 작업이었다.

실험 결과가 소문나면서 엘리존도는 대형 투자자들이 움직이는 것은 시간문제라는 느낌을 받았다. 거대한 규모를 자랑하는 난백 시장에서 클라라푸드는 기존 알 가공 업계보다 안전하고 저렴하게 난백을 생산할 수 있는 유리한 위치에 있었다.

엘리존도의 생각이 들어맞았다.

클라라푸드가 실험실을 차리고 겨우 네 달 후에 또다시 SOSV를 비롯한 투자자들이 총 170만 달러를 투자함으로써 대중에게 화제가 되고 다른 업계로부터도 주목을 받았다. 대량의 현금을 확보해 더욱 활기가 생긴 회사는 수십 명의 연구원을 채용하고 첫 상용제품(운동선수가 먹는 바에 섞을 단백질 보충제 형태)을 출시하기 위해 작업 중이다.

마스토돈 젤리

퍼펙트데이와 클라라푸드처럼 단백질 분자를 역으로 재구성하여 우유와 난백을 만드는 기법은 과거 어떤 식품 제조 방법보다 기능성이 확장된 완전히 새로운 방법이다. 이제 만들고 싶은 제품의 핵심 단백질만 파악하면 효모나 다른 미생물로 만들어낼 수 있다. 이 기술은 사람들이 상상도 하지 못한 제조 방식을 가능하게 한다. 단 하나의 세포농업 스타트업이 그 가능성을 역사를 뒤엎을 만한 수준으로 끌어올리고 있는 것이다.

모던미도의 사례에서 보았듯이 콜라겐은 몸의 구조를 만드는 물질이다. 콜라겐은 동물에서 발견되는 가장 풍부한 단백질로, 매우 흔한 덕분에 온갖 용도로 사용된다. 콜라겐은 가죽의 주요 구성 물질인 동시에 젤라틴의 구성 물질이기도 하다. 콜라겐은 동물의 피부와 뼈에서 추출되는 향이 없는 물질로 젤리, 화장품 등 여러 제품에 사용된다. 수십 년간의 연구 덕분에 과학자들은 여느 단백질보다 콜라겐 분자에 대해 속속들이 이해하고 있다.

젤라틴 배양 스타트업인 젤토Geltor의 CEO 알렉스 로레스타니Alex Lorestani는 이렇게 설명한다.

"세포농업 식품이 엄청나게 많지만 아직 풍미나 향 등 여러 가지 신경 쓸 점들이 많습니다. 하지만 젤라틴 제품은 경도만 신경 쓰면 됩니다."

가령 젤로를 만들 때는 이른바 '블룸bloom'을 낮춘 비교적 부드러운 젤라틴을 이용하고, 구미베어를 만들 때는 블룸을 높인 단단하고 쫄깃한 젤라틴을 이용한다. 젤라틴의 상태를 표현하는 용어인

'블룸'은 1925년 젤라틴의 경도를 측정하는 시험법을 발명한 오스카 블룸Oscar Bloom에서 유래했다.

2015년 로레스타니와 대학 동기 닉 우조노프Nick Ouzounov는 젤라틴이 기본적으로 콜라겐 추출물에 불과하므로 특별한 기술 없이도 미생물에서 복제하여 생산할 수 있다는 사실을 발견했다. 미생물학자인 두 사람은 퍼펙트데이와 클라라푸드가 효모를 활용하듯이, 세균을 미생물 생산 플랫폼에 적용하여 동물 없이 젤라틴을 생산하는 것이 가능하다고 의견을 모았다(사람 인슐린과 치즈 레닛도 효모가 아닌 세균으로 생산한다).

한천과 카라기난 등 젤라틴의 식물성 대체재도 이미 시중에 나와 있다. 이 대체재도 나름 용도가 있지만 로레스타니는 식물성 패티가 실제 햄버거를 대체하는 수준에 불과하다고 생각했다. 머리를 밀어버린 30세의 CEO는 이런 비유를 했다.

"저는 식물성 단백질에 미쳐 있습니다. 하지만 현존하는 대체재는 젤라틴 대신 사용하기에는 많이 부족합니다. 한천으로 만든 구미베어 젤리를 먹어보셨나요? 가끔 이빨에 끼어서 기분이 별로예요."

의기투합한 두 사람은 발효조에서 젤라틴을 만드는 스타트업을 시작하기 위해 인디바이오의 문을 두드렸다. 아이디어는 베센코트의 마음에 들었고 2015년 8월 젤토는 신규 지원금과 함께 실험 공간을 제공받았다. 고무된 로레스타니와 우조노프는 더 큰 진전이 필요하다고 느꼈다.

약 1만 1,000년 전에 인류가 북미에 발을 디뎠을 때 이 대륙은 동물로 가득했다. 아시아 코끼리의 친척뻘로 긴 엄니를 가진 마스토돈은 당시 가장 컸던 짐승으로 추정되지만 호모사피엔스의 상대가 되지 못했다. 그리고 다른 거대 동물들과 함께 빠르게 멸종의 길로 들어섰다. 하지만 사라진 동물 일부는 얼음 속에 사체가 그대로 보존되어 있다. 그리고 고대 생명체의 단백질이 발견된다면 아마 모두 콜라겐 형태를 띠고 있을 것이다. 실제로 인간은 오래전에 사라진 동물의 단백질 서열을 확인하여 적어도 분자 수준에서 마스토돈을 부활시키는 과정의 첫발을 내디뎠다. 인터넷으로 몇 초만 검색하면 누구나 마스토돈의 단백질 염기서열을 찾을 수 있다.

2015년 말 젤토는 이 점을 이용하여 퍼펙트데이에서 우유 단백질을 만들 DNA를 주문하듯이 DNA 프린팅 업체에 마스토돈 콜라겐 정보를 담고 있는 DNA를 주문했다. 연구팀은 이렇게 확보한 DNA로 자체 공정을 거쳐 실제 마스토돈 젤라틴을 만들기 시작했다.

로레스타니와 우조노프는 쇼핑몰 엣시Etsy에서 코끼리 틀을 주문했다(마스토돈 틀은 찾을 수 없었지만 어차피 마스토돈과 코끼리는 외형상 큰 차이가 없으니 구미엘리펀트로 만족해야 했다). 그리고 곧바로 젤라틴에 설탕과 펙틴을 섞어서 최초의 마스토돈 젤라틴 과자를 선보였다. 우조노프가 작은 구미엘리펀트를 입에 넣는 순간 로레스타니는 '인간이 마스토돈 단백질을 먹는 것이 도대체 얼마 만일까?'라고 생각했다. 그들은 구석기 시대의 간식을 재현한 것이다.

맛이 어땠냐는 질문에 우조노프는 맛보다는 최적의 질감을 찾는 것이 더 걱정이었다고 설명했다. 향을 첨가했다면 오히려 방해만 됐을 것이다(그들은 맛에 집중하기 위해 첫 생산분에서 향을 뺐다). 다행히도 젤토는 마스토돈 젤리를 소비자에게 직접 판매하지 않고 젤라틴을 원재료로 쓰는 식품 제조사에 판매할 예정이다. 다른 동물의 DNA로도 젤라틴을 만들 수 있으니 꼭 마스토돈 제품일 필요는 없다. 2016년 젤토는 200만 달러가 넘는 운영자금을 SOSV, 뉴크롭캐피털, 제러미 콜러, 스트레이독캐피털 그리고 전설적인 생명공학 벤처캐피털리스트 톰 바루크Tom Baruch로부터 지원받았다. 지금은 10여 명의 직원이 함께 일하고 있지만 젤토는 무세포농업이라는 새로운 업계에서 최초로 상용 제품을 출시한다는 우선 목표를 세웠다.

그리고 그들은 해냈다.

젤토는 2017년 첫 제품을 출시했다. 최초의 고객 중에는 기존 동물 유래 젤라틴에서 더 깨끗하고 실용적이며 동물을 쓰지 않은 젤토의 제품으로 교체하기를 원했던 화장품 업체도 있었다. 콜라겐 실험을 하는 의학 실험 연구소도 새로운 제품이 더 좋은 실험 결과를 낼 것으로 기대하며 고객 명단에 이름을 올렸다.

로레스타니는 멤피스미트와 함께 쓰는 베이에어리어 사무실에서 회색 후드티 차림으로 이렇게 전망했다.

"우리는 식품 업체지만 단백질 생산 플랫폼을 구축할 준비를 갖췄습니다. 일반적으로 단백질이라고 하면 동물을 활용했죠. 여기에 단백질이 풍부한 일부 식물성 소재를 쓰기도 했고요. 인간은 동물의 숫자를 엄청나게 늘렸고 한동안은 이 방법이 통했습니다. 하지만 오늘날 축산업은 문명에 큰 부담을 주고 있습니다. 우리는 지금보다 더 잘해낼 수 있습니다. 젤토가 그 방법을 보여주고자 합니다."

뭔지 모르지만 반대한다

효모나 세균 등 미생물에서 만들어낸 우유, 달걀, 젤라틴을 먹는다는 생각에 군침이 도는 사람은 아마 거의 없을 것이다. 하지만 이런 제품을 생산하는 기존 방법을 저녁 식탁에서 대화 소재로 삼기에는 무리가 있다. 젤라틴만 해도 그렇다. 한 달 동안 산에 푹 절였던 동물의 피부와 뼈에서 나온 콜라겐을 누가 먹고 싶을까? 호르몬제와 항생제 범벅인 소가 생산한 우유는 어떤가? 날개도 펴지 못하는 좁은 케이지에 갇힌 닭이 낳은 달걀은 어떤가?

퍼펙트데이와 클라라푸드, 젤토는 지원금을 받고 시장에 진입할 준비를 갖췄지만 청정고기 업계의 화두였던 질문은 그대로 적용된다. 어떻게 소비자를 끌어들일 것인가? 찬성론자들은 고기, 우유, 달걀을 만드는 시설을 '양조장'이라고 부르지만 이는 실험실 내부의 제조 공정을 일반인이 이해할 만한 단어로 설명하기 위해 빌려온 표현에 불과하다. 우선 인간은 1,000년 넘게 맥주를 마셨고 기본적인 제조 원리에 익숙하다. 그리고 맥주는 퍼펙트데이, 클라라푸드, 젤토가 사용하는 효모와 세균처럼 21세기 유전공학에 의존하지 않는다. 유전자변형 미생물(이 기술을 지지하는 사람들은 '디자이너 효모'와 '디자이너 세균'이라고 부른다)이 최종 생산물에 남지 않아 유전자변형이 없다고 인정받지만 식품 제조에 유전자변형 기술이 사용됐다는 점은 사실이므로 유전자변형을 반대하는 사람이 멈칫하기에 충분하다.

어쩌면 고기보다 시장 출시에 가깝기 때문에, 아니면 유전공학 효모나 세균으로 생산하기 때문에(고기 제조에는 유전공학이 아니라 조직공학을 적용한다) 생명공학을 반대하는 사람들은 무세포농업 제품을 더욱 비판하는 경향이 있다.

바닐라를 예로 들어보자.

바닐라 생산에는 신경 쓸 요소가 많다. 특히 식물 바닐라는 열대 우림에서만 서식하기 때문에 전 세계의 수요를 감당하기에는 역부족이다. 덕분에 바닐라는 지구에서 가장 비싼 향신료 중 하나가 되었다.

바닐라를 좋아하는 사람에게는 다행스럽게도 바닐라의 맛과 향을 내는 물질이 바닐린이라는 사실이 밝혀졌다. 그리하여 열대우림에서 바닐라를 키우지 않고도 더 든든하고 훨씬 경제적인 형태인 바닐린을 오랫동안 많은 사람들이 즐길 수 있었다(천연 바닐라 추출물은 합성 바닐라보다 몇 배 더 비싸다. 중량 대비 가격은 송로버섯이나 사프란에 육박할 정도다). 이런 이유로 오늘날 식품에 들어가는 거의 모든 바닐라 향은 식물에서 채취한 것이 아닌, 주로 석유화합물이나 목재 펄프에서 만들어진 합성 향이다. 이는 지속 가능성에 대한 우려를 낳는다.

하지만 에볼바Evolva라는 스위스 업체가 바닐린을 양조하는 방법을 발견했다. 간단한 효모 발효를 거치면 우리가 원하는 향을 효모가 저절로 만들어준다. 이 이야기는 흔히 지속 가능성이 성공한 사례로 꼽는다. 반면 '지구의 친구들' 같은 단체는 바닐린이 '극단적인 유전공학'이므로 피하는 것이 마땅하다며, 현재 시장점유율이 1퍼센트에 불과한, 열대우림에서 수확된 천연 바닐라를 지지한다.

논란을 일으킨 부분은 에볼바에서 바닐린을 생산할 때 효모의 DNA를 조작해 우리가 먹는 바닐린과 동일한 물질을 생성하게 한다는 점이다. 다른 신생 무세포농업 업체가 물질을 복제하는 방법도 바로 이 공정이다. 하지만 모든 환경보호론자가 이 방법에 찬성하지는 않는다.

'지구의 친구들'의 다나 펄은 이렇게 주장한다.

"이 합성생물학 기술은 1세대 GMO보다 더 많은 우려를 낳고 있습니다. 합성생물학으로 만든 제품은 기존 GMO처럼 사실상 아무런 환경평가, 감독, 표시 사항 없이 시장에 나오고 있습니다."

여기서 펄이 말하는 '합성생물학'은 생물학적 과정에 공학 기술을 적용하는, 새로운 과학 분야를 지칭한다. 유전자를 변형한 기존 식물이나 동물(이른바 GMO)은 한 종에서 유전자를 잘라내 다른 종에 넣거나 녹아웃knock out 기법(유전자를 잘라내거나 바꿔서 발현을 막는 기법으로 해당 유전자의 기능을 유추할 수 있다 - 옮긴이)으로 특정 유전자를 바꿨다면, 합성생물학에서는 과학자가 아예 새로운 DNA 서열을 만들어 버린다. 이 기술의 장점은 효모와 박테리아 등 모든 생명체를 새로운 형태로 디자인하여 우유, 달걀, 콜라겐 단백질은 물론 의약품, 바이오 연료, 향료까지 완전히 새로운 물질을 생산할 수 있다는 점이다.

합성생물학의 일종인 신바이오synbio에서 희망적으로 보는 부분이 펄에게는 위험 요소다. 단세포 생물을 이용하여 여러 가지 자원을 효율적으로 생산한다는 발상은 채굴, 시추, 경작처럼 인간이 개입한 흔적을 남긴다는 비판을 받고 있다. 스탠퍼드대학교의 합성생물학자이자 초창기 신바이오의 선구자 드루 엔디Drew Endy는 2017년 《뉴스위크》를 통해 이렇게 말했다.

"문명을 망치지 않고도 인류가 필요로 하는 모든 것을 만드는 방법은 현재 위기를 맞았습니다. 지구에서 산다는 개념을 지구와 함께 산다는 개념으로 바꿔야 합니다."

유전자변형식품(미국 내에서 판매되는 포장식품의 70퍼센트에 들어 있다)과 합성생물학(앞서 말했듯이 극히 일부 식품의 제조에 사용한다)은 분명한 차이가 있지만, 생명공학의 식품 적용을 반대하는 사람들은 양쪽 기술 모두에서 비관적인 시선을 거두지 않는다. 많은 사람들은 과학자가 먹는 것을 건드리면 본능적으로 거부감을 느낀다. 사실 오늘날 우리가 먹는 거의 모든 것이 과학의 산물이다. 과일이나 채소도 유전적으로 선별된(유전공학이 적용된 것은 아니다) 개체들로, 과거 우리 조상이 먹던 형태와 거의 닮지 않았다. 가령 원래 북미 옥수수는 유기농 여부와 상관없이 동네 파머스마켓에서 파는 옥수수와 완전히 다르다. 우리가 양손으로 들고 먹을 정도로 알맹이가 큰 녀석이 아니라 솔방울에 가깝다고 보면 된다. 이와 같은 인공적인 선별 작업은 우리가 평소 먹는 바나나에서 토마토까지 다양한 식품에 적용된다. 우리에게는 다행스러운 일이다.

유전자변형식품이 지구에 어떤 영향을 미치는지 정당한 논의가 진행되는 중에도 다른 식품보다 덜 안전하다는 과학적 증거는 거의 발견되지 않았다. 하지만 유전자변형식품에 대한 소비자의 공포를 막지는 못했다.

2014년 〈지미 키멜 라이브Jimmy Kimmel Live〉 쇼에 나온 어느 영상에서 인터뷰어는 파머스마켓에서 장을 보는 사람들에게 유전자변형식품GMO을 기피하는지 물어보았다. 응답자들은 예외 없이 기피한다고 대답하며 주로 건강이 우려된다는 이유를 댔다. 하지만 다수의 응답자는 GMO가 어떤 용어의 약자인지 알지 못했다. GMO가 뭐냐는 질문에 한 응답자는 농담처럼 대답했다.

"나쁜 것은 알겠지만 솔직히 뜻까지는 모르겠습니다."

GMO 표시 기준을 둘러싼 다툼으로 찬반 양측은 수천만 달러를 날렸지만 소비자는 혼란 속에서 여전히 불안함을 느낀다. 하지만 유전공학과 합성생물학에는 큰 차이점이 있다. 유전자변형식품은 대부분(전부는 아니다) 다우애그로사이언스Dow AgroSciences와 몬산토Monsanto 같은 거대 기업에서 만들며, 일부는 축산업에 들어가는 사료용 작물의 수확량을 극대화하기 위해 쓰인다. 반면 합성생물학은 농산물에 적용되며 주로 작은 스타트업에서 중요한 환경 문제의 해결책으로 기존 축산업을 대체하기 위해 활용된다(가축 사료용 GMO 작물도 포함되며 사실상 상업용 GMO는 대부분 이 용도로 쓰인다).

작가 맥케이 젠킨스가 지적하듯이 유전자변형 작물을 심은 면적을 줄이려면 축산물을 세포농업 제품으로 대체하는 것이 가장 효과적이다.

엘리존도는 GMO 표시 기준을 둘러싼 격렬한 싸움을 바라보면서 소비자는 자신이 먹는 식품에 숨어 있는 기초적인 과학을 이해하지 못한다고 주장한다. 그 근거로 엘리존도는 2015년 오클라호

마대학교의 조사에서 미국인의 80퍼센트 이상이 GMO 식품임을 표기하는 것에 찬성했고 마찬가지로 80퍼센트 이상이 'DNA가 포함된 식품임을 의무적으로 표기'하는 것에 찬성했다는 결과를 제시했다. 이 책을 보는 독자라면 이미 알겠지만 인류가 섭취했던 거의 모든 식품(소금 등 일부 예외는 있다)에 DNA가 들어 있다. 엘리존도는 말을 이었다.

"그렇다면 제조 방법을 어디까지 일일이 표기해야 할까요? 오늘날 거의 모든 치즈가 레닛으로 만들어지고, 레닛은 유전공학과 유사한 방법으로 만들어진다면 치즈에도 GMO라고 표기해야 할까요?"

미국 소비자동맹의 마이클 한센은 이 의견에 반대한다. GMO 기술을 강력하게 비판하는 한센은 엘리존도와 판드야, 로레스타니의 제품이 어차피 다 같은 유전자변형 기술의 산물이라고 주장한다.

"유전공학 효모가 최종 생산물에 남아 있는지 여부는 중요하지 않습니다. 이 제품들은 유전공학으로 만든 제품입니다."

유전공학 레닛으로 만든 치즈에도 같은 의견이냐고 묻자 한센은 반박한다.

"레닛은 치즈의 구성물 중 극히 일부지만 다른 것들은 유전공학이 아니면 아예 존재하지 않을 제품들입니다. 치즈 성분의 대부분은 천연이지만 이 제품들은 완전히 실험실에서 만들었어요."

이런 논란은 배양 동물 생산물(가격 문제와 규제 문제를 극복했다고 가정할 때)을 어떤 식으로 시장에 선보여야 할지 의문을 불러일으킨다. 기술 공포증이든 새로운 식품에 대한 이유 있는 걱정이든 만약 소비자 수용도가 한센의 의견처럼 매우 낮다면, 스타트업은 자신의 기술이 어떤 점에서 다른지 (굳이 그럴 필요가 없는 데도) 모두 보여주는 것이 맞을까?

오늘날 판매되는 대부분의 파파야가 유전자변형을 거쳤음에도 (파파야에 해를 끼치는 일반적인 바이러스를 견디게 만들었다) 과일에 GMO 표시를 하는 경우를 보지 못했을 것이다. 사람들은 GMO라고 표시된 파파야(부정 암시)나 '바이러스에 내성이 있는'이라고 표시된 파파야(긍정 암시)가 아닌 그냥 파파야를 살 뿐이다. 로레스타니는 이 부분을 희망적으로 보면서 무세포농업 전문가가 예로 들었던 레닛 논쟁을 재차 설명한다.

"우리가 먹는 유전공학 레닛을 사용한 치즈와 식품 유형상 아무런 차이가 없습니다. 우리가 조만간 먹게 될 과자에 유전공학으로 만든 젤라틴이 들어갈지 모릅니다."

GMO가 너무 많은 혼란을 초래한 나머지 다른 제품과 차별화하기 위해 근거 없는 표기를 하는 업체도 있다. 가령 토마토를 생산하는 포미Pomi는 자사의 토마토를 'GMO 없음'으로 광고하기 시작했다. 하지만 사실 시중에 GMO 토마토는 없다.

멤피스미트의 우마 발레티도 한센과 펄처럼 똑똑한 소비자에게 자신이 만든 제품의 정보를 제공함으로써 그들이 기존 고기 대신 자사의 고기를 선택해주기를 바란다.

"청정고기는 식품안전 하나만 보더라도 비교가 되지 않는 장점을 가지고 있으므로 고기를 아는 소비자라면 가족에게 청정고기를 먹이고 싶을 것입니다. 자녀가 식중독에 걸릴 가능성이 커지는 걸

원하는 부모가 어디 있겠습니까?"

엘리존도도 동의한다.

"살모넬라균이 있을지도 모르는 난백과 살모넬라균이 없는 난백 중에 선택한다고 생각해보세요. 아니면 고름이 들어 있는 우유와 고름이 없는 우유 중에 어느 쪽을 선택하시겠어요?"(우유에는 어느 정도 고름이 들어 있다. 전문용어로는 체세포수라고 한다.)

좋은 식품 연구소의 브루스 프리드리히도 투명성을 세포농업의 핵심 장점으로 꼽으며 사람들이 세포농업에 대해 알아갈수록 더 열광할 것이라고 주장한다.

"배양 제품은 안전성, 지속 가능성, 오염 수준, 동물복지 측면에서 기존 식품보다 낫습니다. 가격이 같거나 조금 비싸더라도 소비자에게 돌아가는 이점을 잘 설명하는 것이 셀링포인트입니다."

하지만 소비자들이 어떤 제품을 원하는지 살펴본다면 무세포농업을 향한 낙관론이 꺾일지 모른다. 2013년《월스트리트저널》의 기사에 따르면 미국인의 51퍼센트가 많은 오해가 있음에도 '천연'이라고 표기된 식품을 찾는다고 했다. 하지만 동물 없이 만든 고기, 우유, 달걀을 사람들이 천연 식품이라 여길 리는 없다.

무엇이 천연 혹은 자연스러운 것이냐는 질문에는 명확한 대답이 없는 실정이다. 인간이 유전적으로 선별하기 전에 존재하지 않던 동물(개의 거의 모든 품종)은 천연인가? 오늘날 우리가 먹는 육계는 빠르게 성장하여 비만해지도록 유전적으로 선별된 종이다. 이런 과정은 '천연'과 거리가 멀지만 장을 보면서 이 점을 신경 쓰는 소비자는 거의 없다.

한센 같은 비관론자는 이런 비교가 논점에서 벗어났다고 생각한다. 가축의 생산형질을(유전공학 기술을 쓰지 않고도) 유전적으로 선별하거나, 빠른 성장을 위해 동물에 약품을 쓰는 기존의 고기 생산 시스템은 두말할 것도 없이 천연이 아니고 부자연스럽다. 하지만 굳이 자연스러운 생산 방법에서 더 멀어질 이유는 없다. 달리 보면 자연과 거리가 먼 현재 시스템을 자연에 가깝게 만들면 그만이다. 한센 입장에서 도축 없는 고기는 부자연스러움 그 자체다.

다타는 한센의 관점을 이해하고 반대로 접근한다.

"이미 사람들은 뼈 없는 닭 가슴살, 피부 없는 닭 가슴살을 아무렇지 않게 먹는 단계에까지 도달했습니다. 그렇다면 닭에서 나오지 않은 진짜 고기를 먹어도 되지 않을까요?"

과학을 식품에 적용하는 경우 일반인의 자연스러운 반응은 결국 이 책에 나온 회사, 특히 식품 제조에 유전공학 미생물을 사용하는 업체들 스스로 극복해야 한다. 자신들의 식품 생산 기법이 이미 사람들이 널리 먹는 식품 제조법(예를 들면 치즈의 레닛)과 다르지 않다는 점, 자신들의 식품이 100퍼센트 안전하다는 점, 환경이나 윤리적인 측면의 이점을 포기할 수 없다는 점까지 모든 것을 사람들에게 설명할 의무가 있다.

일부 세포농업과 무세포농업 회사들은 자신들의 활동을 연방 규제기관에 이해시키기 위해 대책을 강구하기 시작했다. 판드야는 "규제기관이 우리의 개발 과정에 무관심하지 않았으면 합니다"라고 말한다. 그래서 판드야와 간디는 2016년 말 미국 FDA 관계자를 만나 그들이 궁금해하는 점에 대답해주기도 했다. 업체가 가장 우려하는 것은 햄턴크릭이 '마요'를 제품명으로 사용했을 때 겪었던 식품 유형의 기준에 대한 논쟁이다. 스타트업이 성공하려면 그들의 단백질이 현재 섭취 중인 것들과 다르지 않으므로 안전하다고 증명해야 한다.

미국 FDA는 GRAS(일반적으로 안전하다고 인식generally recognized as safe)로 분류되는 「식품에 사용되는 미생물과 미생물 유래 원재료」 일람을 이미 발간하고 있다. 이 일람에는 여러 제빵 효모, 와인에 쓰이는 효모, 레닛, 비타민 D, 비타민 B_{12} 등 다양한 품목이 들어 있다. 그리고 다수의 원재료가 퍼펙트데이, 클라라푸드, 젤토가 사용하는 효모 발효 또는 세균 발효 기법으로 만들어졌다. 업체들에게 반가운 소식은 2016년 말 개정안에 따라 앞으로는 몇 년이 걸릴지 모를 식약청의 평가 없이도 식품 업체 자체적으로 자사의 원재료가 GRAS인지 아닌지를 결정할 수 있다는 것이다.

소비자동맹 같은 단체는 이 규정을 비판하면서 식품 업체의 자체 판단에 맡길 것이 아니라 독립적인 전문가를 두고 원재료의 GRAS 여부를 결정해야 한다고 주장했다. 규정상 식약청이 GRAS 지정에 이의를 제기할 권한은 남아 있지만 일차적으로 GRAS 여부는 업체가 결정한다.

유럽에서는 정부가 관련 물질에 훨씬 적극적으로 관여한다. 유럽연합 집행위원회European Commission, EC는 '1997년 이전까지 유럽연합에서 의미 있는 수준으로 섭취하지 않던 음식'을 '노블푸드(새로운 식품)'로 정의하고 일람표를 발간했다. 1997년 이 규정이 처음 시행되었다. 그중 치아시드, 아가베 시럽 등은 새로운 식품이 아니지만 최근까지 유럽인들이 먹지 않았던 것들이다. 하지만 그 외의 식품(콜레스테롤 함량을 낮추기 위해 피토스테롤 비중을 늘린 기름 등)은 실제로 식품공학의 산물이다. EC가 분류하는 10가지 노블푸드 유형에는 '동물, 식물, 미생물, 진균류, 조류의 세포 배양 또는 조직 배양으로 생산하거나 분리한 물질이 포함된 식품'이 들어 있어서 해당 사안을 특별히 주시하고 해결해나가겠다는 의지가 엿보인다. 그 외 유형으로는 '미생물, 진균류, 조류에서 분리 또는 생성된 물질이 포함된 식품'도 있다.

노블푸드는 유럽연합에서 판매 가능하지만(실제로 오늘날 많은 유럽인들이 치아시드를 즐겨 먹는다) EC에서 먼저 해당 식품이 소비자에게 안전한지를 결정해주어야 한다. 뿐만 아니라 소비자에게 오인, 혼동을 주지 않도록 표시 기준을 준수해야 한다.

이와 같이 배양 식품을 만드는 업체가 자사 제품을 상업적으로 판매하기 전에 해결해야 할 문제를 살펴보았다. 연방정부가 배양 제품의 출시를 허가할 경우 이것이 소비자 판매로 이어질지는 생산업자들과 이 책에 등장한 비영리단체 그리고 대형 식품 브랜드(자사 제품이 기존 동물 생산물과 차이가 없거나 더 낫다고 광고할 것이다)에 달려 있다. 업체들이 발전하는 추세를 보면 소비자들이 노블푸드를 식단에 받아들일지, 아니면 스타트업에 수백만 달러를 쏟아부은 투자자들이 체면을 구길지 머지않아 결론이 날 것이다.

8장

미래를 맛보다

겨우 200년 전 영국 학자 토머스 맬서스Thomas Malthus의 예언에 따르면 인구는 기하급수적으로 증가하지만 식량 생산량은 선형 증가밖에 할 수 없으므로 출생률을 낮추거나 전쟁, 질병으로 사망자가 늘어나지 않는 한, 인간은 충분한 식량을 확보하기 위해 필연적으로 충돌하게 된다.

다행히도 맬서스의 주장은 아직 들어맞지 않았다. 맬서스는 20세기에 집중적, 폭발적으로 증가한 농업 생산량을 예상하지 못했다. 14세기 흑사병이 잠깐 휩쓸었던 상황을 제외하면 인류의 숫자는 지난 2,000년간 꾸준히 증가하다가 1900년 이후 급증했다. 20세기 초입에 15억이던 인구는 한 세기가 끝날 무렵 60억을 상회하게 된다. 오늘날 지구 전체에 80억에 달하는 인구가 살고 있으며, 현재 추세로 2050년이 되면 인구는 90~100억에 육박할 것이다.

달리 말하면 인류는 '생육하고 번성하라'는 성경 말씀을 충실히 지키며 살아온 셈이다. 하지만 맬서스의 예언이 마냥 빗나가기만 했을까?

2장에서 다뤘듯이 노먼 볼로그는 1970년 노벨 평화상 수락 연설에서 녹색혁명으로 인류는 잠깐 시간을 벌었고 20세기에 급증하는 인구를 먹여 살릴 수 있었다고 했다. 하지만 우리가 영구적인 해결책을 손에 쥔 것은 아니다. 그의 표현대로 '인구 괴물'을 돌아보지 않는다면 축산업처럼 비효율적인 단백질 생산 시스템으로는 새롭게 태어날 수십억 명의 식량 수요를 따라가지 못할 것이다.

변화가 가장 절실한 향후 수십 년 안에 자발적인 인구 감소가 일어날 가능성은 없다. 달리 말하면 맬서스가 예언하는 대재앙을 피하기 위해서는 다시 녹색혁명이 일어나야 한다. 다시 말해 단순히 식물 위주의 식단을 받아들이고 채식을 하는 것이 더 건강하고 효율적이며 인간적인 방법임을 우리는 이미 알고 있다.

동물로 만든 고기에서 벗어나 훨씬 적은 자원으로 식물성 단백질을 생산해낸다면 어떻게 될까? 이 책에 나오는 많은 세포농업 지지자들은 식물성 고기의 미래가 밝다고 본다. 덕분에 그들은 벤처캐피털로부터 거액을 끌어올 수 있었다.

제품이 발전하는 추세, 과다한 육식에 따르는 공중보건상의 경고 등을 감안하면 미래에는 식물성 재료로 만든 '치킨너깃'과 '돼지고기 소시지'가 인간 먹거리에서 많은 비중을 차지할 것으로 보인다. 소비자인 나 자신도 동물의 고기 대신 이런 대체재를 즐길 수 있어 적잖이 만족하고 있다. 아마 다른 사람들도 이런 제품을 주로 혹은 유일하게 섭취하는 '고기'로 받아들일 것이다. 특히 업체들이 동물

고기보다 저렴한 가격으로 판매한다면 더욱 그렇다.

여러 청정고기 지지자들이 이 논리에 동의한다. 식물성 단백질 업체가 큰 성공을 거두는 바람에 세포농업으로 생산된 식품이 실패한다면 그들은 오히려 기뻐할 것이다. 대부분의 사람에게 청정동물 생산물이란 고기를 좋아하는 인간 본성에 맞추기 위한 타협점에 불과하기 때문이다. 그리고 생산 방식도 훨씬 인간적이다.

내 경험에 비추어보면 환경을 걱정하는 많은 사람들이 고기를 먹는 빈도와 무관하게 '진짜'를 좋아했다. 그들은 동물을 사랑하고 지구를 지키고 싶어 하면서도 자신들의 건강을 챙긴다. 하지만 이런저런 이유로 식물 중심의 식단으로 바꾸기 힘들어하거나 채식을 시작하더라도 힘들게 유지한다.

식물성 고기를 도처에서 찾아볼 수 있는 데도 미국 내의 채식주의자 비율은 수십 년간 2~5퍼센트에 머물렀다. 그리고 동물애호가들을 대상으로 실시한 연구에서도 채식주의자의 86퍼센트가 원래 식성으로 되돌아간다고 한다.

사람들이 고기를 줄이지 않을 거라고 말하려는 것이 아니다. 모든 사람이 완전 채식주의자는 되기 힘들겠지만 건강이라는 이유 하나만으로 미국과 유럽연합의 많은 사람들이 원래 먹던 동물 생산물의 섭취를 줄이려고 노력한다. 분명 지구에 긍정적인 소식이지만 이미 우리가 직면한 문제들을 피해가기엔 역부족이다. 기후변화, 환경파괴, 동물학대를 악화시킨 중심에는 축산업이 있다. 그리고 앞으로 문제가 더 심각해진다면 도망칠 수도 없을 것이다.

인구 증가가 계속되고 대부분의 사람이 고기를 원한다고 가정한다면 진짜 동물 생산물을 만들 훨씬 더 효율적인 방법은 지구와 지구에 사는 모든 생물, 다시 말해 인간과 동물 모두에게 이루 말할 수 없이 중요하다. 세포 배양 기술의 발전은 우리에게 그 기회를 선사하는 동시에 공장식 사육이 야기한 중요한 문제들을 해결해줄 것이다. 물론 오늘날 스타트업들에 투자하는, 선견지명을 가진 이들에게는 엄청난 보상도 되돌려줄 것이다.

2010년을 기준으로 치즈 산업에 납품하는 합성 레닛 생산자들을 제외하면 상업적으로 동물 생산물을 동물 체외에서 만드는 식품 업체는 단 한 곳도 없었다. 이 책에 언급된 어떤 업체도 존재하지 않았다. 하지만 2020년까지 상황은 극적으로 달라질 것이다. 최근 몇 년 동안 소수 기업가들의 선도 아래 우리가 직면한 긴박한 문제들을 해결해줄지도 모를 새로운 분야의 농업이 탄생했다. 실제로 이 업체들은 맬서스가 예언한 자원 위기를 극복하기 위한 제2의 녹색 혁명으로 우리를 이끌 잠재력을 지니고 있다. 이미 인류는 큰 압박을 받고 대멸종을 앞두고 있다. 지금 바로잡지 않으면 향후 더 절망적인 상황을 맞이할 것이다. 시간이 흘러도 인간이 먹고살 더 나은 방법을 찾지 못한다면 오늘의 문제들은 앞으로 닥칠 문제들에 비하면 아무것도 아닐 것이다.

청정고기 산업으로 맬서스가 예언한 디스토피아를 방지할 뿐만 아니라 더욱 즉각적인 이득을 누릴 수 있다. 가령 오늘날 육류 산업에 극명한 영향을 미칠 수 있다.

인류를 살릴 '궁극의 고기'

몇몇 육류 업체는 이미 불안함을 느끼고 있다. 그들은 아직 우리가 '궁극의 고기'에 다다랐음을 인정하지 못하겠지만 동물성 단백질 업체들이 만들어내는 제품군은 점차 다양해지고 있다. 가령 식물성 치킨을 만드는 가데인은 현재 헝그리맨Hungry-Man이나 반데 캠프Van de Kamp와 마찬가지로 피나클 푸드Pinnacle Foods에 소속되어 있다. 한편 크래프트푸드Kraft Foods는 보카버거 외 오스카마이어 Oscar Mayer 같은 육류 업체를 거느리고 있다. 그리고 2016년 말에는 세계 최대의 육류 생산 업체 타이슨푸드가 식물성 단백질 업체인 비욘드미트의 지분을 5퍼센트 매입했다는 폭탄 선언을 했다. 당시 타이슨푸드의 CEO 도니 스미스Donnie Smith는 트위터에 "자사의 미래가 기대된다"면서 비욘드미트에 대한 투자를 다룬 《뉴욕타임스》 기사를 링크해두었다.

청정고기 영역에 더 투자해야 한다고 소리를 높이는 사람들도 있다. 육류 업계에서 발행하는 잡지 《미팅플레이스Meatingplace》의 편집자 리사 키프Lisa Keefe는 카길이 멤피스미트에 투자하기 오래 전인 2016년에 식물성 제품을 생산하는 비욘드미트, 임파서블푸드, 가데인뿐만 아니라 모던미도와 모사미트의 행보를 적극적으로 독자들에게 알렸다.

"동물에서 유래되거나 육류로 만든 제품을 생산하고 유통하기보다는 단백질 제품을 생산 또는 유통하는 형태로 가공업체가 스스로를 재정의한다. 그렇게 되면 단백질 관련 업체나 브랜드가 새로 생기거나 합쳐질 것이다."

키프의 사설은 동물 생산물 배양 업체들의 성공적인 자본 조달 능력을 높이 평가했다. 그녀는 자신의 글에서 왜 더 많은 육류 업체들이 이 혁신에 동참하지 않는지 의문을 품는다.

"모던미도와 뜻을 같이하는 똑똑한 투자자에게 다가가야 할 상황임에도 불구하고 기존 업체들의 방향성은 좋지 않다. 이들은 단백질 생산을 농업 문제가 아니라 기술 문제로 여긴다."

대형 육가공 업체가 키프의 조언을 받아들여 배양 기술을 수용한다면 근래 자신들이 일으킨 문제를 스스로 해결하는 방향으로 선회하는 셈이다.

동물복지 단체와 식품안전 운동가들의 잇따른 폭로로 육류 산업은 체면을 구겼다. 그들은 육류 리콜 사태, 도축장 폐쇄, 동물보호법 위반 등의 사건에도 불구하고 동물학대를 방지하려는 조치를 거의 취하지 않았다. 오히려 2013년 《뉴욕타임스》의 특집 기사 "범죄가 되어가는 농장 학대의 은닉"에 나온 것처럼 대중들이 동물학대를 모르도록 덮어버리기에 급급하다.

최근 몇 년간 육류 산업의 투명성을 막으려는 '폭로방지' 법안이 수십 건 의회에 올라왔다. 일부 법안은 단순히 도축장이나 공장식 축사의 사진과 영상을 찍기만 해도 범죄로 규정한다. 실제로 그런 법이 있던 아이다호주와 유타주는 위헌 판결을 받았다. 그 외에도 몰래 농장을 조사할 우려가 있는 사람이 농축 산업에 종사하는 것도 사실상 불법행위로 규정했고 아이오와주에서는 실제로 이 법이 시행되고 있다.

솔직히 말해 그동안 축산업은 동물을 다루는 방법에 어떤 식으로도 규제를 가할 수 없도록 성공적으로 막아왔다. 세상에 드러나기를 극도로 꺼리는 이들의 성향을 생각하면 어느 정도 이해가 간다. 농장 동물의 복지를 다루는 법이 전무한 가운데 축산 업계의 도덕성은 바닥을 드러냈고 효율성이라는 미명하에 비인간적인 행위들이 버젓이 자행되어왔다. 가령 수의사가 진통제도 없이 개를 중성화시킨다면 그는 동물학대로 고발될 것이다. 하지만 소와 돼지 산업에서는 진통제 없이 거세하는 행위가 일상적으로 자행되고 있다. 대부분의 주에서 동물학대 방지법에 이 내용이 빠져 있기 때문이다. 또한 농장 동물에 관한 연방 법률은 전무한 실정이다. 유사한 사례로 고양이를 옴짝달싹도 못하는 케이지에 평생 가두어둔다면 감옥에 가겠지만, 돼지나 닭을 평생 움직이지 못하게 하는 것은 돼지와 달걀 산업의 관행에 불과하다.

하지만 이런 상황은 자신들의 행위를 대중에게 숨기고 싶어 하는 축산업의 문제로만 돌리기 어렵다. 사람들이 식용 동물들이 어떻게 사육되는지를 본다면 대다수는 이 동물을 먹어야 할지 고민할 것이다. 하지만 청정한 동물 생산물을 만드는 업체들이라면 소비자와 단백질 제공자들 간의 관계를 순식간에 바꿔놓을 수 있다.

좋은 식품 연구소의 브루스 프리드리히는 청정고기에는 숨길 것이 없다고 말한다.

"청정고기의 셀링포인트 중 하나는 배양기에서 만들었으므로 모든 공정이 투명하다는 것입니다. 현재 도축장과 공장식 축사에는 들어가는 것조차 쉽지 않습니다. 소수의 방목 사육을 제외하면 대부분의 농장은 유쾌하지 않은 경험만 선사합니다. 도축장도 마찬가지죠. 하지만 청정고기 작업장은 양조장처럼 투어도 할 수 있습니다. 멤피스미트가 청정고기 업체 최초로 투어를 시작할 날이 오기만 기다리고 있습니다."

육류 산업이 더욱 투명해진다면 과거의 행태와 더 빨리 단절할 수 있을 것이다. 이는 식품안전, 환경보존, 동물보호 측면에서 환영할 만한 일이다. 세포농업 기업의 개방성은 식품과 생명공학의 만남을 우려하는 사람의 불안을 일부 해소해준다. 당뇨병 치료를 위한 인슐린이나 여타 생명을 살리는 의약품 생산에 생명공학을 적용한다고 걱정하는 사람은 거의 없다. 하지만 동일한 공정이 적용되는 식품에 대해서는 좀 더 많은 사람들이 걱정하는 듯하다. 이런 식품들이 어떻게 생산되는지 있는 그대로 볼 수 있다면 해당 기술을 둘러싼 두려움, 불확실성, 우려를 조금이라도 해소할 수 있을 것이다.

죽음이 없는 고기

투명성과 별개로 새로운 세포농업 스타트업의 미래는 아직 불확실하다. 이 책에서 비평가들이 생명공학에 제기한 의문점들을 규제당국과 소비자들도 동일하게 느낄 것이다. 이 업체들이 성공한다면 어떻게 될까? 단백질 생산 분야에 엄청난 파장을 몰고 와 세포농업 직군의 일자리에 큰 변화가 생길 것이다. 하지만 식품 산업의 큰 축을 차지하는 가축 관련 사업도 업계에서 퇴출될 것이다.

축산업에서 닭, 칠면조, 돼지, 생선, 소가 새로운 지역별 고기 양조장으로 대체된다면 우리가 먹기 위해 길러왔던 동물에 무수한 의문이 제기될 것이다. 간단히 말하면 앞으로는 새로운 기술로 인해 극소수의 가축만 존재할 것이다. 하지만 모든 사람이 가축 없는 세상을 반기지는 않을 것이다. 이 비평은 현실적이기보다는 철학에 가까우며, 당신이 여기 동의할지는 칠면조 세포 배양 과학자 마리 기번스의 말을 어떻게 받아들이느냐에 따라 달라진다. 기번스는 《MIT 테크놀로지 리뷰》에서 "가축이 존재하지 않았더라면 좋았을 것"이라고 했었다.

기번스가 가축을 싫어하는 것은 아니다. 오히려 그 반대다. 기번스는 엄청난 동물애호가다. 하지만 기번스는 우리가 가축을 덜 키워서 야생동물이 자유롭게 살아갈 땅을 남겨두었더라면 이 세상은 태어나지 말았어야 할 가축이나 우리 인간에게 더 나은 장소가 되었을 거라고 믿는다.

모든 사람이 기번스처럼 생각하지는 않는다. 2008년 《뉴욕타임스》 사설은 공장식 사육이 종말을 맞아야 한다는 주장에 유감을 표하며, 동물을 배양체로 대신하기보다는 '더 신중한 접근법'을 취해야 한다고 했다. 《뉴욕타임스》는 축산업에서 동물학대를 줄여야 한다는 점에는 동의하지만 '실험실 배양조에서 고기를 키우느라 가축이 사라진다면 삭막한 세상이 될 것'이라고 경고했다.

일부 철학자는 《뉴욕타임스》의 의견에 따라 가축이 없는 미래가 가져올 영향에 우려를 표명했다. 그들은 현재의 농업 시스템을 마음에 들어하지 않을뿐더러 사실상 반대한다. 청정고기에 회의적인 철학자 리스 서던Rhys Southan은 공장식 사육에 관해 다음과 같은 관점을 취한다.

"우리의 식량이 될 동물은 저주받은 생을 사는 것이나 다름없다. 공장식 사육 대신 영혼과 감정이 없는 살덩이를 생산하는 행위는 고민할 가치도 없다."

오늘날 고기나 우유 또는 달걀을 얻기 위해 사육되는 동물들은 대개 태어나지 않는 편이 좋았을 정도로 비참한 삶을 살고 있다. 생의 상당 기간을 방목 상태로 자연과 어울리는 육우에게는 해당되지 않는 이야기일지도 모르지만 말이다. 하지만 공장식 사육을 하는 닭, 칠면조, 물고기, 돼지가 미국 가축의 99퍼센트를 차지하는 상황에서 이 주장을 피해가기는 어렵다. 어쩌면 도축장에 가는 날이 그들의 삶을 기나긴 고통에서 해방시켜주는 가장 행복한 날일지도 모른다.

이런 이유로 앞서 나온 청정고기 회의론자들은 거의 만장일치로 양조장보다 현재의 시스템을 더 좋아한다. 그들에게 양조장 시스템은 동물 생산물을 원하는 인간의 욕구를 만족시키기 위해 생명이 없는 고기, 우유, 달걀을 뽑아내는 것에 불과하다. 그렇다면 실제로 정상적인 생활을 하는 농장 동물들은 어떨까? 가령 방목 소는 비육장도 모른 채 평생을 초지에서 생활한다. 경작지에 사료용 옥수수나 콩을 따로 심지도 않는다. 불필요하게 동물을 죽이는 행위를 윤리적으로 따질 수도 있겠다(절대 다수의 인간은 동물을 먹지 않아도 살 수 있다). 하지만 동물이 애초에 태어나지 않는 것이 우리가 동물을 태어나게 해서 빨리 키우고 빨리 죽이는 것보다 나을까?

서던의 생각은 다르다. 그는 "행복한 농장에서 사형을Execution at Happy Farm"이라는 글에서 도축하는 순간이 슬플지라도 잠깐 지구의 삶을 즐겼다가 빠르게 죽는 소가 더 가치 있는 존재라고 했다. 이런 이유로 서던은 '죽음이 없는 고기'를 '애초에 죽일 목숨이 없던 존재'라고 일침을 날린다.

서던만 이런 생각을 하는 것이 아니다. 옥스퍼드대학교 인류의 미래 연구소Future of Humanity Institute에 소속된 앤더스 샌드버그 Anders Sandberg와 벤 레빈스타인Ben Levinstein은 "시험관 고기의 도덕적 한계The Moral Limitations of In Vitro Meat"라는 글에서 실존주의에 따라 농장 동물 대부분을 배양 제품으로 대체한다면 틀림없이 더 나은 세상이 되겠지만, 그래도 "동물의 생활을 개선하여 의미 있는 삶을 살게 해준다면 동물이 있는 쪽이 낫지 않을까"라고 주장했다.

샌드버그와 레빈스타인에 따르면 가축 사육 자체가 거의 없어진다면 돼지와 소, 닭의 행복도 총량은 0에 가깝다. 현재는 행복도의 총량이 마이너스에 가깝지만 "윤리적인 이유로 동물들을 사실상 멸종시키는 선택이야말로 더 부끄러운 행위"라는 것이다.

몇천 년 혹은 고작 몇백 년 전에 가축이 된 동물들에게 '멸종'이라는 표현이 적합한지에는 의문이 든다. 만약 인간이 유전자를 선택적으로 남기기 전에는 세상에 존재하지 않던 개 품종을 갑자기 키우지 않게 되었다고 해서 이들이 없는 상태를 '멸종'이라 볼 수 있을까? 동물의 가축화, 즉 야생동물을 선택적으로 교배하여 인간에게 생존을 의지하는 유순한 존재로 만든 과정은 또 다른 질문거리다. 하지만 이런 동물의 부재를 어떤 단어로 표현하든 도덕적으로 중요한 의문임에 틀림없다.

샌드버그와 레빈스타인은 실제로 괜찮은 삶을 살던 가축의 수가 줄어들면 세계의 행복도가 떨어질 것이라고 주장한다. 이 행복도는 청정고기 지지자들이 더 나은 삶을 주길 바랐던 동물들이 누렸어야 할 행복이다. 하지만 두 사람은 가축이 존재하면 목초지와 경작지를 조성하기 위해 산림을 파괴하는 등 많은 야생동물이 쫓겨나고 불행해져야 한다는 점을 인정한다. 제이슨 매시니가 2003년 "최소한의 고통Least Harm"이라는 글에서 주장했듯이 자연에 있는 동물의 수가 방목해서 키우는 동물의 수보다 많으므로 감정을 느끼는 동물의 수를 극대화하는 것이 목적이라면 농장 지대를 숲이나 초원으로 되돌리는 것이 야생동물에게 도덕적으로 최선이다(사실 미국인이 자주 먹는 가축 중에 원래 북미에 살던 동물은 칠면조밖에 없다).

샌드버그와 레빈스타인은 목초지가 기반인 축산업보다 청정 동물 생산물을 선호하는 듯한 의견으로 글을 마무리한다. 두 사람은 고기 양조장보다는 인간적인 사육을 더 좋아하지만 가축이 지구에 미치는 나쁜 영향(기후변화를 일으키는 온실가스 배출이 대표적이다)으로 인해 이들을 대체해야 할 이유는 충분하다고 밝혔다. 이 경우 가축 입장에서는 청정고기가 도덕적으로 선호되지 않겠지만 인류와 지구를 위해서는 좋은 선택지다.

두 사람은 우려와 함께 여러 대안들을 저울질했지만 최종적으로 청정고기에 반대하지는 않는다.

"종국에는 시험관 고기가 거대한 도덕적 진보를 야기할 것이다. 그리고 우리는 그 발전이 이루어지도록 지속적으로 분위기를 만들어야 한다. 농업과 경제의 현실에 부딪혀 인간적인 농장을 대규모로 만들 수가 없다면, 가축이 환경에 미치는 영향을 고려하여 시험관 고기로 대체하는 것이 장기적으로 최선의 선택지다."

하지만 청정고기와 행복한 동물의 고기라는 선택지에서 양쪽 모두를 취할 수도 있다. 수많은 동물을 고통에 빠뜨리고 환경과 공중보건상 커다란 대가를 치르지 않는 한, 현재의 고기 수요를 절대 맞출 수 없다는 점에는 이견의 여지가 없다. 공장식 사육을 근절하려면 무조건 사육두수가 적어야 한다. 수십억 단위로 사육두수가 증가한다면 제대로 동물을 대할 수 없는 것이 당연하다.

따라서 청정고기가 기존 고기를 전부는 아니지만 상당 부분 대체하는 세상을 그려볼 수 있다. 그런 세상에서 여전히 고기를 즐기는 사람이 있겠지만(이 고기도 대부분 도축장이 아니라 세포에서 만든 것이다) 때로는 직접 동물을 도축한 기존 고기를 원하는 사람이 있을 수도 있다. 마차가 여가나 교통수단으로 활용되는 것처럼(아미시 공동체 등) 일부 사람들은 동물을 도축한 고기를 원할지도 모른다. 가축도 아직 남아 있겠지만 공장식 사육은 하지 않는다. 이런 세상에서 가축은 어느 순간 더 이상 가축으로 부를 수 없을 정도로 극소수만 남아 관상용 내지는 애완동물로 키워질 것이다. 지금도 닭을 애완용으로 키우는 미국인이 점점 늘어나고 있어, 가축에 대한 관념이 변화하는 조짐을 보이고 있다. 그리고 청정고기가 상용화되면 그 존재만으로 이런 관념의 변화를 부채질할 것이다.

사고보다는 행동이 먼저다

가축화된 동물이 애초에 존재하는 것이 좋은지 아닌지에 대한 논란도 사실 학술적인 문제에 가깝다. 식품을 구매할 때 어떤 제품이 전 세계의 행복도 총량을 높일까 고민하는 사람은 거의 없다. 좋든 싫든 윤리는 소비자에게 고려 대상이 아니다.

오히려 조사를 하면 할수록 소비자는 가격과 맛 그리고 편의성을 가장 중요하게 여기는 것으로 나타났다. 식품의 지속 가능성을 주장하는 사람은 윤리, 환경, 중국의 현실 등이 후보에 오르길 바라겠지만 이것들은 가격, 맛, 편의성이라는 삼위일체와 비교 불가능한 항목이다.

흥미롭게도 2008~2014년 미국의 육류 섭취량이 감소한 현상은 지속 가능성에 대한 우려가 공론화되어서라고 해석할 근거가 전혀 없다(혹은 약하다). 식품 및 세포농업에 주력하는 다국적 은행 라보뱅크Rabobank의 분석에 따르면 미국인의 육류 섭취는 2015년 5퍼센트 증가했다. 이는 매해 꾸준히 하락하던 추세를 고려하면 급등에 가깝다. 해당 연구의 주요 저자는 축산업의 흐름이 바뀐 이유를 "소비자들이 가격 하락에 반응하는 것"이라고 분석했다.

만약 동물이나 지구를 대하는 의식이 발전하여 우리 식단을 더 나은 방향으로 인도하기를 기다린다면 이 기다림은 더 길어질 수 있다. 사실 사람들이 어떤 필요를 동물에 의지하지 않게 되어야 동물복지에 대한 인식도 나타나는 것이다. 가령 19세기에 불을 밝히는 주연료로 등유가 고래 기름을 대체하자 고래 복지에도 관심이 쏟아지게 되었다. 마찬가지로 자동차가 발명되자 사람들은 말을 더 감상적으로 바라보게 되었다.

이 현상은 가상의 육류 포장 업체를 고발한 소설 『정글The Jungle』

의 저자 업턴 싱클레어Upton Sinclair의 고찰을 연상시킨다.

"자신이 이해하지 못하는 일로 밥을 벌어먹고 사는 인간을 이해시키기란 어렵다."

우리의 경우 동물을 식품으로 활용하는 일로 월급을 받지 않지만(물론 그런 사람들도 있긴 하다), 사실 이것은 더욱 깊숙한 심리적인 성향의 문제다. 대부분의 미국인은 하루에 고기를 여러 번 먹으며 평생을 살아왔다. 대부분의 사람에게 이 행위는 문화와 전통에 깊이 뿌리내린 것이다. 채식을 하겠다는 결심만으로도 부담을 느끼는 소비자가 태반이다.

네덜란드 철학과 교수 코르 판데르빌Cor van der Weele은 청정고기의 영향력을 심도 있게 다룬 글에서 이 문제의 핵심을 잘 짚어냈다.

"꼭 변화가 일어나야 확실한 도덕관을 가질 수 있는 것은 아닙니다. 인간은 기존에 자신이 하던 행동과 일치하는 관념이라면 그대로 받아들입니다. 마찬가지로 사람들이 배양 고기에 익숙해진다면 공장식 사육이나 동물을 죽인다는 발상이 차차 이상하게 느껴지고 거부감도 늘어날 것입니다."

이런 심리적 현상은 도덕적 등가성moral equivalence을 들먹일 필요도 없이 한 가지 원인으로 귀결된다. 가령 미국 북부 주들 사이에서는 남북전쟁이 발발하기 훨씬 전부터 거의 모든 사람이 노예제도 반대에 동참하여 (비교적) 평화롭게 노예 금지가 이루어지고 있었다. 경제가 산업화되고 노동력에 기대는 농업 시스템에 재정 의존도가 줄어들면서 북부에서 노예제도를 반대하는 도덕관이 더욱 퍼졌다. 반면 남부는 여전히 농업경제가 사실상 거의 전부였다. 한편 기술혁신은 사회를 도덕적으로 혐오감을 자아내는 행위에 더욱 의존하게 만든다. 가령 조면기의 발명으로 남부의 노예주들이 더욱 부유해진 전례가 있다. 일부 역사가들은 북부에서 이미 끝장난 노예제도를 남부 사람들이 지키려다가 남북전쟁이 벌어졌다면서 그 이면에는 엘리 휘트니Eli Whitney가 발명한 조면기가 있었다고 지적한다.

보수 언론인 폭스 뉴스의 패널이자 《워싱턴포스트》 칼럼니스트인 찰스 크라우트해머Charles Krauthammer는 이런 역사를 고려할 때 미래 세대는 동물을 어떻게 다뤘는지 돌아보며 공포를 느낄 것이라고 주장한다. 하지만 그는 이 미래가 인간적인 감상에서 비롯되지는 않을 거라고 본다.

"동물을 먹는 행위는 조만간 실패에 부딪힐 것이고 그런 상황은 시장이 주도할 것이다. 과학은 무한히 낮은 비용과 노력으로 생산할 수 있는 유가공품 대체재를 찾을 것이다. 그때가 되면 고기는 일종의 진귀한 사치품이 될 것이다. 오늘날 사라져가는 시가처럼 말이다."

이 가설을 뒷받침하는 내용으로 고기를 먹는 사람들이 가축의 정신 상태를 어떻게 대하는지를 보여주는 재미있는 연구가 있다. 호주 과학자 스티브 로난Steve Loughnan은 《타임》에 발표한 연구에서 소고기를 좋아하는 사람일수록 소가 감정이 없다고 믿는 경향이 있음을 발견했다. 생선만 먹는 사람이라면 소는 감정이 있지만 접시에 올라온 연어는 멍청한 동물이라고 여길 가능성이 크다. 달리 표현하면 당신이 돼지고기를 먹는다면 돼지가 개보다 똑똑하다는 연구 결과를 받아들이는 데 거부감이 클 것이다. 당신이 닭고기를 좋아한다면 닭도 언어가 있고 기억력이 좋으며 기본적인 산수도 할 줄 안다는 점(참고로 모두 사실이다)을 믿기 어려울 것이다.

인간의 위대한 점은 여러 가지가 있지만 그중 하나는 자신의 행동을 합리화하여 행위와 감정이 모순을 일으키지 않는다는 점이다. 여러 증거들을 통해 확인되었다시피, 우리는 자신의 행위가 논리적인 신념에서 나왔다고 생각하지만 실제로는 우리가 하고 싶은 행동에 신념을 맞춘다. 그리고 인간이 끊임없이 하고 싶어 하는 대표적인 행동이 고기를 먹는 것이다.

결국 옛말이 틀리지 않았다. 생각은 그대로인 채로 새로운 행동을 하는 것보다는 생각의 전환으로 새로운 행동을 하는 것이 쉽다. 도축된 고기를 멀리하는 등 일단 행동이 바뀌면 동물을 다른 관점으로 생각하기도 훨씬 수월해진다.

로난은 최근에 고기를 소비한 방식이 동물에 대한 생각을 바꾸는지 관찰했다. 그의 가설은 사실로 드러났다.

조사 과정에서 응답자에게 소의 지능에 대해 물어본 다음 간식으로 소고기와 견과류를 제공했다. 어쩌면 당연하게도 소고기를 간식으로 받은 사람은 견과류를 받은 사람보다 훨씬 더 소가 멍청하다고 생각했다. 이 결과를 보면 전설적인 작가이자 기자이자 동물 애호가인 클리블랜드 에이모리Cleveland Amory의 말이 떠오른다.

"식탐에 빠진 인간의 합리화는 끝이 없다."

에이모리는 자신의 생각을 함축적으로 표현했지만 새로운 발상은 아니다. 18세기에 벤저민 프랭클린은 윤리적인 이유로 채식주의자가 되었지만 채식을 힘들어했으며 온갖 핑계를 대면서 이따금 고기를 입에 댔다. 그는 자신의 채식 분투기를 자서전에 기록했다.

지금까지 나는 동물성 음식을 먹지 않는다는 해결책을 힘겹게 지키고 있었다. 그런데 생각해보면 생선 하나를 먹어도 이유 없는 살생으로 보던 나의 스승 트리온은 어떤 생선도 우리가 도축을 정당화할 만한 해를 끼치지 않았고 끼칠 수도 없다고 했다. 다 맞는 말이다. 그런데 과거 생선을 너무 좋아했던 나는 프라이팬에서 막 나온 뜨거운 생선에서 나는 냄새가 너무나도 좋았다. 원칙과 충동을 저울질하던 나는 과거 생선의 배를 갈랐을 때 위 안에 더 작은 생선이 있던 장면이 생각났다. 그러자 이런 생각이 떠올랐다.
'우리가 서로를 먹는 존재라면, 우리가 너를 먹지 않을 이유가 없다.'
그렇게 대구 덕분에 큰 깨달음을 얻은 나는 다시 사람들과 함께 고기를 먹으며 이따금 채식으로 돌아온다. 합리적인 생물로 살면 참으로 편리하게도 하고 싶은 행동 하나하나에 이유를 부여하거나 만들어낼 수 있다.

동물애호가들은 사람들이 관점을 바꿔서 동물에게 더 잘해주고 동물을 덜 먹을 수 있도록 몇 년 동안 노력해왔다. 하지만 대부분의 사람들이 동물을 적게 먹어야 가축을 개별적인 존재로 느낄 수 있다면 어떻게 되는 걸까? 기존 고기의 대체품이 구하기 쉽고 저렴해서 더 많은 사람들이 먹는다면 미국인들은 가축을 지능이 있는 존재로 바라보게 될 것이다. 멤피스미트의 우마 발레티는 다음과 같이 예측한다.

"청정고기가 출시된 후에는 우리의 건강과 환경에 대한 악영향 그리고 비경제성을 감수하면서까지 수십억 마리의 동물을 도축하는 행위를 용납하지 않을 것입니다."

또 다른 녹색혁명을 위하여

인간이라는 종은 현재 기로에 서 있다. 고기를 먹는 수십억 인구가 지구상에 더해지면 이 세상이 얼마나 더 불안정해질지 상상도 하기 힘들다. 지구를 파괴하고 수많은 가축과 야생동물에게 고통을 주지 않는 한 수요를 감당할 수 없다.

우리가 고기 등의 동물 생산물에 집착하여 생긴 모든 문제들은 반세기 전에 볼로그가 이야기한 녹색혁명을 통해 해결할 수밖에 없다. 지금 당장 그 혁명을 달성할, 잠재적으로 가장 유망한 해결책은 축산업을 키우지 않고 세포농업으로 규모를 줄이는 것이다. 혁명은 농업의 투명성을 높이고 동물을 새로운 시각으로 존중하게 하는 등 여러 가지 부차적인 효과를 낳을 것이다. 하지만 세포농업이 가축에 대한 의존성을 줄인다는 사실이야말로 여러 환경주의자와 공중보건 전문가 그리고 동물복지 지지자가 열광하는 가장 큰 이유다.

기업과 비영리단체 그리고 여기 소개된 사람들은 물론, 앞으로 몇 년 내에 새로 생겨날 수많은 스타트업은 우리 자신으로부터 지구를 지키도록 효율성을 높여줄 것이다. 그들은 기후변화와 환경보호에서부터 세계의 기아와 동물학대까지 우리 세계가 직면한 무수한 문제의 해결책을 개발할 것이다. 고기와 동물 생산물을 세포나 작은 분자로부터 만들고 이 과정에서 살아 있는 모든 동물들을 배제한다면 현재 기존 축산 업계에서 시도조차 하지 않는 효율성의 증가를 이룰 수 있다. 이것이야말로 우리가 일으킬, 또 다른 녹색혁명이다.

국가가 부유해질수록 사람들은 더 많은 고기를 원한다. 이를 충족시키기 위해 공장식 사육을 시작하기에는 사회간접자본과 자원이 턱없이 부족하다. 환경과 동물에 미치는 악영향은 차치하더라도 말이다. 그렇다면 세포농업이 해답이 될 수 있을까? 개발도상국은 선진국이 모든 가정과 회사에 깔았던 전화선을 생략한 채 휴대전화 시대로 바로 진입했다. 지역 내에서 소비될 청정고기를 만들 정도라면 이미 기술적으로 준비되고 있다. 그렇게 공장식 축사 대신 지역의 고기 양조장에서 고기가 나오는 모습을 쉽게 떠올릴 수 있다. 세포농업은 이들 국가에 선진국형 식단을 가능하게 하는 지극히 현실적인 방법이다.

인도처럼 고기 소비가 급증하는 나라는 아마도 새로운 녹색혁명으로 가장 큰 수혜를 입을 것이다. 이미 인도 정부 관계자는 이 책에 나온 업체와 인물들을 판도를 바꿀 주인공으로 내세우고 있다. 2015년 마네카 간디Maneka Gandhi 장관은 얼마나 많은 인도계 인물이 세포농업 업체의 대표나 직원으로 활약하는지를 언급하며 자랑스럽게 선언했다.

"저는 버클리에서 수학 중인 조카에게 이들 업체에서 인턴 활동을 하라고 했습니다. 그러면 향후 세상이 변해서 동물을 더는 죽이거나 먹지 않는 시대가 왔을 때 미약하나마 자신이 기여한 바가 있음을 자랑스러워하게 될 거라고 했죠."

간디 장관은 스타트업을 세운 사람들의 이름을 언급한 후에 이렇게 덧붙였다.

"훗날 이들은 빌 게이츠나 스티브 잡스만큼 유명해질 겁니다. 제가 장담합니다."

새로운 기술은 생활양식을 급격히 바꾸고 산업 전체를 무너뜨릴 힘을 지니고 있다. 에이브러햄 게스너는 등유 특허로 미국 포경 산업에 종말을 가져왔다. 헨리 포드는 내연기관 엔진으로 마차를 구시대의 유물로 만들었다. 이 책에 나온 업체와 경쟁자들이 어떤 성과를 낼지 속단하기는 아직 이르다. 하지만 이들이 시장을 향해 달려나가면서 세포농업이 더 이상 이론이 아님이 점점 명확해지고 있다. 이제 세포농업은 윈스턴 처칠이나 피에르 외젠 마르셀랭 베르틀로의 예언에 그치지 않는다. 세포농업은 이미 제품이 존재하는 현실이다. 또한 (나를 포함한) 사람들이 만지고 먹어보도록 수년 내에 소비자 앞에 다가갈 것이다.

그렇다면 미래에는 항생제가 가축의 사료 첨가용이 아니라 오롯이 인간을 위해 남겨질 것인가? 고기는 위험한 세균 감염으로부터 훨씬 안전해질까? 축산업이 환경에 미치는 영향은 미미해질 것인가? 목초지와 드넓은 옥수수밭과 대두 농장은 숲과 습지로 되돌아갈까? 도축장은 고기 양조장으로 바뀔까? 조만간 우리는 인간의 음식과 의복이 될 운명을 타고난 동물의 생사에 무거운 죄책감을 느끼지 않고 고기, 달걀, 우유, 가죽을 즐길 수 있을까?

유토피아처럼 보이는 이런 미래가 현실로 이루어지기까지 수많은 난관이 존재한다. 생산 단가, 잠재적 규제, 소비자 수용도, 기술적 장벽 등 미래를 가로막는 요소가 한둘이 아니다. 청정 동물 생산물 운동이 저절로 성공할 수는 없다.

하지만 성공을 향한 첫걸음은 확실하게 내디뎠다. 2017년 우마 발레티는 멤피스미트가 처음 설립된 이후 생산 단가를 수백분의 1로 낮췄다고 이야기했다.

"첫 출시되는 제품은 프리미엄을 붙여서 판매할 수도 있습니다. 하지만 점차 생산 규모가 커지면 기존 고기와 가격 경쟁력이 생기고, 결국에는 더 저렴한 제품을 만들 수 있으리라 확신합니다."

이미 우리가 입고 있는 따뜻한 겨울 코트 중에 실험실에서 제조한 거미줄로 만든 제품이 있다. 다음 단계는 동물이 없는 진짜 요구르트나 도축 없이 만든 가죽 신발이 될까? 지금 추세라면 치킨너깃과 소시지라는 다리를 건널 시간도 머지않았다.

세포농업이라는 새로운 분야의 업체들은 모두 궁극적으로 비슷한 목표를 품고 있지만 축산업의 문제점에 접근하는 방법이 다르다. 각 업체는 자신의 방법이 가장 중요하고 가능성 있다고 믿는다. 각 업체는 세포농업이 효율적이고 지속 가능하며 증가하는 인구를 인간적으로 먹여 살리는 방법이라는 비전을 공유한다. 그들이 목표로 하는 세상은 고기와 동물 생산물이 실제 동물 없이 만들어지는 곳이다. 이는 엄청난 자원이 필요한 야심찬 비전이다. 하지만 이 자원은 비전이 실현된 미래에 보존될 자원에 비하면 보잘것없는 양이다.

동물의 공장식 사육이라는 난제로 지구는 큰 대가를 치르고 있다. 인구가 계속해서 성장한다면 이런 비효율적 방법으로는 인간을 먹여 살릴 수 없다. 이제 세포농업은 그저 인간이라는 종을 믿고 기다리기보다는 스스로를 증명하기 위해 나섰다. 미국 발명가 버크민스터 풀러Buckminster Fuller가 표현했듯이 말이다.

"무언가를 변화시키려면 기존 모델을 구식으로 바꿀 새로운 모델을 만들어라."

감사의 말

이 책은 우리 세계가 직면한 문제를 해결하고 세상을 더욱 인간적인 사회로 만들 잠재력을 가진 신생 산업을 모두가 익숙하게 받아들이게 함으로써 세상에 조금이라도 좋은 영향을 미치자는 열망에서 시작되었다. 어쩌면 당신은 이 책에 소개된 분야에 어떤 형태로든 참여를 원하거나, 이미 세포농업 벤처를 시작했을지도 모르겠다. 어쩌면 당신은 투자자로 이 새로운 분야를 개척하는 스타트업에 관심과 돈을 쏟고 싶을 것이다. 어쩌면 당신은 도축장 없는 고기에 무슨 의미가 있는지 궁금해하다가 이 책을 읽고는 새로운 고기를 먹어보고 싶어졌을 것이다. 어쩌면 당신은 전혀 공감하지 못한 채 세포농업 제품에는 절대 입을 대지 않을지도 모른다. 어쨌거나 이 책을 구매하고 친구들에게도 소개하는 당신에게 감사드린다. 그리고 무엇보다 귀중한 시간을 할애하여 이 책을 읽어준 것에 감사를 표한다.

많은 수고가 들어가는 일이 으레 그렇듯 이 책은 수많은 사람들의 노고로 탄생했다. 한 분 한 분에게 깊은 감사를 드린다. 2000년 초반부터 나는 이 주제에 깊이 빠져들었고 이후 2016년에 친구 케니 토렐라가 책을 쓰면 어떻겠냐고 제안했다. 그리고 폰드리 리터 래리&미디어에서 일하는 앤서니 마테로가 없었다면 이 책은 절대 세상에 나오지 못했을 것이다. 그는 뛰어난 일꾼이고 록백드 이글스의 팬이다. 앤서니는 내가 이 프로젝트에 대해 말하는 순간 확신이 들었다고 한다. 그는 처음부터 끝까지 귀중한 조력자였다.

원고를 편집한 브룩 캐리에게도 감사의 말을 전한다. 덕분에 더 설득력 있고 쓸모 있는 책으로 거듭날 수 있었다. 원고 편집을 도와준 피터 싱어와 맷 프레스캇, 엘리자베스 카스토리아, 제시카 알미, 에밀리 버드에게도 감사한 마음을 전하고 싶다. 크리스티 미들턴도 여러 조언과 도움으로 내게 힘이 되어주었다. 스테이시 크리머는 좋은 방향으로 출판을 유도하고 도움을 주었다. 사이먼&슈스터스 갤러리 북스의 선임 편집자인 애덤 윌슨과도 함께 일할 수 있어서 즐거웠다. 그는 울버린의 아다만티움 골격이 원고에 등장한 것을 보며 즐거워했을 것이다. 나는 그의 사무실에 걸린 울버린 포스터를 보자마자 우리가 가까운 사이가 되리라 직감했다.

세포농업에 종사하는 사람들을 많이 알게 되어 운이 좋다는 생각이 든다. 이 책에 나온 몇몇 사람은 친구나 다름없다. 업계 사람들과 가까운 관계였기에 이 책이 나올 수 있었다. 이들은 개인적인 이야기나 업무상의 비밀까지 아낌없이 이야기해주었다. 본문에도 나오듯이 나는 세포농업이 세계의 문제를 해결해줄 것이라 믿지만 그래도 객관성을 지키기 위해 최선을 다했고 편견 없이 사실을 전달하기 위해 노력했다.

집필 과정에서 가장 기뻤던 순간은 유발 하라리가 서문을 써주기로 했을 때였다. 나는 그를 통해 엄청난 깊이의 지식을 접했고, 그의 이름이 내 이름과 함께 찍혀 있는 책 표지는 지금 봐도 실감이 나지 않는다. 하라리가 써준 서문, 특히 우리 인간이 스스로를 돌아보고 우주 속에서 우리가 사는 이 작은 장소를 더욱 깊게 이해할 수 있도록 도와준 것에 감사를 전한다.

이 책에 나온 인물, 회사, 조직 모두 내게는 친근하게 대해주었다. 그들은 내게 설명을 아끼지 않았고 함께 일하는 내내 즐거웠다. (즐겁지 않으면 책에서 뺄 것이다. 물론 농담이다.) 모두에게 감사드리며 그들이 책에 그려진 자신의 모습에 만족하기를 바란다.

집필 기간 동안 내가 몸담았던 미국 동물보호협회HSUS의 회장이자 CEO를 역임했던 웨인 파슬에게 감사를 전한다. 그는 이 책을 기획하는 단계부터 나를 강하게 격려해주었다. 책을 쓰는 내내 도움을 준 HSUS 동료 하이디 프레스캇에게도 진심으로 감사를 표한다. 레이첼 쿼리와 버니 운티, 수재나 메이는 원고를 읽고 귀중한 조언을 해준 HSUS 동료들이다. 많은 도움이 되어준 그들에게 감사의 말을 전하고 싶다.

클린 미트

초판 1쇄 인쇄 2019년 11월 15일
초판 1쇄 발행 2019년 11월 29일

지은이 폴 샤피로
옮긴이 이진구
펴낸이 유정연

편집장 장보금
책임편집 조현주 **기획편집** 백지선 신성식 김수진 김경애 **디자인** 안수진 김소진
마케팅 임충진 임우열 이다영 박중혁 **제작** 임정호 **경영지원** 박소영

펴낸곳 흐름출판(주) **출판등록** 제313-2003-199호.(2003년 5월 28일)
주소 서울시 마포구 월드컵북로5길 48-9(서교동)
전화 (02)325-4944 **팩스** (02)325-4945 **이메일** book@hbooks.co.kr
홈페이지 http://www.hbooks.co.kr **블로그** blog.naver.com/nextwave7
출력·인쇄·제본 (주)현문 **용지** 월드페이퍼(주) **후가공** (주)이지앤비(특허 제10-1081185호.)

ISBN 978-89-6596-355-4 03300

이 도서의 국립중앙도서관 출판예정도서목록(CIP)은 서지정보유통지원시스템 홈페이지(http://seoji.nl.go.kr)와 국가자
료공동목록시스템(http://www.nl.go.kr/kolisnet)에서 이용하실 수 있습니다.(CIP제어번호: CIP2019045018)